悲壯的衰落

新版

兼論古埃及社會的興亡

金觀濤
王軍銜——著

新版 悲壯的衰落——兼論古埃及社會的興亡

作者：金觀濤、王軍銜
發行人：陳曉林
出版所：風雲時代出版股份有限公司
地址：10576台北市民生東路五段178號7樓之3
電話：(02) 2756-0949
傳真：(02) 2765-3799
執行主編：朱墨菲
美術設計：吳宗潔
業務總監：張瑋鳳

出版日期：2023年5月 新版一刷
版權授權：金觀濤
ISBN：978-626-7303-28-3

風雲書網：http://www.eastbooks.com.tw
官方部落格：http://eastbooks.pixnet.net/blog
Facebook：http://www.facebook.com/h7560949
E-mail：h7560949@ms15.hinet.net
劃撥帳號：12043291
戶名：風雲時代出版股份有限公司

風雲發行所：33373桃園市龜山區公西村2鄰復興街304巷96號
電話：(03) 318-1378
傳真：(03) 318-1378
法律顧問：永然法律事務所 李永然律師
北辰著作權事務所 蕭雄淋律師

行政院新聞局局版台業字第3595號 營利事業統一編號22759935

定價：420元

國家圖書館出版品預行編目資料

悲壯的衰落：兼論古埃及社會的興亡 / 金觀濤著.
-- 新版. -- 臺北市：風雲時代出版股份有限公司,
2023.04 面； 公分

ISBN 978-626-7303-28-3 (平裝)

1.CST: 古埃及 2.CST: 埃及文化 3.CST: 社會史

761.21 112002709

悲壯的衰落

古埃及社會的興亡

目錄

目錄

導論

重返宏大的歷史視野

導論：重返宏大的歷史視野

金觀濤

二十多年前，系統論史觀曾經引起學術界的關注。在人類面臨史無前例的環境挑戰而思想已迷失在越來越細專業之中的今天，重提當年系統演化理論的歷史探索也許有其特殊的意義。

一、懷念一九八〇年代的思想探索

我不是埃及學專家。在這一專業越分越細的時代，要爲自己在二十多年前寫的有關古埃及社會著作再版寫導讀，心情是頗爲複雜的。

首先我碰到的問題是：這本書還有再版的必要嗎？表面上看，答案很明確：沒有必要！從來寫古埃及的著作是這一行專家的事，如果不懂古埃及文字、沒有做過考古工作，憑第二手資料寫出來的東西很難說有什麼價值。當一九八九年本書台灣版出版時，就有人作過這樣的批評。特別是今天，一切宏大歷史敍事社會演化模式探討不再時興時，任何一個非埃及學專業的學者涉足這領域都被視爲越界，甚至寫通俗讀物都是不適宜的。但本書之所以再版，是讀者仍對古埃及是怎樣一個社會，它在人類文明史中佔什麼樣的位置這些大問題感興趣。令人遺憾的是，近二十年來，埃及考古、故事和旅遊的書多如牛毛，但恰恰沒有研究古埃及社會結構的理論著作。這種互相矛盾的狀況使得我想起寫這部書時的初衷，又回到那個令人著迷至今難以忘懷的年代。

一九八〇年代初，當我們在策劃《走向未來叢書》時，曾經有一個非正式的跨學科的文明研究小組。小組成員都是年輕人，沒有博士學位，對比較文明的研究主要是一邊自學，一邊思考大多是自己提出來的問題。這個小組中，有人分工收集古埃及社會資料，有人研究俄羅斯，日本史也是被關注的對象，我們想把系統論方法貫徹到比較文明史研究中去。本書就是我和當時負責古埃及的王軍銜先生一起寫成的。可惜的是，這個研究小組存在時間不長，隨著一九八〇年代啓蒙運動的展開，大家都捲入越來越多的事務中。一九八九年思想時代的結束，大家各奔東西。有的從政，有的經商，有的從事社會工作，有的同事甚至已經過世了，唯有我對比較文明史不能忘懷。

導論

重返宏大的歷史視野

二十多年過去了，我又應如何評價青年時代的探索呢？今天我仍然爲當時的雄心和探索熱忱所感動：一代人從籠罩億萬人心靈三十年之久的馬克思典範中走出來，並力圖用系統論來克服這一典範的困難。當時國內剛開放不久，能看到的資料極有限。但想像力在我們心中奔馳，這些業餘歷史學家力圖通過有限的史料去做專家不敢想的事：在人類文明演化的高度整體地把握各種社會。《悲壯的衰落——古埃及社會的興亡》就是在這種氛圍下產生的，當時曾發表於走向未來叢書之中。

就歷史理論（**哲學**）而言，本書提出三個研究方向。一是用自組織原理探討文明的起源，特別是去發現超越部落社會跨地域古代國家產生的機制；二是研究文明演化的模式，用系統論中類似於超穩定機制解釋古埃及文明相對於古希臘羅馬文明的停滯性，並回答古埃及文明衰亡的原因；三是問古代文明衝突（**古埃及文明在羅馬衝擊下滅亡以及對羅馬文明的反作用**）給人類留下什麼教訓？近二十年來由於古氣候學和用ＤＮＡ追溯現代智人起源方面革命性的發現，現代智人如何在十幾萬年前在非洲起源並沿著海岸線擴張到全球的圖畫已清晰展現在我們面前。但古代國家如何形成仍然在黑暗中，至於第二或第三個研究方向，涉及宏大歷史敘事和史觀，感興趣的專家更少。雖然一九九〇年代杭廷頓的文明衝突論引起社會普遍關注，但很少有人會把古代文明衝突和今日文明衝突聯繫起來考察。在某種意義上講，上述三個問題只是被懸置、甚至被遺忘而不是被解決。根據今日對歷史哲學的態度，讀者或許會安慰我，這種努力是否有意義，取決於整個理論是否美，而不是它和史實吻合的程度。但對我來講，始終存在一個深深的疑惑：本書對古埃及歷史的宏觀把握正確嗎？

二、被懸置的研究方向

二〇〇〇年十二月我第一次遊埃及，是帶著本書去的。先到開羅參觀金字塔，然後坐火車到阿斯旺，乘船沿尼羅河北上。至今我還記得在船上瞭望遠方沙漠給我內心帶來的震撼。①夕陽西下，無邊無際的沙漠是一金色的世界，而尼羅河深綠色的波浪在黃色的流沙中創造了一條狹長有生命的綠洲。古埃及是沿尼羅河一維世界展開的。在我用自組織系統對古埃及文明起源的假說中，高度強調這一維世界把一個個部落組織成古代國家的重要性。無論是尼羅河本身提供的交往，還是尼羅河定期氾濫淹沒部落的邊界，狹窄一維世界使得定居在尼羅河邊的一個個孤立的古代部落組織是不穩定的。我至今相信用自組織系統研究古代文明的起源是正確的，而且古埃及是最好的案例。因爲古埃及文明比兩河流域晚了一千年，一直以來都有人主張埃及最早王朝是由外族入侵而建；一般說來，國家形成需通過部落間的戰爭，但考古中沒有發現史前戰爭痕跡，故今日此說已被否定。這樣一來，小規模的社群如何聚合成國家是一個必須解決的理論問題。我認爲本書提出的自組織機制值得考古學家參考。

至於第二、三個研究方向，今日之所以被懸置甚至被理論家拒絕，除了人們認爲歷史展開不存在長程模式外，主要是「應然」與「實然」鴻溝的存在。人文學者堅持自然科學方法不可能適用於歷史，首先每一歷史事件都是獨一無二不可重複的，而且歷史是人創造的，和人的觀念及自由意志有關。科學法則可以把握自然界，它處理的是事實（實然），而不涉及應該如何（應然）。自休謨發現「實然」和「應然」之間存在著不可逾越鴻溝之後，自然科學方法不能用於研究道德哲學已成爲金科玉律。歷史的展開無疑和人的價值實現（包括道德實踐）以及用觀念改造世界過程有關，它充斥著「應然」之活動。據此，源於自然科學的系統哲學能在多大程度運用於歷史社會研究是大可懷疑的。一九八〇年代，中國大陸學人剛從馬克思典範中出來，對韋伯學說尚沒有消化，更沒有經西方自由主義哲學和後現代主義的洗禮，人們對社會演化長程模式尚有興趣。而今日只要一談起社會演化模式，就被斥之爲科學主義甚至是僞科學。

這個問題足足困惑了我十八年之久。一九八〇年代我和劉青峰通過中國傳統社會的研究發現系統方法在歷史研究中的有效性，本書即爲用系統演化論處理古埃及社會史料得到的初步成果，但它在理論上站得住嗎？這是我一直在苦苦思索的問題。直到最近，我們才通過歷史研究真實性分析證明：研究「實然」的科學方法之所以不足以用於探討具有「應然」性質的人類活動，關鍵在於它忽略（或懸置）了支配歷史事件發生的普遍觀念；故爲了達到歷史研究的真實性，必須去恢復支配歷史上社會行動發生的真實觀念。由此可以推出，歷史展開的真實過程（它亦代表了真實的歷史記憶）爲觀念和其支配下的社會行動導致後果的互動，它由普遍觀念轉化爲社會行動以及社會行動帶來的後果對普遍觀念的反作用的互動鏈組成（我們簡稱為普遍觀念和社會的互動鏈）。而互動過程的穩態即代表某種確定社會結構的建立。如果把互動鏈分成不同類型（政治、經濟、文化活動和環境控制），社會結構即表示爲政治、經濟和文化等子系統耦合中的穩態或穩定結構。在歷史進程中社會的演變在宏觀上是舊穩態的破壞和新穩態的建立。在此過程中如果存在著社會演化長程模式，它一定遵循系統論法則，而且也只能用系統論語言來表述。②

這樣一來，就可以用社會組織各個子系統的互動（互為因果性）特別是穩態的形成

和破壞來代替原來的經濟決定論和觀念決定論。系統論中的穩態和互爲因果鏈的分析既包含了事實與事實之間關係的研究（實然），也包含了觀念轉化爲行動（應然）以及人行動後果對觀念的衝擊（實然與應然的關係）之研究，從而可以將馬克思典範和韋伯典範結合起來。讀者只要把本書的分析方法和得到的結論與經濟決定論、觀念決定論以及地理決定論比較一下，立即看到系統論在古文明研究中可以得到比「特殊的奴隸社會」、「水利文明」或「東方專制主義」等分析更爲深入的成果。

我堅持系統論方法研究古文明的重要性，並力圖用有限的史料把握古代社會的結構，洞察古埃及社會演化的長程模式，絕不是想用它來爲自己在這方面知識的不足辯護。事實上，近二十年來埃及學獲得長足進步，海峽兩岸也有了這方面深厚學識的專家，這是一九八〇年代不可想像的。但是由於否定社會演變長程模式，知識的進步只是使講故事變得更注重細節。那種面對古文明湧上心頭波瀾壯闊的歷史感已一去不復返。而用新的考古發現來鑑別原有理論，並提出更爲深入的假說一直是我們的夢想。因此在本書重印之時，我刻意保持了書初版時的原貌，堅信它在方法論上的意義。我希望它能給埃及學家以啓發，當然歡迎專家斧正我在史料運用時所犯的錯誤。此外，爲了闡明系統論方法運用到上古史研究時產生的新視野，有必要簡單地討論一下我們提出的系統論方法和近二十年來西方學者將軸心文明說和韋伯典範結合而發表出來的文明動力學的關係。

三、文明滅絕和軸心時代假說

今日討論古埃及社會，一個不可迴避的問題就是古埃及文化的滅絕。爲什麼古埃及社會衰亡後古埃及宗教從此從人類歷史記憶中消失？而另外一些宗教和文化（如基督教、佛教）卻不會在社會組織解體時消亡呢？今天西方學術界大多用軸心文明實現了超越突破來說明這一點。

軸心文明假說最早由哲學家雅斯貝斯（Karl Jaspers）提出。它由如下幾個要點組成：第一，從西元前八百年至西元前兩百年間，存在於古代希臘、以色列、中國和印度的古代文明發生了一次革命性變化，魏爾（Eric Weil）稱之爲理智的、道德的文化和救贖的宗教之誕生。③它被廣泛地稱爲超越突破（或哲學突破）。

超越突破亦可以稱之爲有終極關懷的文化出現，它有追求知識（如古希臘哲人）、對一神的皈依（包括猶太教、基督教和後來的伊斯蘭教）、尋求解脫（婆羅門教、佛教、印度教和耆那教等）和以道德爲終極價值（如中國儒家文化）四種不同類型。圍繞著某一種超越突破可以形成一種或幾種終極關懷，超越突破構成文化進一步發展的軸心，故這一階段也就稱爲軸心時代（Axial Age）。他們認爲，正是基於軸心時代的超越突破，我們今天所瞭解的有信仰有正當性觀念（道德感）的人產生了，也就是說，經過超越突破的文化（或宗教）是高級文化。

第二，那些沒有實現超越突破的古文明，如巴比倫文化、埃及文化，雖規模宏大，但都難以擺脫滅絕的命運，成爲文化的化石。

第三，軸心時代所產生的文化因不會隨社會組織解體而滅絕，故它可以成爲孕育更高級文化價值系統的蛹體。西方現代價值（如工具理性和個人觀念）就是由希臘型超越突破和希伯來型超越突破互相結合並經過創造性轉化而成。每當人類社會面臨危機或新的飛躍，都必須回顧軸心時代的價值創造，讓文化再次被超越突破的精神火焰所點燃。

④

軸心文明研究的宗旨在於搞清宗教和文化在社會演化特別是現代價值形成中的作用，同韋伯（Max Weber）典範以及有關西方現代價值起源的研究存在著內在聯繫，自二十世紀六〇年代後，它引起了西方社會學家的注意。一九七〇、八〇年代，以史華慈（Benjamin I. Schwartz）和艾森斯塔特（Shmuel N. Eisenstadt）爲首的一批社會人文學者對這一專題進行了數次大討論，形成了被稱之爲「文明動力學」（Civilizational Dynamics）的歷史社會學新分支。⑤

軸心文明假說最大的問題在於它對歷史現象的描繪多於解釋，例如它沒從機制上說明爲什麼經過超越突破後的文化不會隨社會解體而滅絕。也沒有講清楚超越突破後人類關於道德和正當性觀念和以前究竟有何不同。因爲，把道德和正當性觀念視爲起源於軸心時代肯定是不對的，古埃及人就有強烈的「是非」、「善惡」意識，怎麼可以說軸心時代前的古代社會沒有正當性和道德觀念呢？不知道應該如何行動的人是無法組成社會的。更重要的是，軸心文明說沒有回答什麼是超越突破，也沒有解釋爲什麼它只有古希臘思想、希伯來宗教、印度和中國這四種形態。

本書在一九八六年出版之際，恰恰是西方學術界進行軸心文明討論之時。因爲軸心文明研究的影響主要在哲學界，至今仍被社會學家和史學家所忽略，我們這些業餘研究者，當時不知道西方軸心文明討論是毫不奇怪的。令人驚奇的反倒是：只要我們將研究文明史的系統論方法進一步外推，不僅可以得到和軸心文明說幾乎完全相同的結論，而且還可以進一步解答該說不能解釋的問題。

四、什麼是超越突破

直到最近，古代社會所依存的生態環境如何因經濟發展破壞導致文明滅絕才引起學術界重視。[6]其實，環境破壞只是社會內穩態解體的一個環節，它和文明滅絕的關係必須納入環境和政治、經濟、文化互動中才能真正認識清楚。早在一九八〇年代，我們就從系統論原理推出社會演化過程中存在著文明滅絕的可能性，該觀點在《興盛與危機》一書中第一次得到表述。在本書中我們進一步指出，文明滅絕乃是社會各子系統穩態解體後長期不能找到新的穩態所導致的後果。人類社會的內穩態（包括環境）被文明發展本身破壞可以用社會各子系統互相調節過程釋放出無組織力量來度量。我們曾通過系統演化理論證明，任何一個社會，只要其規模超出原始部落，社會內部（包括內環境）不斷增長的無組織力量是不可抗拒的，它無法通過部落分化或遷移克服。正因爲如此，人類社會才走上了命運莫測的演化之途。

這樣一來，任何古文明在無組織力量的侵蝕下，包括環境在內的內穩態遲早都會面臨破壞。那麼，這是否意味著任何一個古文明都難逃滅絕的命運呢？事實上，當古文明面臨不可克服的內部危機時，作爲社會制度正當性基礎的文化價值系統首先受到質疑甚至解體，社會成員不得不從社會組織和各種原有的規範和習俗中游離出來。如果這種狀態持續相當長時間而無新文化創造，並通過建立新的制度規範達到新的穩態，文明將面臨滅絕的命運。但是當人從原有社會組織中走出來時，還存在著另一種可能性，這就是去尋找不依賴社會組織的價值目標，讓社會文化建立在該價值之上。這時該價值就有可能成為凌駕在其他社會價值之上的終極意義，使人類社會在面臨危機的困境中找到新的穩態。這就是超越突破。換言之，超越突破正是人類對文明滅絕的回應，它是古代文明解體時的一種奇特的結果！

歷史學家公認，軸心時代恰恰是各種古代文明碰到嚴峻內部危機（包括社會政治、經濟、文化和生存環境危機）的時期。軸心時代的跨度之所以定得那麼長，時間那麼不確定，其原因正在於不同的古文明內部不斷積累的無組織力量增長方式不同，它對社會結構侵蝕使其解體的時間和方式亦是不同的。⑦我們發現，立足於文明解體導致人從社會組織中的游離出來，去創造獨立於社會的價值，可以解決長期來對超越突破定義含混不清的難題，從而理解超越突破的機制和為什麼它只有四種基本類型。

根據史華慈（Schwartz）的說法，所謂「超越」（transcendence），其意義指「退而瞻遠」（standing back and looking beyond）。張灝將「超越」定義為發現現

實世界之外的終極真實，它可以淩駕其他領域價值上之上。⑧但是人如何可能退而瞻遠呢？什麼是現實世界之外的終極真實？又如何讓它淩駕在其他價值之上以形成有終極關懷的文化呢？我們認爲，其準確的定義是社會組織解體時人不得不從社會中走出來，尋找獨立於社會組織的價值目標。

什麼是價值？價值是人對對象的主觀評判，該判斷決定了人對評價對象的態度和行爲模式，例如規定了人對有關對象注意還是輕視、接納還是拒絕等。用系統論語言講，即價值規定人和對象是否耦合和耦合的方式。正因爲是通過價值系統把人與人耦合起來組成社會，在絕大多數情況下，人對他人行爲（或評價對象）的評判標準（請注意：這就是價值）是來自於群體的，或者說是社會性的（即它是不能獨立於社會組織有機體而存在的）。只有原有文化解體，人被迫從社會中走出來去尋找價值時，被找到的評判標準（價值）才可能是不依賴於社會的（或者說是可以先於社會而存在的）。人追求價值可以用意向性（意志）指向價值目標表示。當這種價值目標是不依賴於社會組織的獨立存在時，就構成了超越突破。換言之，所謂退而遠瞻中的「退」是從社會中走出，「遠瞻」即是把意向性（意志）指向獨立於社會組織之外的價值目標。該過程一旦實現，其他社會價值就可以建立在這一價值上面或處於該價值反思及籠罩之下。

追求獨立於社會而存在價值目標存在著哪些不同類型和方式呢？顯然，就價值目標本身而言，只有在此世之中和不在此世兩種可能。達到該目標的方式原則亦只有兩種，一種是依靠個人自己內心的判斷和力量，另一種是依靠外部力量和評判標準。請注意，當外部力量和評判標準不能是來自於社會時，它只可能是神祕的或來自自然界的。某種追求方式和一種價值目標的結合規定了一種超越視野的形態，而兩兩組合有四種可能性（見下表），故超越突破存在四種基本類型。

	離開此世	進入此世
依靠外部力量	希伯來宗教型超越突破（類型一）	希臘型超越突破（類型三）
依靠自己的修煉	印度宗教的超越突破（類型二）	中國型超越突破（類型四）

五、為什麼超越突破只有四種類型

超越突破的第一種類型是依靠外在神秘力量追求此世之外的目標，這就是通過對一神的皈依達到救贖。它最早出現在希伯來宗教中，故亦可稱爲希伯來型超越突破。猶太

人把自己視爲上帝的選民，猶太教爲最早的救贖宗教。救贖的普世化即爲基督教，該追求的某種程度的入世轉向（如達到兩世吉慶）就是伊斯蘭教。因此猶太教、基督教和伊斯蘭教都屬於這第一種類型。

第二種類型是依靠自己的力量達到離開此世的目標，它表現爲尋求解脫的意志，亦稱舍離的意志。這種超越突破最早出現在印度文明中。婆羅門教把宇宙視爲由不同的解脫等級組成，人通過此世的修行可在下一世上升到更高的解脫等級。依靠自身的努力（而非外在力量）達到徹底的解脫爲印度宗教不同於西方救贖宗教的特點。印度宗教形形色色，差別僅在於對解脫的界定不同。例如對婆羅門教解脫等級的否定就是佛教和耆那教，再次用等級和種姓制度對佛教的解脫目標和方法改造產生了印度教。它們都離不開依靠自身力量達到舍離此世的結構，即均屬於第二種類型。

第三種類型是依靠外部力量（標準）追求此世的價值目標。這就是以「正確」（right）或「對」、「正義」爲生命的意義。請注意，在軸心文明之前判別「對」「錯」或是否正義（人行為正確與否）的標準都是來自於社會的，現在要脫離社會尋找獨立於社會規範的此世「正確」或「正義」時，唯有把它視爲追求包括自然知識在內的普遍知識的結果，也就是以求知作爲生命的意義。自從柏拉圖把知識定義爲必須經某種人以外的標準鑑別才能判斷的正確信念之後，古希臘哲人的探索就代表了超越突破的第三種類型。我們稱之爲認知的意志。

第四種類型是依靠人自身（內在就具有的能力或標準）追求此世的「正確」或「正當性」。人依靠自身內心的感受就能判別的（行為）正當性只有「善」。爲什麼這樣講？「善」爲普遍之「好」，它可以用「己所不欲，勿施於人」這一道德黃金律來定義。請注意，「己所不欲，勿施於人」所講的正是用每個人利用內心標準判斷何種行爲「對」。它和用外在標準如神意或自然法則（包括法律）判斷何種行爲爲「對」（我們將其稱為「正義」）是不同。故超越突破的第四種類型可以用向善的意志或追求道德來代表。從來，當「應然」僅僅作爲習俗而存在時，雖然它亦規定了人應該如何行動（行為規範），但它是不能獨立於社會有機體而存在的。把善和社會行爲規範相剝離變成人依靠自己內心感受就能判定的價值，並把它作爲意志指向的目標，意味著「應然」活動具有雙層次的結構。第一個層次是人對應該如何行動的意識，它對應著社會的規範。第二個層次是把善從具體的行爲規範中分離出來，成爲自由意志（意向性）指向的終極目標（真實）。當「應然」只有第一個層次時，社會組織的解體往往伴隨著習俗解體；一旦「應然」具有雙層結構，在更高層次向善意志的控制下，習俗轉化爲「道德」，成爲不依賴眾人行爲的內在追求，這時具有雙層結構的道德規範不會隨社會組織解體而喪失。即使原有道德規範不可欲，人可以將新的行爲規範和善對應，即創造新道德。

正如向善的意志可以和社會行爲規範結合一樣，其他幾種超越視野亦可以和行爲規範及社會價值系統相結合，我們稱之爲有終極關懷的文化之產生。⑨終極關懷（ultimate concern）是保羅·田立克（Paul Tillich）在定義當代人宗教信仰時所用的術語。⑩我們用它來描繪超越視野籠罩和反思之下形成的社會價值。所謂終極關懷的形成是指人將社會價值放在超越突破的視野之中，自覺地讓超越視野成爲社會價值來源（**或塑造其他價值**）和正當性根據。⑪在沒有超越視野之前，人作爲社會制度的參與者和規範的遵循者，是不能在社會制度和規範之外來反思其正當性的。而在有終極關懷的文化中，人可以用超越視野來檢視社會危機的原因以及思考社會制度和現存生活方式是否正當；他們可以用獨立於現有社會的價值想像一個應然之社會，即理想社會之追求從此出現。因此終極關懷的形成亦意味著反思社會制度正當性最終標準的出現。從此以後，社會價值不再是盲目的和近視的。具有超越視野的人類對維繫的政治、經濟和內環境的穩態的價值系統思索更具有長遠反思的性質，文化系統的演化開始具有不隨社會環境變化的穩定性，服從應然世界價值演變的邏輯。

一旦對超越突破和由相應的終極關懷作出準確定義，我們立即可以解釋爲什麼經過超越突破的文明不會滅絕了。

六、兩種不同的超穩定系統

長期來，西方學者在解釋基督教、佛教等爲什麼不會隨社會解體而消失時，總是強調其出世或渴望救贖性質。他們認爲，救贖宗教對此世不感興趣使其不能成爲政治意識形態，不需要爲政治權力和統治提供正當性，也不會因現實社會危機而受到挑戰。

確實，只要將救贖宗教和古代宗教相比，會大大加深這種印象。在軸心時代之前的宗教中，神和現實社會制度緊密結合。國王是神的代表，宗教直接爲統治和社會制度提供正當性根據，也就是說起著今日意識形態的功能。⑫當統治的實施、政治經濟政策的推行都可歸爲某種爲意識形態（文化價值系統）的實現時，意識形態往往要爲各種社會弊病負責。而任何一種社會組織在運行中必然釋放出無組織力量，使得原有行之有效的政治經濟結構和意識形態千瘡百孔，最後失效。埃里亞德（Mircea Eliade）指出，兩河流域的古代宗教正是因必須爲社會危機負責而衰落的。⑬古埃及亦看到同樣的現象，大量考古證據表明：在第一個中間期，法老不再是神的化身，所有宗教價值甚至包括人死後的世界都受到質疑。⑭這樣一來，作爲意識形態的古代宗教必定隨著古代社會出現危機而被否定，其後果正是這些宗教隨古代社會衰亡而被人遺忘。這就是文化滅絕。

用救贖宗教解釋高級文化不會隨社會解體而滅絕最大的困難是不適用於中國文明。儒家文化高度入世，恰恰是作爲皇權和現實政治制度的正當性基礎的意識形態而存在的。但令人驚奇不已的是，它居然和西方救贖宗教及印度舍離此世文化一樣，並不會隨政治腐敗社會動盪而解體。爲什麼儒家意識形態的命運和古代神權帝國的意識形態不同？翻開中國歷史，在每一個王朝末年，我們都看到吏治腐敗，綱紀崩壞，現實政治文化和價值系統在人們心目中完全失去了正當性。但儒生並沒有因此質疑儒家道德理想，反而將腐敗的原因歸爲沒有真正按聖人教導去做。顯然，這正是將超越視野和社會政治文化結合的結果。如果儒家意識形態不存在著以道德爲終極關懷，即向善的意志不是可以獨立於社會規範而存在的話，當綱紀崩壞時，它就不能歸爲對道德理想之偏離。其實，一旦我們認識到超越突破之本質，立即可以理解，一種文化會不會隨社會解體滅絕，和它是否入世以及是否爲意識形態並無直接關係。⑮超越突破的本質，乃在於基於超越突破的文化可以獨立於社會有機體而存在，而非其出世或救贖的性質。⑯事實上，正因爲儒家道德意識形態建立在超越性的個人道德之上，每當大動盪發生社會組織解體時，儒家意識形態反而在混亂中巍然屹立，成爲原有社會結構修復之模板。我們把大動亂後社會結構能自我修復的系統稱爲超穩定系統。

超穩定系統是我和劉青峰研究中國傳統社會宏觀變遷時提出的新概念。超穩定系統的本質在於：當舊社會結構（包括環境）被無組織力量摧毀時，大動亂在清除無組織力量同時亦消滅了進步的積累；由於存在著修復機制，原有社會被修復亦堵絕該社會向其他新結構演化之可能，這一切導致社會系統在周期性崩潰—重建中出現動態停滯。由於古埃及亦存在社會被動亂摧毀後被修復的可能（如古王國解體的大動亂後，中王國興起。新王國又在中王國廢墟上重建），在本書中，我將古埃及社會亦歸爲超穩定系統類型，並將它和中國傳統社會王朝更替作了比較。因爲儒家文化在動亂中威然屹立，成爲建立新王朝的模板，中國傳統社會結構在大動亂後修復相當迅速，大多只需十幾年。⑰相比之下，古埃及社會在大動亂後的重建顯得困難得多，而且費時日久。古埃及社會數千年歷史中存在著兩個相當長的中間期（有人認為第二十王朝結束後還有過第三個中間期），第一個中間期經歷了一百六十年，中王國才得以建立。中王國和新王國之間的第二個中間期更長，達兩百多年。今天看來，古埃及社會結構重建的困難正在於它是軸

心文明之前的社會。因爲不存在強有力的道德意識形態，當原有全國性信仰被腐敗摧毀時，社會結構修復必須依靠地方性宗教再次崛起，成爲全國性宗教，故王朝更替會伴隨著主神的變換。因而，嚴格說來，它只是準超穩定系統，否則我們便不能解釋古埃及文化最後滅絕這一事實。

七、文明在衝突中滅亡還是文明的融合

值得注意的是，在經歷了超越突破的文明中，超越視野和社會文化以及相應的政治制度是可以互相分離的。例如印度追求解脫的超越視野既可以和種姓制度結合亦可以和反對種姓的平等爲內容，因此我們可以理解爲何當古印度種姓社會面臨巨大危機時作爲佛教帝國的孔雀王朝可以迅速興起。在中國，向善的意志既可以把家庭倫理作爲其內容亦可以把「無爲」和取消倫理等級作爲自己追求的目標。這就使得超越突破以後的社會在碰到外來衝擊時，或即使其生存環境的破壞使得與其相結合的所有政治文化都變得不可欲之際，發生的不是文化滅絕而是超越視野和原有價值內容分離而指向新的價值。因該新價值會迅速創造出新的政治文化和制度，其後果是社會的轉型而不是文化滅絕。

這方面最典型的例子是中國傳統社會對外來衝擊的反應。從動態停滯這一點上講，中國傳統社會和古埃及社會都屬於超穩定系統類型，但兩者受到外部衝擊時行爲模式卻是大不相同的。本書曾用相當多篇幅處理古代文明衝突。我們指出，雖然埃及文明比希臘羅馬文明早幾千年，但因超穩定系統造成的動態停滯落後於羅馬文明。這樣一來，當古埃及社會和新興的羅馬帝國不可避免地碰撞時，因其文化在外來衝擊面前喪失意義，古埃及文化難逃滅絕之命運。埃及滅亡後，僅僅是作爲基督教傳播的中轉站加速羅馬帝國的衰落。古代文明衝突的模式是征服、滅絕或同歸於盡。這和中國文明和其他文明碰撞時發生的文化融合和社會轉型大相逕庭。

我們曾系統地分析過中國文化歷史上兩次受到外來衝擊的宏觀歷程。第一次是東漢末年。在天災、少數民族內遷和佛教傳入的多重影響下，漢代官方意識形態宇宙論儒學失靈。一旦儒家道德意識形態不可欲，中國再也不可能建立大一統帝國了，出現了魏晉南北朝三、四百年的分裂局面。然而，以道德爲終極關懷是不會隨宇宙論儒學被拋棄而消亡的，故在東漢滅亡社會人口死亡達五分之四的廢墟上，我們看到的不是中國文化從此滅絕，而是以「無爲」作爲新道德理想並重建社會秩序。這就是魏晉玄學的興起以及它對印度宗教選擇性的吸收。正是通過魏晉南北朝對佛教和少數民族的消化，隋唐之際儒家意識形態可欲性恢復。宋明理學代表了儒學融合佛教的最高形態。隨著宋明理學的傳播和普及，形成了以儒教爲政治意識形態的東亞社會。

中國文明受到的第二次外來大衝擊是十九世紀開始的中、西文化碰撞。一八九五年甲午戰敗意味著儒學將現代化納入經世致用的虛妄，主張家國同構的儒家意識形態在民族國家爭雄的全球化國際秩序中是不可欲的。事實上，正因爲以道德爲終極關懷是可以獨立於社會而存在的，儒家意識形態不可欲的後果不是中國文化滅絕或被外來文化淹沒，而是通過改變終極關懷的內容和外來文化結合達到文化融合。和第一次融合時期中國人以「無爲」或「平等」爲新道德類似，十九世紀末中國傳統道德文化不可欲導致革命烏托邦的興起，成爲追求共產主義大同社會親和馬列主義的內在動力。二十世紀中國化的馬列主義—毛澤東思想的形成以及中國式自由主義和三民主義，本質上均是文化融合的產物。雖然第二次融合比第一次融合複雜得多，但同樣依靠超越視野和原有文化價值的分離並在分離後迅速指向新價值。換言之，無論兩次融合的具體細節多麼不同，它們都存在超越視野創造新終極關懷（**我們稱之為道德價值逆反**）的機制。⑱而這一切對於軸心文明之前的社會是不可思議的。

或許讀者會有疑問，上面我把中國傳統社會現代轉型同歷史上的文明融合放在一起考察，似乎是把完全不同的問題混爲一談。確實，今天大多數學者把傳統社會在西方衝擊下的現代化過程和古代文明碰撞看作不可比擬的，並且否定將古代史和近現代史融爲一體的社會歷史演化模式的存在。然而，一九八〇年代我們用系統論史觀研究古埃及社會另一個目的是用系統演化論代替經濟決定論，背後恰恰存在著探討人類社會演化的普遍模式的雄心。因此，在本書再版之際，另一個不可迴避的問題是：是否真的存在將古代社會演化和近現代社會變遷統一起來的普遍模式？或者說人類歷史的展開有無法則可尋？

八、軸心文明與現代性

自從唯物史觀受到質疑以來，社會演化模式很少有人提及。表面上看，這是因爲人們相信社會演化無規律，歷史學家甚至對任何一種宏大敍事都失去興趣。其實，在經濟發展和科技進步一日千里的全球化時代，沒有人會否定社會進步。只是因社會的進步被普遍地理解爲從傳統到現代的歷程，一種更爲簡單化的「傳統－現代史觀」佔據了很多人的頭腦。在該史觀中，社會形態的進化只存在於從傳統到現代之間。形形色色的農業社會（無論它是五千年前還是二百年前）都被歸入傳統社會之列，如果把歷史展開定義爲社會形態的進步，在現代社會誕生之前，漫長的傳統社會就變成沒有歷史的。「傳統—現代史觀」不僅抽去了過去的歷史，未來也變成沒有歷史的。因爲一旦到達現代社會，社會形態（歷史）的進化就從此終結。

這樣一來，傳統社會現代化的歷史考察，也就被轉化爲如下兩個不同性質的問題。第一個問題是現代社會起源，即爲什麼現代社會最早起源於西歐？第二個問題是現代制度和價值的傳播或現代化後進社會學習現代化的過程，其感興趣的是爲什麼有些社會現代化學習極爲迅速？另一些卻步履維艱？因人類歷史上最早的現代社會—荷蘭、英國和美國—均是新教國家，韋伯關於新教倫理和資本主義起源的觀點被廣泛接受。根據該史觀的邏輯，現代社會是現代價值的實現。而現代價值只起源了一次，西方十六世紀宗教改革特別是喀爾文教對現代資本主義精神的孕育被認爲是一次性的不可重複的歷史事件。而其他社會在現代社會衝擊下的現代化過程是基於學習或摹仿，故在現代社會起源和學習兩方面都排除了歷史展開的長程模式和社會演化法則的存在。

表面上看，「傳統—現代史觀」無懈可擊，但如果我們根據現代價值的本質檢視韋伯學說，立即看到現代價值起源和超越突破的關係。韋伯把現代化等同於理性化和世俗化，即工具理性無限制地擴張以及個人權利成爲政治經濟制度和社會行動正當性的根據。也就是說，現代社會的起源可歸爲工具理性和個人權利等現代價值的起源並根據現代價值來建立社會，新教徒建立美國是人們常引用的例子。但是，現代價值存在的條件是什麼？其出現是偶然的嗎？形成過程真的無模式可尋的嗎？

讓我們來檢視現代價值之本質。何爲工具理性？它是怎樣起源的？工具理性指對上帝的信仰和理性的二元分裂，二元分裂之所以可能，首先需要把理性納入基督教信仰。其背後正是天主教神學一千多年的變遷，本質乃爲希伯來超越視野和古希臘超越視野的互相結合。和工具理性類似，離開超越視野，現代性的另一基礎個人權利亦無從談起。個人權利指個人自主性爲正當，並將任何社會組織視爲個人之間的契約。每個人都具有的自然權利來自於自然法，而自然法亦是將古羅馬法律精神納入基督教的結果。只有文化系統中存在希伯來超越視野和古希臘超越視野，十四世紀後唯名論對托馬斯．阿奎那神學解構，才會導致個人觀念的出現以及個人成爲自然權利的承擔者。而所謂喀爾文教對資本主義精神之孕育實爲在唯名論革命基礎上再往前走一步：工具理性和作爲個人自主性爲正當的自然權利理念成熟了。在此，我們不可能展開西方現代價值如何在基督教和文藝復興孕育下成長過程，我們要指出的是，如果不存在超越視野對新價值的孕育，西方現代價值的起源和穩定地存在都是不可思議的。[19]

難道現代化學習過程亦不是如此嗎？表面上看現代化後進國家的現代轉型，依靠的是摹仿和學習，然而人是不可能去學道德上錯誤的東西的。軸心文明後，超越視野已爲社會提供了道德和社會制度正當性最終根據。因此，在現代價值學習機制的背後正是該文明原有超越視野和現代價值的互動。如由超越視野規定的文化能否退出政治經濟領域以及能否做到和理性分離，它決定了該文明學習西方現代制度的順利程度；即互動的邏輯規定了學習的機制。這裡，現代化後進社會的終極關懷和政治經濟因素一樣重要，它們共同決定現代化學習的快慢以及成敗。在上一節，我把中國近現代受到西方現代價值衝擊之行爲模式和歷史上第一次融合相提並論，正是基於這一點。

九、人類歷史展開的模式

總之，正因爲超越突破對現代價值形成的重要性，單從文化價值系統來講，人類文明的歷史就必須分爲三大階段。這就是軸心文明前的古代社會、超越突破出現後的傳統社會以及現代社會。請注意，今天很多學者習慣了將現代社會以前的社會都歸爲傳統社會，這是一個大錯誤。傳統社會不僅是一個農業社會，還是有一種文化可以傳承的社會。所謂文化傳承意味著文化核心價值可以從政治、經濟活動中相對獨立出來，獲得自主的延續、發展和再創造的能力，從而形成某種不死的大傳統。而其前提正是超越突破和有終極關懷文化的形成。

軸心時代前的宗教與軸心時代後的宗教（文化）最大差別在於：前者建立在一階思維之上，直接參與政治經濟組織，盲目地成政治統治權力和利益分配的合法性基礎。軸心突破後的文化卻具有相對於社會組織規範的獨立性，它在推理方式上出現了對思想本身的思考，在價值上出現超越現實政治社會的追求，⑳即建立在二階思維之上。即使它和政治思想結合成爲意識形態，意識形態亦是處於超越視野籠罩之下的。從此人不僅是某一時代政治和經濟的奴隸，而且可以超越於具體政治、經濟進行自我存在意義的思考和新文化創造。代表現代性的價值系統之所以可以在西方天主教大傳統中起源，並爲其他文明所接納，也正是基於這種創造。

上面分析表明，一旦將韋伯命題納入軸心文明的視野，立即看到歷史終結論所依託的「傳統－現代史觀」是何等蒼白與短視。讀者一定會問：爲什麼超越突破會對人類社會長程的演化有那麼大的影響呢？我在第二節會指出，任何歷史展開的過程都由普遍觀念轉化爲社會行動以及社會行動帶來的後果對普遍觀念的反作用的互動鏈組成。超越突破改變的正是這一互動鏈的基本結構，也就是說，超越突破前的互動模式和超越突破後的互動模式是不一樣的。爲了說明這一點，我們有必要分析普遍觀念轉化爲社會行動以及社會行動作爲普遍觀念實行之後果如何反作用於普遍觀念的互動長鏈。

從邏輯上講，社會行動作爲普遍觀念的實現對觀念的反作用一共有如下三種可能性。

一、觀念系統轉化爲社會行動帶來的（**長期**）後果會徹底否定該觀念系統。

二、觀念系統轉化爲社會行動的（**長期**）後果不影響對該觀念系統，或反而會強化該觀念系統的核心價值。

三、觀念系統轉化爲社會行動帶來的（**長期**）後果是將該觀念系統轉化爲另一新觀念系統。㉑

請注意，普遍觀念轉化爲社會行動可以分成經濟的、政治的和文化的不同類型；它們既是價值的實現、亦包含了人的道德實踐，即涵蓋了人改造社會和世界的所有活動。當觀念系統是意識形態時，因它們是政治、經濟和其他社會行動之根據，上述三種可能即爲社會政治、經濟結構在運行中對意識形態的反作用。在超越突破發生之前，社會政治、經濟結構對意識形態的反作用在長程上只有第一種情況（否定意識形態）和第三種兩種情況（改變意識形態），而第三種情況最後亦會變成第一種。爲甚麼這樣講？第二種可能只代表了古代社會宗教文化和政治經濟和意識形態良好耦合狀態（觀念系統的實現後果不改變觀念系統表明一切在預期之中）。顯然，任何一種良好耦合不會永久持續下去。隨著無組織力量增大和各種社會問題出現，意味著社會行動的後果通常並不如普遍觀念所設想和預計的，這往往會對意識形態產生巨大的反作用，迫使其內容發生改變。而改變了的意識形態又必須爲社會結構運作中的新問題和弊病負責，故互動鏈的展開一直到該意識形態被完全否定爲止。這樣一來，意識形態（社會文化）在演進中最後只有兩種可能。一是被否定後面臨滅絕，二是在被否定之時孕育超越突破。這正是傳統社會出現前的古代社會（宗教和文化）的命運。只有將政治文化（宗教）建立在超越視野之上，因超越視野是不會被社會行動的後果徹底否定的，第一種可能性不再存在！這意味著人類進入有一不變的傳統可繼承的社會，即傳統社會。

超越視野的存在，它作爲普遍觀念系統的核心價值不僅可以在社會變動的潮流中不變，還可以爲其提供應然社會的原則（我們稱之為社會組織藍圖），甚至成爲社會結構解體後修復的模板。也就是說，第二種可能性成爲常態。對於第三種反作用模式，也因超越視野的存在轉化爲進步和文化融合，即新文化系統的形成不再是價值系統無規則的變遷，而是超越視野的轉向或超越視野不變前提下終極關懷及其社會價值的變化。[22]它導致文明融合的不可避免，以及現代價值遲早被文明融合孕育出來。換言之，古代社會只有通過超越突破進入傳統社會才能避免文化滅絕。而在眾多的傳統社會中，雖其各自演化模式隨終極關懷不同而相異，但無論有多大差別，因超越視野的存在，使得傳統在傳承中產生新的觀念以及文化融合不可避免。在這一意義上，現代社會的起源亦是不可抗拒的。

早在一九八〇年代我們就從系統演化論推出古代社會存在著三種基本模式。它們分別爲：文明滅絕、超穩定系統和社會結構的演化（**見本書四・四節**）。現在我們可以說，它只代表超越突破前古代社會的演化模式。超越視野形成後，它可以形成不同的終極關懷。對於任一種終極關懷，都存在正當性最終標準；它可以有社會組織藍圖，亦可以沒有明確的社會組織藍圖。這一切使得觀念系統和社會行動的互動過程大大複雜化了。一般說來，對於不同的超越視野，觀念系統和社會的互動模式是不同的。也就是說，當不同的軸心文明處於相對孤立狀態時，它們各有各的演化方式。其演化方式由終極關懷有無明確的應然社會模式（**社會組織藍圖**）以及應然社會組織原則如何看待社會問題而定。換言之，我們可以根據超越視野指向何種終極關懷以及它是否有社會組織藍圖，準確地勾劃出傳統社會演化的模式。

十、軸心文明的演化：中國模式和印度模式

為了展示軸心文明演化的邏輯，首先必須去解剖超越視野如何與社會價值結合，形成終極關懷；並研究終極關懷有無應然社會組織原則（社會組織藍圖），它是否足夠詳細，即是不是存在由終極關懷決定的社會組織基本細胞以及由它們形成的更大的共同體。然後進一步考察現實社會組織的變遷會對社會組織藍圖帶來甚麼影響，即社會組織藍圖如何看待社會弊病和社會結構變化。通過這兩個環節，社會組織藍圖和現實社會組織的互動成為可分析的。不同的互動模式構成了軸心文明不同的演化方式。

中國傳統社會給出第一種演化模式，這就是超穩定系統。超穩定系統的本質在於：當現實社會組織被無組織力量摧垮時儒家意識形態在社會動亂中巍然屹立，作為原有社會結構的修復模板。儒家意識形態之所以不會隨社會變遷改變或被社會弊病證偽，正是因為其核心是追求道德即在第四種超越視野籠罩之下。中國文化以道德為終極關懷，家

族作爲儒家倫理的載體，是社會組織的基本細胞。「家」「國」同構的組織原則不僅規定了中國社會基層組織形態，還刻劃它們如何建立更大的共同體（**國家**），使得大一統帝國成爲終極關懷的實現。因「家」「國」同構體實現了道德理想和社會制度的合一，在沒有受到外來衝擊前提下，現實社會組織與社會組織藍圖的互動變得相對簡單：偏離「家」「國」同構的社會組織藍圖的各種變化都是不正當的，它被等同於腐敗。這樣，任何社會變遷都不會改變社會組織藍圖，當社會結構被無組織力量和變遷摧毀時，「家」「國」同構的社會組織藍圖反過來實現社會結構重建。這樣一來，週期性的治亂循環和兩千年不變的帝國成爲中國文明的常態。該模式決定了中國文明特有的雙面現象：傳統文化的長期延續和社會周期性大動亂同時存在，我們稱爲動態停滯。㉓

至於其他軸心文明，其演化方式又如何呢？這時，必須去分析它們各自終極關懷所指向的應然社會。所謂應然社會，是指根據正當性最終標準想像的社會（**或與其不矛盾的社會**）。雖然，每一種超越視野都規定了其獨特的正當性最終標準，經其塑造，不同軸心文明法律、道德和應然社會形態都是不同的；正因爲如此，歷史上形成了四大法系。㉔但是，是否存在由終極關懷直接規定的社會組織基本細胞以及它們能否建立政治社會（**國家**），對於不同軸心文明，卻是大相逕庭。

以印度文明爲例，和中國傳統社會類似，它亦存在由終極關懷直接規定的社會組織基本細胞。婆羅門教（印度教）把宇宙分成不同的解脫等級，每一個等級成員只要遵守該等級的規範，就有可能在來世進入較高的解脫等級（不落入更低等級或此生更有意義等）。解脫的等級投射到社會組織上就是種姓。這樣，與解脫這一終極關懷相聯的種姓制度以及相應的行爲規範（不和更低種姓相混淆）就成爲應然社會藍圖，它造就了印度恒古不變的社會基層組織形態。但是，和儒學「家」「國」同構組織原則不同，婆羅門教（印度教）的社會組織藍圖不存在基本細胞如何形成更大有機體的規定。在中國，「家」「國」同構組織原則把「國」當作「家」的同構放大，「國」亦成爲終極關懷的一部分；這樣道德追求即把一個個宗族凝聚成大一統帝國。而印度解脫型終極關懷強調的是種姓不能混淆，拒絕種性結合成更大的有機體，從而阻止統一國家的形成。

人類學家發現，和中國宗族互相整合形成大一統帝國相反，印度的種姓不但不能凝聚爲更大的共同體，反而存在著不斷分裂的傾向，即一個種姓在若干代後往往會分裂成幾個亞種姓。人所共知，古代印度社會由四大種姓構成；不同種姓社會分工不同，互相不能通婚；形成極爲嚴格的規範。對於每一種種姓，因不和其他種姓混淆保持其在歷史上的持續性，但奇怪的是種姓數目並非一成不變。隨著時間的推移，不斷有新的種姓從

舊種姓中分離出來。這樣，種姓數目越來越多。到二十世紀五十年代，印度有數千個種姓和數以萬計的亞種姓。㉕

爲甚麼印度種姓會越來越多？關鍵在於，脫離自己的種姓是每個人追求解脫的表現，但高種姓拒絕低種姓人加入，於是尋求超越原有等級解脫的人們除了從原有種姓分裂出來形成新種姓別無他法。因此，印度社會組織藍圖和現實社會組織互動模式和中國不同。首先，種姓和解脫相對應在本質上有別於道德和社會制度的對應。對於後者來說，社會制度變遷等於腐敗；但對於前者，只有種姓的互相隔離是來自終極關懷的絕對限定，同一種姓分裂是和達到解脫目標的修身細化相符合，它是被社會組織藍圖允許的。當某一種姓中一部分人覺得其餘人比自己不潔（**自己比他人更優越**）或遷移他處（**如有可能脫離現狀**）時，就有可能脫離原有種姓變成一個新的亞種性，㉖印度宗教對這種分裂是承認的。換言之，雖社會變遷亦不能反作用於社會組織藍圖，但某種方向的變遷卻爲社會組織藍圖所許可，它不是無組織力量。這樣一來，社會變遷和流動不得不都以種姓分裂作爲自己正當的形態。作爲相對孤立系統，印度文明演化就呈現和中國文明不同的另一種宏觀模式。如果把中國傳統社會的演化稱爲動態停滯，印度文明演化是一種無歷史的（**無聲的**）靜態停滯。

「停滯」不是指社會不變，而是指其長期被索縛在某種基本結構之中。和「家」「國」同構體在中國存在了兩千年一樣，印度種姓制度亦是來自終極關懷對社會制度的規定，它的基本形態不會隨社會變遷而改變。在現代之前，幾千年來無論印度社會呈現出多大差異，但種姓制度沒有改變過。爲甚麼稱印度社會的演化爲靜態停滯？靜態停滯和動態停滯最大不同，除了不存在明顯的治亂循環外，就是缺乏社會變遷的歷史記錄。中國自「孔子作春秋」開始，社會行動（社會結構的變遷）作爲道德活動的一部分，對它的記錄不僅可以穩惡揚善，本身亦具有道德含義，故歷史及歷史記錄極爲重要。印度正好相反。在舍離此世的解脫追求中，和解脫方法的修煉與思辨相比，社會行動記錄毫無意義。而且在種姓碎裂化的過程中，根本不存在統一的歷史進程；印度社會變遷完全不需要歷史記錄。順著種姓碎裂化軌道的社會變遷是在黑暗中發生的，它始終不能脫離印度教的框架，故可稱爲靜態的停滯。

與種姓分裂同步發生的是經濟結構緩慢地內捲。社會學家把越來越多的勞動力投入單位土地耕作以至邊際報酬遞減稱爲內捲化，其後果是市場和分工因人口增長被牢牢地索縛在原有經濟結構中不能長足進步。印度傳統社會經濟結構和中國不同，但同樣存在著不可抗拒的內捲趨勢。在近代以前，恒河和印度河流域一直存在大片未開墾的地區。

但十分奇怪的是，印度社會在古代就形成了在單位面積投入大量勞力精耕細作的傳統。該傳統一直保持到近現代，甚至發生嚴重的內捲化都無法改變，經濟學家將其稱爲印度均衡。㉗

中國傳統社會的內捲化發生在明清以後，當時幾乎所有可開發的耕地都已窮盡。印度卻一直存在大量荒地，爲甚麼還會形成精耕細作傳統並發生內捲？經濟學家指出，這是因爲種姓制度阻礙農民個人離開村莊去開墾荒地。在農業發展的早期（內捲化發生之前），它帶來的精耕細作，曾使生產力高於粗放耕作，據此有人認爲這是種姓制度能存在的原因。㉘其實，只要突破經濟決定論，印度精耕細作傳統實爲種姓制度和經濟結構的耦合，印度均衡只不過是對耦合穩態的描繪罷了。

我們發現，正如我們用系統方法研究中國社會結構演化一樣，可用政治、經濟、文化三個子系統的耦合來分析印度傳統社會結構及其變遷。婆羅門教（印度教）和種姓制度耦合，形成千年不變的政治社會結構。它們又和經濟結構耦合，塑造了印度獨特的村社經濟。㉙因種姓既是社會分層，亦規定了社會分工，而各種分工又是互相依賴的。於是，在古代印度，即使經濟處於自給自足狀態，不同種姓也必須生活在同一村莊之內。村莊成爲高於家族和種姓封閉（不變）的共同體，它是歷史上統一的納稅單位。村社經濟發展極爲緩慢，因被逐出種姓是任何一個家庭難以承受的懲罰，故人口的增長一開始都被嚴格限定在村社中，形成古代印度頗爲獨特的精耕細作傳統。新村社的形成，不能靠個別家庭的遷移，需要整個種姓移動甚至不同種姓協同合作才能成功。在這樣的前提下，即使出現交換和商業，只能是地區性的（村社內部和不同的村社之間）。市場發展必須遵循種姓分化和分工同步原則，結果種姓亦成爲職業的代號，分工進步和市場發展必須以種姓不斷分裂爲前提。在印度傳統社會，我們同樣看到市場經濟被嵌入社會有機體。和中國傳統社會不同的是，這種寄生於種姓分工的市場經濟，根本不存在脫嵌的動力，亦看不到中國傳統社會那種脫嵌導致的週期性大動亂。

在印度，種姓愈多，社會愈是碎裂，越難形成統一的政治共同體。那麼，是不是說印度文明完全不可能建立統一國家？並不是這樣。這裡，村社在經濟上作爲一固定的納稅單位極爲重要。只要某一社群能臨駕於種姓之上，建立統一行政機構並將一個個村社作爲納稅單位，統一國家即可建立。也就是說，政治共同體並不需要改變古老而封閉的村社和深入由種姓組成的社會內部，它可以是浮在種姓社會之上的組織，它的解體和變遷亦不對社會產生實質影響。但是，國家既然要臨駕種姓之上，其統治正當性一定不是婆羅門教和印度教。因此從理論上講，印度只有在兩種情況下才能建立統一國家。第一種可能是外來文明入侵，把種姓制的村社納入一由外來統治者建立的政治結構，村社作爲統一納稅單位，維繫軍功帝國或統一政府的存在。回教徒或西方殖民者建立的統一政府就是明顯的例子。

第二種可能是利用力圖突破種姓制度的階層（如早期城市中的商人等）建立統一國家。在印度型超越視野中，力圖突破種姓制度的解脫追求爲佛教和耆那教。佛教提出反對種姓制度（主張眾生平等的）另一種解脫之道，它是解脫這一超越視野對應的另一種終極關懷。印度歷史上短暫的大一統帝國，都是佛教徒所建。孔雀王朝、貴霜王朝均是如此。佛教雖有自己的正當性最終標準，但大多缺乏社會組織藍圖。在軸心文明中，當國家組織力量不是由來自超越視野的社會組織藍圖，或其權力正當性與超越價值沒有直接關係時，它們變幻無常，形態亦是不確定的。故印度佛教統一帝國十分短暫。隨著社會政治弊病出現，帝國解體後往往不能重建。西元四世紀以後，婆羅門教吸收佛教的內容形成印度教，從此佛教在印度社會再也不是印度教的對手。因解脫宗教本身不再存在凌駕於種姓制度之上的組織力量，佛教帝國在印度消聲匿跡。

十一、飄變模式：伊斯蘭帝國

自十三世紀起，伊斯蘭文明開始入侵印度。經過幾個世紀的努力，十六世紀回教徒終於建立了統一的蒙兀爾王朝。蒙兀爾帝國以村社作爲納稅單位，實行軍事封土制；但和佛教帝國不同，它明確地把種姓制度作爲自己的統治基礎。這方面最典型例子是和外來統治者有關的新種姓的出現。正如一位學者在討論伊斯蘭文明被印度同化時所指出的：「外國血統、阿拉伯後裔、土耳其後裔、阿富汗後裔以及波斯入侵者和從印度教改造而來的本地轉變者（Ajlaf）之間的種族分離便開始了，前者形成了最高級的種姓（Ashraf）。在後者當中，上層種姓的印度轉化者，比如穆斯林拉吉普特人（Rajputs），就形成了第二個最高種姓。最後，還有兩個職業種性，一個是『清潔』的，另一個是『不清潔』的。」㉚爲甚麼蒙兀爾王朝能接受種姓制度？我們發現，這和伊斯蘭教獨特的社會組織藍圖有關。伊斯蘭教屬於四種超越突破類型中第一種超越視野，其終極關懷和該超越視野的另兩種終極關懷（猶太教和基督教）不同，具有明確的社會組織藍圖。它和社會結構的互動形成了伊斯蘭社會獨有的帝國飄變模式。伊斯蘭教作爲希伯來宗教的入世轉向，被某些哲學家稱之爲繼軸心時代超越突破之後的「二次突破」。它把猶太教和基督教作爲啓示的早期形態，認爲先知得到的啓示作爲神和人最後一次對話，是應該高於並涵蓋以前所有啓示的。這使得伊斯蘭教具有巨大的包容其他宗教的能力，特別是將異質政治文化吸收進來以補充來自終極關懷的社會組織藍圖。正因爲如此，伊斯蘭教在印度建立國家時，最終承認了印度教，種姓制度在某種程度上也被納入蒙兀爾帝國社會組織藍圖。

社會組織藍圖是來自超越視野正當性最終標準對社會制度的想像。伊斯蘭教正當性最終標準和印度教正當性最終標準並不一致，甚至互相排斥；那麼，爲甚麼種姓制度最終能克服排斥力，進入蒙兀爾帝國意識形態？關鍵在於：伊斯蘭教的入世性質導致其社會組織藍圖把建立不斷擴張的大政治共同體作爲自己的目標，但教義的單純性使其缺乏來自終極關懷的組織原則，故社會組織藍圖不得不借助其他政治傳統。這樣，當伊斯蘭教承認比自己地位低的宗教時，其他宗教的社會組織原則作爲工具就有可能吸納到統治意識形態之中。眾所周知，伊斯蘭教和基督教不同，它除了渴望救贖外，還要求在現世建立公正的社群（烏瑪）。順從真主的聖戰成爲回教擴張建立伊斯蘭共同體的巨大力量，故在第一種類型的超越視野中，唯有伊斯蘭教給予現實社會的力量最爲強大，它直指跨地域的世界性國家。然而，建立大一統國家必須有塑造社會組織基本細胞以及它們如何構成更大政治共同體的原則，它們均為來自伊斯蘭教義的社會組織藍圖烏瑪所缺乏。

烏瑪原意為阿拉伯語「公社」之意。作為由終極關懷導出的社會組織原則，除了實行伊斯蘭法以外，幾乎不存在建立烏瑪更詳細的方案。人們甚至不能判斷它是一個社群？還是一個帝國？抑是整個順從真主的世界？對基層組織，伊斯蘭教亦不存在儒學和印度教那樣的規定，如何填充烏瑪組織形態的空白一直是伊斯蘭教最大的問題。因第一個烏瑪是先知所建，故一開始最高統治者（同時亦為宗教領袖）在決定烏瑪形態上至關重要。但穆罕默德去世時沒有明確規定繼承人身分，統治者必須選舉產生還是世襲？如果是選舉，在甚麼範圍？依據甚麼規則？這些統統是不確定的。事實上，隨著烏瑪最高領袖身分和出身的不同，被吸納進伊斯蘭社會組織藍圖中其他宗教和社會政治傳統往往大相逕庭。

當烏瑪是阿拉伯人（或以阿拉伯人為國家組織者）的社群時，最高統治者被視為先知的繼承人，稱哈里發。遜尼派認為哈里發必須出於先知所在的部落（古萊族）或由更大範圍選舉得到，什葉派則堅持只有先知的後人（家族成員）才有資格當哈里發。在選擇哈里發的背後是阿拉伯原有的不同部落傳統進入烏瑪的組織藍圖。當由非阿拉伯人建立伊斯蘭國家時，找哈里發不可能了。素丹成爲伊斯蘭帝國皇帝。素丹意爲有權威的人，原是哈里發任命的官職。素丹成爲烏瑪最高領袖，意味著不再強調最高領袖和先知在血緣和部族上的聯繫。這樣，在不同人擔任素丹的背後，是各式各樣的民族政治經濟傳統被吸入烏瑪的藍圖。因此，回教帝國的形態不一。蒙兀爾王朝結構不同於奧托曼帝國，吸納波斯政治制度的伊斯蘭帝國明顯有別於阿拉伯人的王朝。當某一伊斯蘭帝國衰落或瓦解時，伊斯蘭教雖可以和別的民族政治文化結合而建立新的帝國，但因社會組織藍圖不完全相同，這些帝國無論在地域上、時間上和社會制度上往往缺乏連續性。

正因爲存在著塡充烏瑪空白的各種可能性，以至於一些回教思想家認爲：「伊斯蘭應該是能與任何有價值的文化和諧共存的宗教信仰，而不管這種文化的來源如何。」而事實上，被結合進來的其他文化，必須是低於伊斯蘭教核心教義的，而且是工具性的。故當我們在指出烏瑪和不同民族文化傳統結合而引起回教國家巨大差異時，仍必須看到由烏瑪規定的伊斯蘭世界存在某種同一性。首先是不同信仰的存在不能挑戰伊斯蘭教的統治地位。而且阿拉伯文作爲古蘭經的載體必定是回教世界的最高級的世界性語言，阿拉伯人亦曾這樣借先知的話表達他們吸納不同民族文化後仍保持自己優勢的自信：「真主選擇了阿拉伯人……沒有信徒會憎恨阿拉伯人……愛阿拉伯人是本宗教信仰的一部分……因爲我是阿拉伯人，因爲《古蘭經》是阿拉伯文的，因爲天國的語言是阿拉伯文。」㉛。阿拉伯文和伊斯蘭法造就了回教世界在文化上和制度上跨國界的流動性。

烏瑪這種在巨大差異中保持阿拉伯優先之上的同一，十分典型地表現在它對伊斯蘭世界獨特經濟結構的塑造之上。因烏瑪實際上吸收了不同的民族文化傳統，和政治制度一樣，被認爲是正當的經濟組織和行爲在不同伊斯蘭國家可以不一樣，回教國家經濟結構各不相同。這一點和中國、印度傳統社會具有歷史上基本同質的經濟形態呈現出巨大差異。烏瑪的同一性在經濟上通常表現爲如下兩方面。

第一，伊斯蘭世界比現代社會更早確立了城市在經濟上對農村的統治。歷史學家早就發現，隨著伊斯蘭文明的出現，西方近代之前不可思議的大城市迅速在中東興起。而且伊斯蘭帝國經濟制度大多以城市爲中心（軍事要塞為大城市的發端），㉜形成向農村擴散以至支配農業剩餘的網絡。爲甚麼同是傳統社會，伊斯蘭帝國如此特殊？關鍵在於，伊斯蘭教在宗教崇拜活動中具有獨特的集體主義的模式，使得清真寺爲回教社區之中心；也就是說，存在著天然的以城市爲烏瑪組織中心的傾向。而且，最早的伊斯蘭帝國爲阿拉伯人擴張所建，爲了統治佔領區的人民，阿拉伯人的烏瑪首先必須建立在城市要塞中，並形成城市統治農村的結構。正因爲如此，軍事封土制在回教國家盛行。即使到被征服的人民皈依伊斯蘭教以後，農村亦成爲烏瑪一部分時，這種城市支配農村的結構仍然保持了下來。

第二，伊斯蘭教的經濟世界最早出現全球遠程貿易。商業的繁榮不僅建立在城市對農村支配之上，還特別表現在回教徒一生必須去麥加朝聖之中。柏納指出，朝聖所導致傳統社會空前的世界性人口流動；它造就了全球遠程貿易和回教世界的整合：「大批男性、往往也有女性的人身流動，以及因此所造成的社會流動，使得中古回教世界的集體意識，與歐洲基督教世界那種相對來說範圍較小的、層級式的、社會階級嚴明和地方傳統異常強烈的集體意識，十分不同。回教的世界廣大而多樣，卻仍有一定程度的統合一致，人們這麼認爲，而實際上亦是如此。這種統合的程度，在中古的基督教世界從未達到，在今天的基督教世界更是不可能。」[33]但是，基於朝聖流動的全球貿易和回教國家的市場經濟一樣，是深深嵌入由烏瑪規定的社會有機體中的，脫嵌幾乎不可能。正因爲如此，回教的擴張以及回教帝國的形成雖造就了超級城市以及最早的跨洋貿易，但現代資本主義和全球化經濟體系卻不是由它演化而來的。

烏瑪吸收民族傳統而細化，顯示出中國、印度傳統社會罕見的社會組織藍圖因社會結構變遷而變化的可能性。但是，它和社會結構互動的最後結果卻是伊斯蘭社會演化中呈現獨特的飄變模式。所謂飄變，是指社會結構演化中繼承性不強，進步同樣步履維艱。既然現實社會結構變化可以細化社會組織藍圖，爲甚麼社會組織藍圖和社會結構的互動後果是飄變呢？關鍵在於：不同民族政治傳統以及反映社會結構變遷的資訊是工具性地進入烏瑪。在國家穩定健康成長之際，與其相關的政治文化是烏瑪藍圖的一部分；但當這些制度面臨不能解決的社會問題或其本身帶來危機時，烏瑪藍圖中的民族政治傳統亦失去正當性。這時，來自伊斯蘭教的正當性最終標準不能向烏瑪中民族政治文化給與支援，以重塑政治權力和社會生活。從伊斯蘭教義看來，一旦社會出現危機，這些被吸納的政治文化是必須排斥的。表現在現實政治中，就是哈里發或素丹的統治危機，後果往往是回教國家的分裂或無法壓服軍事將領的叛亂。當某一地區或某一派系在混亂中勝出，再次建立統一國家時，確立的政治體制可能來自另一民族傳統，它亦只是被工具性地吸入烏瑪組織藍圖。和原有社會組織藍圖相比，烏瑪變化是非繼承的，故伊斯蘭國家演化是一種沒有結構進步的飄變。

中東的歷史不正是如此麼？從伊比利半島至中亞地區，先後出現過伍麥耶王朝（六六一—七五〇）、阿拔斯帝國（七五〇—一二五八）、法蒂瑪王朝（九〇九—一一七一）、塞爾柱王朝（一〇三八—一一九四）、阿尤布王朝（一一六九—一二五

○）、馬木路克王朝（一二五○—一五一七）和奧托曼帝國（一二九九—一九二二）。伍麥耶王朝由來自先知部落（古萊族）的伍麥耶家族統治，當時哈里發的世襲合法性尚未確立。由此可見，作爲回教征服廣大地區建立的第一個國家，吸入其社會組織藍圖的是阿拉伯人部落傳統，伍麥耶王朝具有部族聯盟性質而不是真正的伊斯蘭帝國。不到一百年，阿拉伯部族傳統不能應付軍事封土制國家出現的各問題。伍麥耶王朝在各地軍事將領叛亂中解體。西元七五○年，呼羅珊人在內戰中勝出，建立了阿拔斯王朝。阿拔斯王朝將首都遷到巴格達，哈里發從此成爲世襲的。在該變化的背後是新建伊斯蘭國家繼承了波斯和拜占庭的政治文化，統一國家亦成爲一帝國。正如歷史學家所指出的，早期的阿拔斯帝國的管理精英由伊拉克的官僚組成，其中有許多是伊朗人，他們全都受過有關薩珊王朝管理國家本領方面的培訓。[34]

薩珊王朝的政治文化和伊斯蘭教結合，奠定了早期伊斯蘭帝國的基本形態。今天，我們在一千零一夜中感受到的伊斯蘭社會的「阿拉伯風貌」，實爲波斯政治文化對烏瑪空白的填充。顯然，波斯的政治文化比阿拉伯人部族傳統更不容易得到伊斯蘭信仰的支持，即工具性更強。由此引發哈里發合法來源和政治制度正當性廣泛而持久的討論，伊斯蘭不同教義流派基本上都是在這一時期形成的。[35]阿拔斯王朝表面上延續了很長時間，但其統治權威卻在意識形態爭論中慢慢衰落。隨著波斯文化在烏瑪藍圖中地位的變化，阿拔斯王朝碰到的社會結構性問題得不到解決，統治的正當性面臨危機，帝國陷於動盪中。事實上，在阿拔斯王朝過了頂盛期（回教哲學家稱之為正午時分）以後，波斯政治傳統在烏瑪中合法性一天天遞減，用何種民族政治文化來填充伊斯蘭社會組織藍圖中存在的巨大空白，再次成爲懸而未決的問題。回教世界因此動盪不已。先是法蒂瑪王朝興起，壓倒衰落不堪的阿拔斯王朝。法蒂瑪王朝中心是埃及，它緣於激進的什葉派（伊斯瑪儀支派）征服北非的運動。十二世紀，阿尤布王朝推翻法蒂瑪王朝，政治意識形態重歸遜尼派。十三世紀馬木路克王朝又在阿尤布王朝的廢墟上建立。㊱大動盪一直要到草原傳統融入伊斯蘭社會組織藍圖才再次穩定下來，回教國家進入一新時代。

其實，自十一世紀塞爾柱王朝出現以後，突厥人和蒙古人的政治文化就開始融入伊斯蘭教。㊲草原部落的政治文化本來就和農耕文明有很大不同。中國文明在其展開中曾不斷受到草原部落的衝擊。㊳由於「家」「國」同構體的完備性，草原傳統完全不能融入儒學規定的社會組織藍圖。元朝和清朝都是草原民族入主中原建立的王朝。因草原傳統和儒家社會組織藍圖的衝突，元朝是短命的。清朝則完全臣服於儒家社會組織藍圖（只在統治蒙古和新疆時運用草原傳統），成爲中國歷史上最盛大的王朝之一。伊斯蘭文明和中國不同，它一旦受到草原民族的衝擊，草原部落的政治文化會全面地填充伊斯蘭社會組織藍圖的空白，烏瑪將以全新面目出現。這樣，自掀起蒙古旋風起，草原傳統全面和伊斯蘭教碰撞。其後果是雙向的，一方面是草原部落在征服過程中皈依伊斯蘭教，另一方面是烏瑪接納草原部落的政治文化。

「根據草原傳統，統治權是真主挑選出來擔負統治責任的那個家族的特權。……統治權歸家族所有的觀念代替了伊斯蘭由選舉產生領袖的原則。」㊴一位學者這樣歸納草原傳統對烏瑪的塑造：「他們（魯姆塞爾柱人）流傳下的有：宗教事務的正統觀念，以對穆斯林和非穆斯林的不同稅收政策爲特徵的財政制度，主要由封建賞金所支持的軍事編制，由奴隸侍奉蘇丹而培訓出來的上層軍政分子，以及依法把社會分成特權和非特權階層的階級結構。」㊵奧托曼帝國和蒙兀爾王朝分別構成草原傳統對烏瑪再塑造的不同例子。

奧托曼帝國源於突厥人的一小公國，正因爲在皈依伊斯蘭教過程中進行一系列制度創新，如將奴隸兵改進爲奴官並吸入草原傳統，形成獨特的古藍制度等，故可不斷壯大，造就了回教大帝國的空前擴張和繁榮。皈依伊斯蘭教的蒙古人在印度建立蒙兀爾帝國，意味著在草原傳統之上進一步容忍印度教。因整個種姓社會都被納入烏瑪統治之下，蒙兀爾王朝一度成為人口最多、最富裕的伊斯蘭國家。然而，草原民族政治傳統對烏瑪的填充，和阿拉伯部落傳統和波斯傳統一樣亦是工具性的。一旦它不能應付社會面臨的新挑戰，烏瑪立即會對其表示排斥，要求回到純粹的伊斯蘭教義。而印度教亦遲早和伊斯蘭教分道揚鑣。也就是說，這一切沒有改變伊斯蘭社會演化的飄變模式。

十二、進步的模式：從城邦到共和國

在社會組織藍圖和社會結構互動的過程中，只有當社會結構的變化能錄入社會組織藍圖，才能出現軸心文明在獨自演化中的進步。但是，社會組織藍圖作為來自超越視野正當性最終標準對合理社會之想像，通常會拒絕將作為實然的社會結構之變遷錄入作為應然的社會組織藍圖。那麼，軸心文明獨自演化的進步又如何可能呢？我們發現，在四種超越突破的基本形態中，唯有以求知為終極關懷的類型才存在作為相對孤立系統進步的可能性。在世界史中，我們確實看到這一類型的存在，這就是古希臘羅馬文明。

一談到古希臘羅馬文明，人們立即會想起其多神教頗為奇怪的特點。第一，該宗教中不僅神和人完全同形，而且神和英雄沒有明確界線。第二，神的意志不是隨心所欲的，他們亦必須服從某種法則；第三，對神的崇拜和人必須遵循的道德律完全無關。事實上，這些特點均因求知爲終極關懷在入世宗教中孕育所帶來。希臘神人同形的宗教在邁錫尼文明解體中興起，意味著第三種類型超越突破的發生。正如我們在第五節所說，該超越視野把依靠外在力量和達到此世目標結合在一起。古希臘人終極關懷在此世，而神是作爲達到此世目的的外在力量，這兩者是依靠朦朧的認知意志聯繫起來的。事實上，正是在古希臘羅馬宗教中，最早出現了愛智精神。泰勒（C. C. W. Taylor）和羅賓·奥斯本（Robin Osbome）曾爲古希臘哲學、科技、藝術和政治宗教從西元前九世紀到柏拉圖的發展做出歷史年表，從中明顯可以看到古希臘人對自然規律的認識（**科技發展**）和宗教、哲學、藝術發展的同步性（**甚至是提前性**）。[41]希臘人把道德、生命的意義甚至對不死靈魂的探索，都放在認知的意志中。[42]

以求知爲終極關懷的超越視野，通常都把法律作爲正當性最終標準，它滿足依靠外在規範判斷此世事物是否正確的基本結構（**第四節表所示超越突破的第三種類型**）。爲了說明這一點，必須分析古希臘人對法律（nomos）的理解。亞里士多德將法律和自然法相提並論，後者是自然規律的一部分，前者爲理性的實現。該定義揭示了古希臘人從由社會決定的正當性標準中走出來，找到此世「正確」的外在標準之準確含義。自然規律是不依賴於個人內心感覺的存在，把法律視爲自然法則的一部分，也就是強調法律背後精神和認識自然的一致性。換言之，法律和道德不同，由外在規範（**自然規律是其核心部分**）和其背後的理性（**認知的意志**）組成。㊸既然理性是人制定的外在規範之所以正當的基石，必定包含對規範實行之認識。當規範在實行過程中被發現存在超出原定內容的新方面時，理性是有可能經過思索將其加入原有規範系統的，這是軸心文明中社會組織進步的重要原因。該過程明顯存在於從古希臘城邦到羅馬共和國的演化中。

首先，上述正當性最終標準對應然社會之想像一開始是城邦。爲甚麼是城邦？這和古希臘人把城邦視爲神人同形的宗教祀事單位有關。正如基托（H.D.F.Kitto）所說：「奧林匹斯諸神的確在全希臘都受崇拜，但每個城邦，就算沒有自己的神祇，也有其獨特的崇拜儀式。……城邦是個獨立的宗教單位，一如政治單位。」㊹正因爲理性是蘊含在神人同形的宗教之中的，那麼希臘羅馬人在以城邦作宗教祀事活動以保持自己認同之時，城邦亦成爲理性實踐的單位。

亞里士多德把城邦視爲自然規律的產物，因爲「當個人被隔離開時他就不再是自足的；就像部分之於整體一樣」。㊺基托一針見血地指出：「希臘人普遍接受這樣的假定：城邦源於對正義的需要。個人是無法無天的，但城邦必須使錯誤得到改正。」㊻也就是說，城邦代表了希臘人理性的實現。眾所周知，古希臘人被稱爲政治的動物，「政治」（politics）一詞在希臘文中本爲「城邦」（polis）。對希臘人而言，建立城邦作爲人和動物的差別，代表了人的本質。城邦之所以能代表人的本質，這是因爲理性和法律把希臘人和野蠻人區別開來，城邦不僅是理性和野蠻的分界，還是立法和執法（希臘稱之為自治）的基本單位，即希臘人認爲只有通過城邦才能實現自治以呈現自己的理性。「自治」（autonomia）在希臘文中由「自己」（autos）和「法律」（nomos）兩個詞合成，意爲一個城邦能夠頒佈施行自己的法律。由此可見，城邦是希臘人的理性和法律付之實現時必須的基本單位，正如「家」是中國人實行儒家倫理（道德價值）的基本單位一樣。

縱觀古希臘社會發展史，一切都以城邦爲中心展開的。最早，城邦是移民所建。隨著城邦人口增加和經濟發展，不斷有人從母邦分離出來到外面建立殖民地，但新建立的希臘人共同體仍是城邦。這一切表明來自終極關懷的社會組織藍圖對現實社會結構的塑造。因此，從西元前九世紀黑暗時代結束起（正是在這段時間發生了希臘型的超越突破）到西元前四世紀，希臘社會演變的主線爲建立城邦、以及城邦數目的不斷增加。當城邦星羅棋布地充滿地中海沿岸之際，必定發生一新問題，這就是能否建立由城邦組成的更大政治共同體。當社會組織藍圖不承認包含各個城邦的更大政治共同體時，由城邦之間戰爭形成的國家不可能是穩定的。無論雅典統一希臘曇花一現，還是馬其頓帝國的最終解體都證明這一點。地中海城邦世界的不穩定時期終於到西元前一四六年結束，其象徵性事件是希臘併入羅馬共和國。㊼羅馬和雅典、馬其頓帝國明顯不同，它有不同於城邦的社會組織藍圖，這就是共和國。何爲共和國？在拉丁文中共和（res publica）原意爲公共事務（物）。在希臘，公民參加城邦宗教祀事和政治等同於公共事務。羅馬進一步將公共事務擴大到所有公民對首都（羅馬）政治的參與之中。這樣的社會組織藍圖不再是城邦，而是城市（邦）之集合—共和國。從polis到res publica的飛躍，意味著著社會組織藍圖的「進步」。㊽

在古希臘時期，最早系統描繪應然社會的著作是柏拉圖的《理想國》和亞里士多德的《政治學》。柏拉圖認爲理想國的規模應是五千人，亞里士多德反覆論證人數不能太少。㊾《理想國》希臘文原文是politeia，意爲理想的城邦，可見古希臘社會組織藍圖一直沒有超過城邦。但到西元前一世紀，羅馬哲學家西塞羅（Cicero）將《理想國》譯成拉丁文時，將書名定爲res publica（共和國）。他在《論國家》（de re publica）指出，res publica是人民的財產，是許多人依據正義協議，爲了共同利益夥伴關係而聯合起來的一個共同體。㊿這裡，西塞羅完成了對代表理性實現之政治共同體的再界定，它不再是城邦，而是包含一個個城市（邦）的共和國。請注意西塞羅的定義，共和國作為正義的化身和城邦相同，這一點繼承了原來社會組織藍圖；但共和國作為公民利益夥伴共同體是古希臘政治思想中不存在的，故可以視為在理性視野中原有社會組織藍圖的發展。51

與此同時，作為理性體現的法律含義亦發生了進步。希臘法律（nomos）原意是分配，意為讓城邦中的人各得其所（這就是符合自然法則即正義的本來含義）。在羅馬，法律必須由兩個詞表達。一個是ius（或jus），另一個是lex。ius代表自然法則即正義之實現，和希臘nomos類似。lex為法律。西塞羅明確指出，羅馬法律lex和希臘強調由城邦來分配不同，其意義為公正公平地選擇。52該觀念為希臘政治思想所缺乏，從中發展出古希臘城邦不存在的私（契約）法。為甚麼羅馬共和國從正義中可以得到私法？羅馬法繼承希臘把正義視為讓人各得其所的理念，將其細化為「正義是賦予公民應有權利穩定而永恒的意志」。當權利為公民應得之物時，擁有權利的公民通過雙邊協議制訂的契約亦成為法律的一部分，lex也就有了公民自主選擇的內容，它構成了羅馬法中民決法律（lex rogada）之基礎。

必須指出的是，羅馬人把共和國（公共事務）作為理性之實現，仍沒有脫離希臘人

以城邦作為其宗教認同和理性實現之基本模式。所謂社會組織藍圖的進步，是指理性活動範圍的擴大。希臘人不承認城邦之外還有理性的事務，而羅馬則把基於城邦的理性（政治參與）擴大到更大的共同體中去。羅馬人之所以可以這樣做，關鍵在於他們把羅馬城看作是高於並包含其他城市（邦）的。希臘人不能找到城邦之上的理性共同體，他們堅持公民一定要屬於某一城邦，絕不把公民權給與本城邦之外的人。而羅馬則把公民權施與各城市（邦）的人，形成所謂虛擬的公民社群（fictitious a community of citizens）。㊸談到羅馬共和國的公民權，切不可和今日公民權混同。因為羅馬共和國的公民權，本質上仍是羅馬城的公民權。以城邦宗教活動和政治參與（我們稱之為城市公共生活）為理性實現的古希臘羅馬文明，是無法想像離開城市（邦）抽象公民權的。羅馬把該城公民權授與羅馬以外各城市之公民，乃基於一理性推道，即只要各城市（邦）之「公民」親自去羅馬，是可以參與政治的。這是虛擬公民社群組成羅馬共和國的真正含義。然而，虛擬公民實際上並不參與共和國（羅馬城）政治事務，㊹他們的理性必須在虛擬社群中有所表現，於是就把公民與公民的交往亦界定為正當的，公平地選擇即訂契約（在不妨礙國家公共利益前提下）亦成為理性行為的一部分。這裡，理性事務的擴大（如私法的形成）和虛擬公民社群建立共和國等價。從城邦到共和國意味著古希臘羅馬理性視野中社會組織藍圖的發展。

這種社會組織藍圖的進步不僅表現在對政治結構的塑造上（各城邦統一於共和國），還反映在經濟結構中。這就是市場經濟終於成爲羅馬佔主導地位的經濟形態。在古希臘城邦世界，雖然市場經濟早就存在，但發展斷斷續續，速度相當緩慢。市場經濟的充分發展除了需要保護私有產權外，還需契約關係得到正當性最終標準的支援。但在古希臘社會組織藍圖中，私有產權和契約並沒有獲得城邦政治那樣無可非議的正當性。原因很簡單，公民參與城邦以法律進行自治是理性的，但經濟活動不屬於理性範圍，因爲它是公民的私人事務。在古希臘人的觀念中，謀生屬於家庭內部事務，它存在於純粹私人的領域。使財產增值、對其實行管理，利用奴隸進行生產，通通是家庭事務的一部分。亞里士多德這樣論證：「財產是家庭的一個部分，獲得財產的技術是家務管理技術的一部分」，[55]今天「經濟學」這個詞在希臘文中的原意爲「家政學」（oikonomika）。

由於經濟活動在希臘被歸爲純粹屬於家庭內部事務，它和作爲公共領域的城邦無關。公民參與公共活動組成城邦意味著從私人領域步入一個和私人無關的新領域。這一切正如阿倫特所說：「古代人必須每天穿越橫亙在他們面前的那條鴻溝，越過狹窄的家庭領域，『升入』政治領域」。㊻社會組織藍圖把私領域視爲和公（政治）領域完全不相干，固然有助於「私」不受「公」的干預使私有財產得到保護，但兩個公民（私人）的契約並不是理性法律的一部分。在古希臘，破壞契約至多只能當作侵權處理。正因爲如此，市場經濟發展必定受到限制。在羅馬共和國牢固地確立之前，古代城邦雖包含市場經濟，但總體上商品經濟一直無法從（奴隸制）自耕農經濟中脫穎而出，成爲城邦世界的主流形態。

隨著羅馬共和國的建立，契約被納入民法，公民參與宗教和政治以外的社會（不同於私領域事務）活動亦被承認是理性的實現。這方面最典型的例子是「社會」（societas）的出現。何爲「社會」？「社會」是指人爲達到某一目的自行組織起來（如經商和犯罪）之團體。古希臘有城邦而無「社會」。㊼「社會」這個詞基本上在羅馬起源並發展起來的，公司、商會是其最常見的形態。西塞羅甚至用societas來指涉某種由公民形成之共同體。事實上，正是societas的出現，支援了公民從政以外非家庭內部事務的正當性，市場經濟發展獲得空前的保障。羅馬共和國的自耕農經濟迅速消亡，形成了市場機制爲主導的奴隸制商品經濟。㊽

古羅馬商品經濟的發達，常使歷史學家津津樂道。數目龐大商隊奔馳在羅馬軍團修建的四通八達的公路上，並通過地中海航行，維繫著帝國商業的繁榮。羅馬由數以千計的城市組成，地中海成爲其內陸湖泊。雖然它仍是農業社會，但城市卻不是自給自足的，其互相依賴和今日市場體系沒有本質不同。然而，在談到羅馬發達的市場機制時，絕不要忘記它仍然是被深深嵌入社會有機體之中的，不可能發生市場脫嵌和經濟超增長。首先，羅馬市場經濟存在的各項基本前提都由社會有機體提供，如發達的公路網是羅馬軍團爲征服和統治所建，貨幣、契約法和公共服務和共和國有機體不可分離，當原有社會結構解體時，市場經濟亦不可能繼續存在。[59]

更重要的是，羅馬共和國（帝國）的基礎是各個城市，它雖不等同於城邦（因公民的政治參與不再重要），但公民的公共生活特別是神人同形的宗教祀事乃與城邦相同。即羅馬的城市仍和城邦一樣是有機體。所謂社會有機體，它是根據終極關懷價值形成的組織，城邦作爲包含著理性宗教的載體，是古希臘文明以求知爲終極關懷的落實。事實上，古希臘羅馬的城邦理性主義是建立在公民對公共活動參與之上，政治無非是公共活動的一種形態罷了。而公民對公共活動的參與是和入世的人神同型宗教不可分離的。當宗教衰落公共生活解體之時，羅馬人的理性精神亦蕩然無存。[60]皮之不存，毛之焉附？一旦作爲終極關懷實現的有機體不再存在，羅馬發達的市場經濟將無可依託。

市場經濟的脫嵌，意味著市場機制可以無限拓展。其前提是個人觀念的確立，即個人具有超越任何社會有機體的正當性。或者說，應把法律建立在契約之上而不是相反。人從凝固不變的社會關係中解放出來，成爲和社會有機體無關的「個人」，我們稱之爲個人從社會有機體中脫嵌，這在傳統社會是不可能的，羅馬當然亦不例外。在此意義上講，隨著古希臘羅馬文明的衰落，發生超越視野的轉向和文明融合有其必然性。

十三、人類面臨「新軸心時代」？

前面，我們從超越突破四種基本類型中選出具有社會組織藍圖的終極關懷，通過它們和社會結構的互動討論了中國文明、印度文明、伊斯蘭文明和古希臘羅馬文明各自的演化模式。因爲有些終極關懷沒有社會組織藍圖，我們的分析遠遠沒有窮盡軸心文明在相對孤立狀態下的所有演化的可能性。此外，當軸心文明互相碰撞時，會導致軸心文明超越視野的轉向，其後果是具有不同超越視野終極關懷的融合。古希臘羅馬超越視野和希伯來超越視野的結合形成天主教文明，儒家文化和大乘佛教的結合形成宋明理學和東亞文明都是例子。更重要的是，通過文明融合可以發展出傳統社會不存在的現代價值，

如個人獨立和權利的觀念以及和終極關懷呈二元分裂的工具理性觀念，基於這些觀念的現代社會組織藍圖，不再是有機體而是一可以隨個人目的變化的契約共同體。它可以支援市場經濟無限地擴展和科技無限地運用即生產力的超增長，也就是發生傳統社會不可能有的市場經濟和科技的脫嵌。自十七世紀第一個現代社會由天主教文明孕育出來開始，現代化和全球化浪潮興起。在其衝擊下，所有軸心文明被迫現代轉型，人類進入現代社會。

本文不可能詳細討論現代價值如何在古希臘羅馬文明和希伯來宗教的融合中產生以及第一個現代社會形成之過程，也不能展開現代價值和超越突破關係之論述。我只想強調一點，一旦現代社會普遍取代傳統社會，隨著全球化的展開，有一趨勢不可避免。這就是終極關懷日益退出社會，變爲個人私領域的價值。無論是工具理性主張終極關懷和理性的二元分裂，還是現代個人觀念把來自於上帝的自然法變爲個人的自然權利，都立足於終極關懷不再爲現代社會組織藍圖提供正當性論證。它必然蘊含著一種遲早要來臨的結局，這就是隨著現代性之展開，終極關懷由政教分離的社會文化轉變爲和現代社會組織架構無關的私人價值。

本來，超越突破的發生，意味著人從社會中走出來尋找人生的終極意義和正當性。

雖然超越視野本質上是個人的，但由它產生的終極關懷卻是社會的。正因爲終極關懷是基於超越視野的社會價值，人類才出現對理想社會的追求，才有社會制度正當性最終標準的確立。社會組織藍圖和社會結構的互動從此不再和古代社會相同。一旦終極關懷退出社會，意味著超越視野支配社會價值之終結，理想社會之追求亦從此消失，甚至我們再也找不到可以獨立於社會評判制度的正當性最終標準！這是自軸心時代開始以來從未有過之巨變。

它會導致甚麼後果？理想之消沈，思想力量之喪失，對現存社會反思批判精神之退潮，這是人人都可以感覺得到的。而系統論的歷史分析則告訴我們，其後果比人們想像的嚴重得多。因爲現代社會組織藍圖一旦失去超越視野的支援，它還能在社會變遷的潮流中巍然屹立麼？當它的內涵在不斷展開中走到盡頭時，其核心價值很難不被社會弊病否定。換言之，就文化和意識形態又可能被社會變遷證僞而言，人類似乎又回到軸心時代前的古代社會。那麼，人類社會的演化是不是又會發生古代社會那樣的文化價值滅絕呢？

今天嚴峻的全球暖化和史無前例的全球金融海嘯使得文明滅絕的話語開始流行。雖然如此，我寧可把人類面臨的新處境稱爲「新軸心時代」，而不是走出軸心時代回到古文明。因爲終極關懷即使退到私領域，超越視野仍然存在著，這和心靈缺乏超越突破的古代人類完全不同。今天要解決的只是尋找新的社會制度正當性終極標準，或進行創造以恢復超越視野對現代社會制度的關切和論證，或建立全新的個人觀念，以保證個人自由不會因滾滾的貪欲而被否定。也就是說我們必須去進行軸心時代那樣的文化創造，開始「新軸心時代」。而恢復我們的歷史感是任何文化創造的前提。因此我還是要重提歷史研究中的系統演化理論，這是二十世紀的遺產。和二十年前不同的是，必須將經超越突破後文化系統獨立的發展法則添加到我們在一九八〇年代提出的系統哲學的歷史研究方法中，以形成一種更爲宏大的歷史視野。

今日我們已經習慣頭腦被專業的藩籬所限制，心靈被無限繁瑣的知識細節所塞滿的狀態。而宏大視野出現本身就意味著思想的解放，讓知識上升爲思想並指向自由而正確的方向。在一切自由中，最珍貴的是思想的自由。自由的思想可以對它碰到的任何事物進行反思，從而使「我」變成思考的主體，一個追求真理的人。就真理本身而言，瑣碎的事實和普遍的理論也許同樣有意義，但是我總是感到，沒有宏大視野的自我是渺小而盲目的。這或許正是這個時代問題所在。希望本書的再版可以對那些不滿足細節知識、懷念一九八〇年代啓蒙精神的青年給與鼓勵。爲此我把一位歷史學家半個世紀前講過的話抄在下面：「我們可以再度鼓起勇氣，以宏大的氣魄來研究歷史。我們中間的某些人甚至也懷有大志願攀登更高的頂峰。他也許想到，目前雖然到處充斥著迂腐的小學者，但在我們這一行的家譜上卻也不乏偉大的詩人，從而產生出這樣一種雄心壯志，即以不朽的詩句記錄下一切史詩中最偉大的史詩——把躲藏在洞穴中的動物發展成爲世界之絕對主宰的人類的精神的潛能逐次展示出來的史詩。因此，歷史的車輪將在兜轉了一圈以後重返原地，眉宇間深藏智慧的荷馬又將甦醒過來。」(61)

二〇〇七年三月初稿於香港中文大學，二〇〇九年四月定稿於台北國立政治大學

注釋：

①本書的很多照片，就是當時同去的朋友王邦憲先生和余遵義女士所攝。在此對他們慷慨允許我用這些精彩的攝影致謝。

②Guantao Jin and Qingfeng Liu,〈 On the Authenticity of History: Database Methods and Paradigm Shift in Historical Research〉,《New Challenges and Perspectives of Modern Chinese Studies》 edited by Shinichi Kawai（University Academy Press,INC,Tokyo, Japan, 2008.5）pp57-107.中文發表在：金觀濤、劉青峰：〈論歷史的真實性：數據庫方法和歷史研究的範式轉變〉，《觀念史研究：中國現代重要政治術語的形成》（香港：中文大學當代中國文化研究中心，二〇〇八）。

③Eric Weil, “ What is a Breakthrough in History? ” Daedalus 104, no. 2 （Spring 1975）: 21-36.

④雅斯貝斯（Karl Jaspers）：《歷史的起源與目標》，魏楚雄、俞新天譯，（北京：華夏出版社，一九八九），頁十三－十五。

⑤這方面具有代表性的文獻是美國Daedalus 雜誌有關軸心文明的專號 “ Wisdom,

Revelation and Doubt: Perspectives on the First Millennium B.C."（Daedalus 104, no. 2 Spring 1975）以及 Shmuel N. Eisenstadt, ed., The Origins and Diversity of Axial Age Civilizations（Albany, N.Y.: SUNY Press, 1986）等著作。

⑥Jared Diamond, Collapse: How Society Choose to Fail or Survive（New York: Allen Lane,2005）

⑦軸心突破時期有幾種不同説法，一是從西元前一千五百年開始到西元前五百年，另一種説法是從西元前八百年至西元前兩百年，或這些時段的組合。

⑧張灝：〈從世界文化史看樞軸時代〉《二十一世紀》總五十八期（香港：中文大學中國文化研究所，二〇〇〇年四月），頁四－十六。

⑨金觀濤、劉青峰〈從中國文化看終極關懷理念形態〉《生死學研究》第六期（台灣：南華大學，二〇〇七年七月），七－四六頁。

⑩保羅．田立克：《信仰的動力》（台北：桂冠，一九九四），頁二。

⑪為什麼終極關懷形成過程中超越視野可以成為其他價值的來源？既然價值本是指人對意識到的對象之評價，該評價決定了人對該對象的態度（接納還是拒斥）和行為模式。價值追求把個人（主體）和世界聯繫（耦合）起來。超越突破先把人從社會的參與

者變成參與的反思者（從耦合中走出）後，再發現的價值，讓意志指向它。這種價值比其他所有價值高一個層次，在這種高層次反思中再進入社會參與接受其他價值，超越視野必定會對其他價值方向產生影響，故終極關懷形成過程中超越視野一直是反思再創造其他價值的源頭。

⑫正如希克所說：「第二個被廣為接受的宏觀的解釋性概念是軸心前宗教和軸心後宗教的區分，前者主要（但不是唯一）是維持宇宙秩序和社會秩序，後者主要（但不是唯一）是追求拯救或者解脫。」（約翰．希克John Hick：《宗教之解釋》，成都：四川人民出版社，一九九八，頁廿五）。

⑬默西亞．埃里亞德（Mircea Eliade）：《世界宗教理念史》卷一（台北：商周出版，二〇〇一），頁一〇六－一〇七。

⑭默西亞．埃里亞德：《世界宗教理念史》，頁一二五－一二八。

⑮其實，舍離此世的宗教亦可以是某種政治意識形態，如婆羅門教和印度教，它是種姓制度正當性的根據。

⑯如果把重視死以後的世界視為「出世」，古埃及宗教亦可算作出世的。隨拿破崙遠征埃及的藝術家德農當時就有一奇特的感受，他們在尼羅河谷見到的廢墟「一巡

是神廟！不見公共建築，不見任何抵得住歲月摧殘的房舍，不見王宮！當時的人在哪裡呢？當時的統治者在哪裡呢？」正如萊斯利所說，古埃及人因把死後的生活看得比現在更重要，用石頭來建墳墓和神廟，以求萬古長存。相比之下，人的住所，從最寒傖的農舍到最雄偉的法老王宮殿，都以泥磚建成，故難以保存至今。（萊斯利、羅伊．亞京斯 Lesley and Roy Adkins：《破解古埃及》，台北：城邦文化事業股份有限公司，二〇〇二，頁三二一）。

⑰金觀濤、劉青峰：《興盛與危機——論中國社會超穩定結構》（香港：中文大學出版社，一九九二）。

⑱金觀濤、劉青峰：《中國現代思想的起源——超穩定結構與中國政治文化的演變（第一卷）》（香港：中文大學出版社，二〇〇〇），頁三九－四十。

⑲進一步討論可參閱金觀濤：《探索現代社會的起源》。

⑳希克（John Hick）：《宗教之解釋——人類對超越者的回應》，王志成譯，（成都：四川人民出版社，一九九八），頁廿五。

㉑金觀濤、劉青峰：〈論歷史的真實性：數據庫方法和歷史研究的範式轉變〉。

㉒所謂超越視野的轉向，是指社會危機導致人們超越視野向由入世到出世或由出世

到入世的變化。

㉓詳細論述可見金觀濤、劉青峰：《興盛與危機——論中國社會超穩定結構》（香港：中文大學出版社，一九九二）。

㉔事實上，只要實現超越突破，與終極關懷相聯繫的正當性最終標準立即對古代法律和作為社會習俗的各種規範產生不可抗拒的影響，形成了不同的法系，根據超越突破只有四種基本類型，可以解釋為甚麼只存在四大法系。西方法律系統緣於古希臘羅馬超越視野和希伯來超越視野的結合，形成大陸法系和英美普通法系（如果將大陸法系和普通法系視為兩種法系，則共有五大法系）。伊斯蘭教作為希伯來宗教的入世轉向，也被稱為第二次突破。它對法律的改造形成了「政教合一」的伊斯蘭法（Shari'ah）。第三大法系是印度法系，它是解脫視野作為正當性最終標準對法律之塑造。第四大法系即為中華法系。中華法系是一八八四年日本學者穗積總結漢代至清朝法律提出，它有如下五個特點：一，以儒學為指導；二，宗法制度與國法結合；三，皇帝是立法與司法的紐帶；四，以成文法和刑法為主，良賤同罪異罰；五，司法隸屬於行政。《唐律疏議》為其典型代表。（蘇基朗：《現代法學詮釋中的「中華法系」—以產權與合約為中心》。）事實上，這五個特點均來自儒學正當性最終標準對法律的限定。

㉕許烺光曾討論過一九五〇年代印度種姓和亞種姓的數目。他指出，根據古里的統計，亞種姓數目在兩萬六千個以上，這樣每個亞種姓平均有一萬四千人。而從印度鄉村田野調查表明每個亞種姓平均人數遠遠小於此數，因此，他認為亞種姓數目要比兩萬六千個多得多（許烺光：《宗族・種姓・俱樂部》頁一一八）。

㉖韋伯曾指出，當一個種姓的成員遷居到他處時，時間一久，原有種姓常會拒絕承認他們，他們只能形成新的亞種姓。這說明種姓成員移居他處的困難。迪帕克・拉爾（Deepak Lal）用此解釋古代印度社會形成勞動密集形精耕細作的傳統。韋伯還指出，貧富分化亦是種姓分裂的原因（韋伯：《印度的宗教》I，台北：遠流，頁一五五—一五六）。

㉗迪帕克・拉爾（Deepak Lal）：《印度均衡》（北京：北京大學出版社，二〇〇八）。

㉘迪帕克・拉爾：《印度均衡》，頁十一—六七。

㉙金觀濤、唐若昕：《西方的躍起》（台北：風雲時代出版公司，一九八九），頁三九。

㉚迪帕克・拉爾：《印度均衡》，頁七二。

㉛弗朗西斯・魯賓遜（Francis Robinson）主編：《劍橋插圖伊斯蘭世界史》（北京：世界知識出版社，二〇〇五），頁二四。

㉜弗朗西斯・魯賓遜主編：《劍橋插圖伊斯蘭世界史》，頁一四一。

㉝柏納・路易斯（Bernard Lewis）：《中東：自基督教興起至二十世紀末》下，（台北：麥田出版社，一九九八），頁三五六。

㉞弗朗西斯・魯賓遜主編：《劍橋插圖伊斯蘭世界史》，頁二三。

㉟艾哈邁德・愛敏：《阿拉伯——伊斯蘭文化史》第四冊（北京：商務印書館，一九九七）。

㊱弗朗西斯・魯賓遜主編：《劍橋插圖伊斯蘭世界史》，頁二九。

㊲弗朗西斯・魯賓遜主編：《劍橋插圖伊斯蘭世界史》，頁四十。

㊳拉鐵摩爾（Owen Lattimore）：《中國的亞洲內陸邊疆》（南京：江蘇人民出版社，二〇〇五）。

㊴伊茲科維茲（Norman Itzkowitz）：《帝國的剖析：奧托曼的制度與精神》（上海：學林出版社，一九九六），頁三五。

㊵伊茲科維茲：《帝國的剖析：奧托曼的制度與精神》，頁一。

㊶泰勒（C.C.W.Taylor）主編：《從開端到柏拉圖》（北京：中國人民大學出版社，二〇〇三），頁七—十七。

㊷古希臘神話是矇矓的理性對宇宙的解釋。它同時蘊含理性和信仰（對外在神祕力量的依賴）兩個要素。在古代城邦的公共（宗教）活動中，這兩個要素都得到實現。但硬把理性和信仰拉在一起的宗教是不穩固的，因為只要兩者（理性和信仰）被認為是有關聯的，理性的發展必然質疑信仰，也會顛覆城邦所依賴的人神同型的宗教。它是古希臘羅馬文明衰落的宿命。

㊸道德亦由一組規範組成，該規範由個人「好」的行為普遍化得到，我們稱之為內在性規範，其背後的價值為向善的意志。道德亦是對此世正當的最終標準，其結構明顯和法律不同。

㊹基托（H.D.F.Kitto）：《希臘人》徐衛翔等譯（上海：上海人民出版社，一九九八），頁九一。

㊺亞里士多德：〈政治學〉，《亞里士多德全集》IX，苗力田主編（北京：中國人民大學出版社，一九九四），頁三—四。

㊻基托：《希臘人》，頁七三。

㊼ J.R.麥克尼爾、威廉・麥克尼爾（J.R. McNeill and William McNeill）：《文明之網》（台北：書林出版有限公司），頁七八—八八。

㊽ 我們在進步之上打了引號，該詞不是在價值判斷上使用的（有人認為從城邦到帝國是希臘人無法把握政治，甚至是公民參與的退化）。我們把包含原有社會組織原則但又進一步作出創新稱為社會組織藍圖的進步。

㊾ 基托：《希臘人》，頁七九—八〇。

㊿ 西塞羅：《論共和國》（北京：中國政法大學出版社，一九九七）。

(51) 亞里士多德把城邦的政體分成「君主制」、「貴族制」和「民主制」等，認為只有將它們混合起來才是最優的。羅馬共和國正是做到了這一點，其執政官代表了王制，元老院代表貴族制，公民大會代表民主制，三者互相均衡。重要的是，無論是波里比烏斯，還是西塞羅都高度強調這一點（施治生、郭方主編：《古代民主與共和制度》，北京：中國社會科學出版社，一九九八，頁十三）。這裡，明顯存在著社會組織藍圖的進步。

(52) 西塞羅：《論共和國》，頁一九〇—二一九。

(53) 菲特烈・華特金斯（Frederick Watkins）著，李豐斌譯：《西方政治傳統》（台北：聯經出版社，一九九九），頁十七。

(54)在羅馬史上，奧古斯都曾首創承認羅馬城以外的公民選票，但史書上並未記載居住在屬省的羅馬公民也可以不在場投票（塩野七生：《羅馬和平》台北：三民書局，二〇〇三，頁七五）。

(55)亞里士多德：〈政治學〉，頁五。

(56)阿倫特（Hannah Arendt）著，劉鋒譯：〈公共領域和私人領域〉，《文化與公共性》（北京：三聯書店，一九九八）。

(57)阿倫特著，蘭乾威等譯：《人的條件》（上海：上海人民出版社，一九九八），頁十九。

(58)金觀濤、唐若昕：《西方的躍起》，頁六六，十五—十七。

(59)金觀濤、唐若昕：《西方的躍起》，頁十七，二三—三十。

(60)金觀濤、唐若昕：《西方的躍起》，頁二三—三十。

(61)李德：〈歷史學家的社會責任〉《美國歷史協會主席演說集》（北京：商務印書館，一九六四），頁十八。

引言

過去的世紀

引言　過去的世紀

斯芬克斯屹立在人類以野蠻通向文明的門檻上。他向每一個文明起源的探索者投來挑戰的目光。並把他引向一個迷宮般的世界。這就是古埃及。

—作者

早在古羅馬誕生以前，那些古老的石頭就似乎在說：「切記你們只是塵土，世代生而又死，城市建而複廢，國家興而再衰，而我們卻永遠屹立。」當羅馬終於化為一片塵土時，金字塔仍在這樣說。

—安娜・泰利・懷特

一七九八年五月，拿破侖率領他的三萬餘名遠征軍進入埃及。當隊伍溯尼羅河向南，跋涉在魯克蘇附近的曠野時，突然，他們看到了屹立在那裏的古代埃及的建築群。

巨大的雕刻和宏偉的廟宇，雖然經過數千年的風化，表面已經剝落，但它們仍像戰士一樣守衛在荒漠之中，那尊曾經被稱爲萬古一世君王的石像，冷漠的臉上映照著夕陽的餘輝，全然不顧已經流逝的四千年歲月。拿破侖和他的士兵們被驚呆了。據當時一位隨軍法國畫家范特・德農後來回憶：「大軍一看到那片廢墟，就情不自禁地停下來，把武器放在地上。」拿破侖和他的士兵們被一種古老的文明震動了，他們沈浸在對遠古歷史的回憶之中。士兵們在這些偉大的古代建築面前不禁肅然起敬。

今天，我們很少會有拿破侖遠征軍士兵那種機會，站在雄偉的埃及金字塔面前，內心突然被一種古老的文明所震動。人類的歷史記憶是短暫的，古埃及社會似乎已被人們所遺忘。在科學技術飛速進步的今天，有多少人會去考慮古代埃及對我們今天有何意義呢？然而，當人們津津有味地講述著古希臘美麗的神話、古羅馬的赫赫業績時，又有多少人會想到，古埃及文明對古希臘羅馬以至今天我們的文明都有著不可磨滅的影響。是的，古代埃及距離我們來說實在是太遙遠了。古希臘古羅馬在人們心目中已經是很古老的過去了，但是古埃及對於古希臘、古羅馬在時間上正如古希臘古羅馬對於我們。美國的埃及學者萊昂內爾・卡森說：「在克里特島上的米諾斯人於諾薩斯建造宮殿之前的一千年前，在以色列人追隨摩西擺脫奴隸身分之前的幾百年，埃及已經是一個大國。當

引言

過去的世紀

義大利半島的部落民族還在台伯河畔結草爲廬的時候，埃及已經繁榮昌盛。二千年前的希臘羅馬人看埃及，就已有點像現代人憑弔希臘和羅馬的廢墟了。」①

歲月的流逝，人類社會的飛速發展，使當代的人們很容易對古代人類的文明產生一種麻木和輕視的情緒。對於古代埃及這樣遠古的社會，我們很容易輕率地把它想像爲「原始的」，「極端貧困和野蠻的」，認爲瞭解它們只是考古學家們的事情。古代社會中的一切都簡單地被當作歷史博物館中滿足人們好奇心的陳列品。一般人對於它們作爲古董的價值估計遠遠大於對它們的文化價值和科學價值的估計。

正是因爲這種對古代文明的輕視，人們一旦看到屹立在尼羅河畔沙漠中的金字塔時，一種不可思議的驚愕感覺就會油然而生。這些金字塔是那樣的巨大而宏偉。就拿其中第四王朝法老胡夫大金字塔來說，它是法國埃菲爾鐵塔建造前世界上最高的建築物。它用巨石兩百三十萬塊，每塊約重二點五噸，塔底占地面積達五萬二千九百平方米。塔高一百四十六點五米，斜面長度爲一百八十米。建築金字塔所應用的科學技術知識，更令人驚歎不已。當代專家用新式儀器進行測量後發現，金字塔的東南角僅僅比西北角高半寸。這樣巨大的工程，這樣高的精密度，對於掌握了高度發達的科學技術的當代人，也並不是一件輕而易舉的事情。於是有些人把大金字塔當作「不解之謎」，認爲這是外星人訪問地球所留下的遺跡。

瑞士作家厄里希．豐．丹尼肯在他那本風靡世界的小冊子《眾神之車？》中說：「在埃及，巨大的城市和宏偉的廟宇、富有表現力的巨大雕像，兩旁樹立著精美雕像的漂亮街道，完整的排水系統，雕刻得富麗堂皇的石頭墓穴，其大無比的金字塔——諸如此類的奇異東西比比皆是。一個國家，看不出有什麼史前發展史，卻能夠突然取得這樣的成就，這真是奇蹟了！」②他認爲：「在二十世紀的今天，沒有一個建築師能夠再造出一座胡夫金字塔，即使他擁有世界上所有的技術手段也不行。」③他列舉了金字塔的一些奇怪的特點：胡夫金字塔的高度乘上十億大致相當地球和太陽間的距離，即一點五億公里，這真是巧合嗎？穿過這座金字塔的子午線正好把大陸和海洋平分成相等的兩半，這也是巧合嗎？這座金字塔的底面積除以兩倍的塔高剛好是著名的圓周率 π（三點一四一五九），這難道還是巧合嗎？他認爲，古埃及人已經算出地球重量。金字塔所在的岩石地基水平度很準，這些都不可能是巧合。④於是這位作家肯定地說，所有這些成就乃是宇宙中的陌生的來客所爲。⑤一九八〇年代，我國電視播放了以《眾神之車？》爲題材拍攝的電影《嚮往未來》後，「金字塔是外星人建造的」，已成爲人們熱衷的一個話題。

引言

過去的世紀

撇開厄里希·豐·丹尼肯這些材料是否可靠不講，有一點確實是令人困惑的：古代埃及人還沒有掌握鐵器，建造這些金字塔時，甚至還沒有發明車子。⑥他們是怎樣雕琢這些巨石？又是怎樣搬運這些巨石的呢？更使人不能理解的是，對古代埃及的金字塔建築工地的考古發掘表明：修建金字塔時在同一時間內投入工程的工匠大約只有四千人，而不是像古希臘史學家們所說的幾十萬人。那麼，古代埃及人又是怎樣在短短的二十多年內就修成了這樣偉大的工程？確實，這對於「想當然地」把古代文明看作極端落後的人是難以想像的。

一九七八年三月十五日，日本的一群考古學家企圖用類比古人的辦法來解開這個謎。他們在胡夫金字塔前，用五千四百四十五塊重約兩噸的石塊，砌成了高十一米的金字塔。它爲胡夫大金字塔的十四分之一。這次類比試驗證明，這些金字塔正是用古代技術建造的。人們之所以會有不可想像的感覺，關鍵在於我們忽視了古代文明的創造力，而把今天人類用於解決問題的某些途徑看作是唯一方法，我們太看輕古代文明的創造性和適應性了！這說明，人們今天對古代文明所持的很多簡單化的觀念都是錯誤的。

就拿搬運重達二點五噸的石塊來講，在我們看來，如果沒有起重機，必須在石塊下安放滾木，爲了使地面平整還要在地上鋪木板（正如我們在發明起重機和相應的機械前所做過的那樣）。類比試驗表明，用三十個人拉這樣重的石塊，牽引兩公里費了一個多小時，而要把石塊拉上金字塔的斜面靠三十個人的力量顯然是不夠的。爲了將石塊拉上斜面，只好在石塊後面用千斤槓支撐，結果用了三根千斤槓，三十個人拚命拉才勉強移動了一厘米。使用滾木，結果更糟。在一連串的失敗下，考古類比實驗小組突然想到一幅古埃及壁畫。那是一幅在中王國埃爾塔爾舍的托提塔太普墓（西元前二〇〇〇年即十一王朝的孟圖霍特普三世）中記錄牽引六十噸巨型石象的壁畫，畫面上沒有使用滾木。畫的前方，有四列共一百六十六人的牽引隊伍，後面的巨象放在木撬上，有一人手執容器在木撬前灑潤滑油。⑦考古學家們決心用這種方法試試，果然問題迎刃而解，搬運效率大大提高了。考古類比實驗表明，古埃及工匠無論在採取石塊，搬運石塊，堆砌金字塔，測量和保持同一水平面等各方面都採用了獨特的技術。⑧金字塔就是這些技術的傑作。

「太陽船」也許是現代人輕視古代文明的另一個例子。考古學家早就發現在美洲也有類似於古埃及的金字塔。有人推測建造這些金字塔是受了古埃及的影響。但是古埃及時代的船隻大多都是用尼羅河畔沼澤裏的紙莎草編織起來的。⑨這種船很輕，哪怕跟房子一般大小，也不過兩噸重。古埃及人造的這艘船能載八十頭牛，還能載運兩百人。據

引言

過去的世紀

說能載運四十噸的東西。但人們一直認爲這些船不適合航海。紙莎草長期浸泡在海水中會溶解、腐爛。因此用「紙莎草」做的古埃及「太陽船」看來是不可能飄渡大洋的。美洲金字塔和古埃及金字塔的類似也就成了一個不解之謎。這個問題一直到二十世紀六〇年代挪威的托爾．海爾達爾著名的探險後才得到解決。這位探險家堅信，只要按古埃及壁畫上的形狀和技術來編織，這種太陽船一定能經得起大西洋驚濤駭浪的考驗。經過十幾年的試驗，他用了廿八萬根蘆葦編織了一隻太陽船，並依靠這艘太陽船從摩洛哥的薩菲港出發，經歷五十七天，航行了三千兩百七十浬，終於在巴巴多斯登上了美洲。他用事實證明了創造古代文明的人類確實能做到今天我們認爲是不可思議的事情。[10]

當代人對古代文明的種種誤解說明，人們總是過分看重今天文明進步所取得的成就，而不把古代文明看作人類曾生存和創造的活生生的生活方式。從歷史的眼光來看，任何一個文明都是人類爲了自己的生存和發展建立的一種組織形態，在古代，人們也曾經征服過自然，發展起一套與其相適應的技術。無論是古代文明還是當代社會，它們都是人類文明不斷演變的歷史中的一個階段。

當我們不再把古埃及金字塔中的壁畫當作一種與己無關的圖案時，就會從中看到古代人的理想、社會制度和他們的奮鬥：我們的耳邊會響起尼羅河畔三千年前的農人打穀時所唱的歌聲，眼前會呈現出他們全家人在一起獵取野鵝和河馬時歡快的情景；我們可以想像豐收時節古埃及人大杯暢飲啤酒的豪華的宴會；而當大動亂的黑暗來臨時，他們對文明失望，只得把哀思和追求放到永恒的冥世之中。總之，一旦古代文明在當今人類面前恢復了它的真面目—任何一個時代人們都會經歷的有歡樂，有痛苦，有成功，有失敗的社會生活，那麼，我們的內心就會有所觸動。因爲這些古代社會比我們今天的文明存在了更長的時間！

神廟遺址

古代埃及社會在西元前三千多年前就已形成了。她的社會結構、生活方式一直保持

引言

過去的世紀

到羅馬帝國時期。也就是說，她已經經歷了三千年時間的驚濤駭浪的考驗，這個時間比西方文明從古希臘開始一直到今天的歷史更悠久。一個人只要置身於人類社會那漫長而波瀾壯闊的歷史進程之中，就會深感自己的渺小和盲目。人類對過去的世紀知道得太少了。今天我們已經可以用廣義相對論的方程研究宇宙演化的進程，知道大爆炸後三分鐘之內發生了一些什麼，能推算五百億年後宇宙收縮時壯麗的情景。對於生物進化的理解也隨著分子遺傳學的發展而日益深化。但是，對於古代文明的維繫、停滯、滅亡的機制我們卻所知甚少。從這個意義上講，位於尼羅河畔的古代埃及及歷代法老的金字塔對我們就有特殊的意義。它們深藏著一個在地球上生活了三千年但人類對此已完全失去記憶的偉大文明的資訊。這裏有文明起源的秘密，古老科學技術征服自然的秘密，還有文明停滯然後又悲壯地滅亡的秘密。

自從十九世紀弗朗西斯·商博良第一個破譯古埃及象形文字以來，歷史學家一直依據各種考古資料來拼出古埃及社會制度的歷史圖畫。一百多年來的積累，雖然整個畫面很大一部分還殘缺不全，但古埃及的社會結構已經可以粗略地勾畫出來，並放到理論歷史學家的面前。

本書企圖在理論上作一些新的嘗試。我們通過有關古埃及史料的收集和分析，對古埃及文明起源、社會結構、王朝更替機制等方面，都提出了一些新觀點。本書將爲《興盛與危機》一書中提出的古埃及社會也是一個超穩定系統的假說，提供進一步的研究和論證。⑪

由於我們水平所限，這些觀點並不一定正確，但我們希望本書能把讀者帶到古埃及社會中去。我們期望用這些不成熟的分析來引起人們的進一步探討，以激發對這段人類曾經經歷過的悲壯歷程進行深思。

一九八五年於北京

注釋：

①萊昂內爾．卡森：《古代埃及》，紐約時代公司一九七九年中文版，第十一頁。

②厄里希．豐．丹尼肯：《眾神之車？》，上海科技出版社一九八一年版。

③、④、⑤厄里希．豐．丹尼肯：《眾神之車？》，上海科技出版社一九八一年版。

⑥車子是在新王國時期傳入埃及的。

⑦古代埃及人們似乎耗用大量的潤滑油，從一些墓室的壁畫上可以看到有人去領取潤滑油的畫面。他們把牛羊脂肪和杏仁、芝麻、蓖麻、橄欖的油製成潤滑油，專為擦皮膚用。一份文稿曾說：「擦了這種油膏，可使人的關節柔軟輕快。」另據說在西元前一一〇〇多年時，一些為法老修建底比斯墳墓的手工工匠們曾組織了一次大罷工，這是迄今為止我們所知道的這類工人的第一次罷工。而罷工的原因竟然是他們缺少防護油（美國《科學文摘》，一九八二年八月號）。

⑧《文物天地》一九八一年第一期，第四四頁。

⑨古埃及也有木製的船，但埃及木材大量依靠進口，本地所產奇缺。有史料記載：

大約在西元前二六〇〇年左右，埃及曾一次用四十艘船，從黎巴嫩滿載雪松而歸，這些木材均為修建城堡宮殿。（見《帕勒摩石碑銘文》，載《世界古代史史料選輯》上冊，北京師範大學出版社一九五九年版。另見〔美〕埃克霍姆所著《土地在喪失》，科學出版社一九八二年版）

⑩我們並不肯定美洲的金字塔是橫渡大西洋的埃及人修建的，但這個例子證明，人們很可能低估了古埃及文明對古代世界的影響。

⑪金觀濤、劉青峰：《興盛與危機——論中國封建社會的超穩定結構》，湖南人民出版社一九八四年版，第三〇七—三一〇頁。

第一章
古代文明的起源

第一章　古代文明的起源

盤古開天闢地，實質上只是對一個處於自組織前夜的亞種系統作一次擾動，除此以外他什麼也沒有做，也不用做。

——作者

在我的背後，我常聽見時間的有翼之車，匆匆駛近，隆隆飛馳。

——Andlew Marvell

一・一　混沌走向有序

當人類文明的帷幕剛剛拉開之時，古埃及社會已經作爲一個有組織的整體出現在人類歷史的舞台上了。那是西元前四千年前後，人類由野蠻進入文明，由弱小而分散的氏族部落組織結合成龐大而有序的社會。這也許是整個宇宙進化中最大的創舉。但是，這個激動人心的歷程卻統統隱藏在史前帷幕的後面，至今我們對它仍然所知甚少。歷史的許多細節，只有猜測而已。

文明起源的機制，是文明研究中最爲困難的課題。目前考古學家和歷史學家仍處於收集材料的階段。但是，在理論探討方面，古埃及社會似乎具有特殊的意義，因爲它幾乎是最早興起的文明之一。古埃及早期社會的一些重要的特點使得我們在書本中對人類社會起源的描述更多地具有科學假說的成分。

眾所周知，構成文明社會的基本磚塊，是處於石器時代的氏族部落社會。考古學以及對目前仍處於狩獵採集階段的原始社會的研究證明，原始社會有一個共同的特點，這就是組織規模的狹小。非洲的布須曼人的狩獵採集部落一般不到一百人，最少的只廿五人。①處於狩獵採集狀態的部落，人口的自然繁殖一般不會造成組織規模的增大。因爲原始社會的組織往往是通過血緣關係維繫的，組織的大小和它的性質密切相聯。人口繁殖到一定程度，這些部落就會分化，分化往往是爲了適應環境必然採取的調節手段。今天，很多狩獵採集部落的分化就證明了這一點。愛斯基摩人在狩獵季節常常分解爲一個個微小的核家庭從事活動；北美洲的蒙塔格奈人，大洋洲的阿蘭達人、毛利人，亞洲

第一章

古代文明的起源

的安達曼人、西曼人等許多氏族，至今都保持著這種由一小群人組成狩獵採集集團的生活方式。要在一個個原始部落之間建立穩定的聯繫，實現經濟、政治、文化上的各種交往，這在史前似乎是極其困難的。當時，大地是如此遼闊，食物是如此豐富，這些原始的狩獵採集部落完全可以自由地遊蕩，當他們碰到另一個部落，即使發生接觸，那也是暫時的。這種不穩定的交往很快會隨著部落的分離而消失。這些遊蕩的部落要組成一個有機的整體，似乎同將氮、氫、氧、碳單個分子化合成蛋白質那樣艱難。

狩獵採集的部落要形成農耕文明，一般說應具備兩個先決條件。首先，他們必須定居下來，只有定居，才會顯示出農耕的優點，各個部落才有建立穩定聯繫的可能。這一過程是怎樣實現的呢？人們通常容易想當然地認爲，在狩獵和採集時期，人類生活大約是極爲艱難和食物不足的，因而由遊蕩變爲定居，由狩獵採集改爲農耕是爲了克服早期人類食物不足而不得不邁出的一步。然而近年來對世界上現存的狩獵和採集部落的研究發現，這種設想並沒有根據。就拿布須曼人來講，他們每人每天能夠吸收大約兩千一百四十卡路里的熱量，九十三點一克蛋白質。而爲了做到這一點，每人每周只要勞動二十小時，就足以維持生活了。史學家常常感到困惑，古代的生存環境肯定比今天的布須曼人的要好，他們獲得食物也更爲容易，那麼人類爲何要開始農耕，這似乎是一個謎。②

形成農耕文明的第二個先決條件是，人們定居下來以後，「互相交往」要成爲一種強大的社會需要。這比由「遊蕩」到「定居」更爲困難。每一個原始部落的村落都有著自己的耕地、語言、習慣，以及自己的血緣組織。在經濟上，各個原始村落完全可以自給自足，處於「老死不相往來」的狀態。再加上交通上的不便，共同語言的缺乏，使得建立聯系十分困難。而心理上、文化上、酋長權力上的天然封閉性更使原始部落的互相交往難於進行。即使在農業社會，古代村落的自我封閉狀態也是屢見不鮮的。因此，由眾多的原始部落組成一個跨地域的社會組織，首先必須要有一種力量來摧毀每一個部落、村社這種天然的封閉性。它要足以造成這樣一種局面：只要每一個原始部落群體單獨存在，就必然是不穩定的。

古代埃及文明的興起，毫無疑問也必須跨越這兩個障礙。由狩獵採集轉化爲農耕在埃及究竟是怎樣實現的，歷史學家們至今說法不一。一種意見認爲，人類最早的農耕文明產生於兩河流域，埃及是受了西亞的影響。另一種意見認爲，埃及農耕文明是獨立形成的。古代埃及人和東非各部落有著親屬關係，無論在人種上還是語言上，都表明了這種關係。在埃及和尼羅河流域周圍高地上的考古發掘證明，很可能創造古埃及文明的部

落從舊石器時代就住在東北非，他們靠自己的手創造了獨特的農耕文明，而並非受到兩河流域的影響。③這一觀點在近年來的考古發現中多少得到了證實。在埃及的塔薩文化層（新石器時代文化）的考古發掘，發現當時人們即已開始從事農業，種植大麥。大約在一萬八千年以前，埃及已出現了實驗性的農耕。南部埃及的庫巴尼耶④，發現了碳化了的距今一萬八千三百至一萬七千年前栽培的大麥粒。它是世界上迄今爲止已知的最古老的炭化糧食穀粒。⑤雖然這個問題至今尚難以定論，但這並不妨礙我們堅持埃及是獨立發展起農耕文明的觀點。特別重要的是，這項考古發現把埃及農業的起源一直推到一萬八千年以前。這個時間可以給我們以一種啓發，去剖析原始人克服上述兩個障礙走向文明的具體進程。

一・二　乾旱怎樣促使原始人群的聚合

埃及的農業雖然起源於遠古時代，但歲月的遙遠並不妨礙我們了解人類由狩獵採集向農耕轉化的過程，這大概要歸功於埃及的特殊的地理環境。現在，歷史學家對這一地帶氣候的歷史變遷已掌握了很多知識，這些知識結合起來，將能幫助我們對於這一轉化機制進行科學的推斷。圖1.1是西元前一四五〇年左右古代埃及處於鼎盛時期的版圖。（圖1.1）這時，整個埃及帝國的勢力範圍雖然擴大到四十萬平方公里，但是，古埃及社會所直接管轄的核心地帶只有二點七萬平方公里，而其中的可耕地則更少。它的西部是無法逾越的撒哈拉大沙漠，東部雖然距離紅海不遠，但是仍被阿拉伯沙漠隔開。古埃及的可耕地就分佈在處於兩大沙漠之間的尼羅河兩岸及由於尼羅河長期沖積而成的不大的平原——尼羅河三角洲上。尼羅河谷地長達一千兩百公里，其中南部一般寬度在十五到廿五公里，北部有的寬達五十公里。這條尼羅河河谷宛如一條細長的綠色生命線，置於茫茫的沙漠之中。（參見地圖一）我們知道，乾旱的撒哈拉大沙漠，四十年還不一定下一次雨。古埃及社會賴以生存的尼羅河河谷那細長的綠洲，正是水量充足的世界第二長河，橫穿沙漠流向地中海帶來的副產品。難怪古希臘歷史學家希羅多德要把古埃及稱爲尼羅河的贈禮。人們一定會非常奇怪，爲什麼恰恰是這樣一個地區成爲人類文明最早的發源地之一？爲什麼在一萬八千多年前，這一地區就開始了實驗性的農耕生產呢？

科學家發現，大約在西元前兩萬至五萬年，目前這片世界上最乾旱的地區曾是一片風調雨順的沃野。圖1.2表示了南部埃及從西元前十二萬年到西元前三千一百年的氣候變化。⑥我們似乎發現了兩個乾旱周期。第一次乾旱出現在西元前兩萬年左右，到西元前

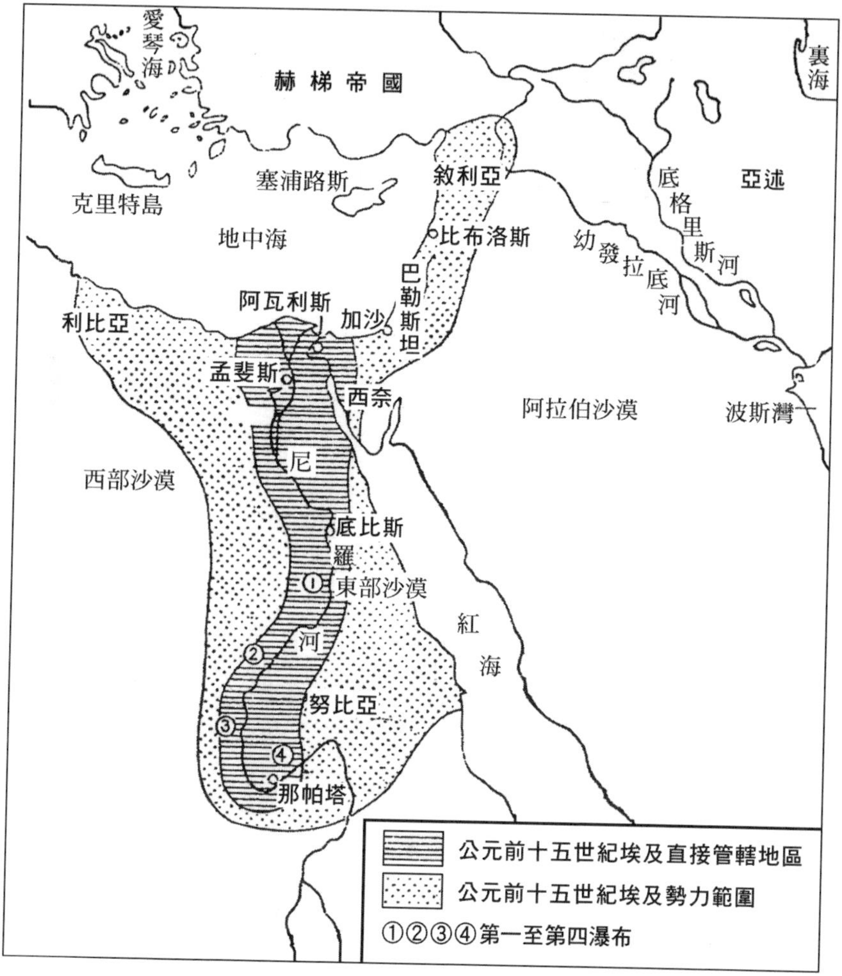

圖1.1　古埃及鼎盛時代的版圖

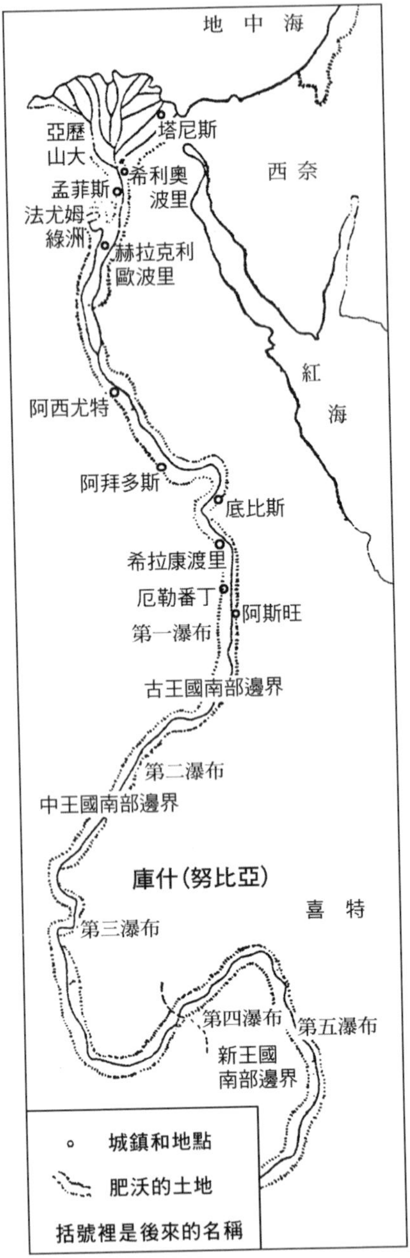

地圖一

七千年似乎情況有了局部好轉。但到了西元前四千年左右，乾旱進一步加劇，它使得整個東北非洲只限於尼羅河河谷和少數綠洲才適合人類生存。這張圖中很自然使人聯想到東北非。由狩獵採集部落向農耕文明的轉化正好是在一萬八千年以前，而且古埃及文明又恰恰在西元前四千年左右形成的，這和氣候變化的相關性難道是一種巧合嗎？

一九八一年十一月，美國「哥倫比亞」號太空梭在第二次試飛時，它那足夠穿透地下十五英尺乾沙層獲得信號的遙測系統，發現了淹沒在今日埃及西南部沙漠下面的一個巨大的地下河谷。這一發現轟動了世界。它表明，在兩萬年以前，存在著一個比尼羅河

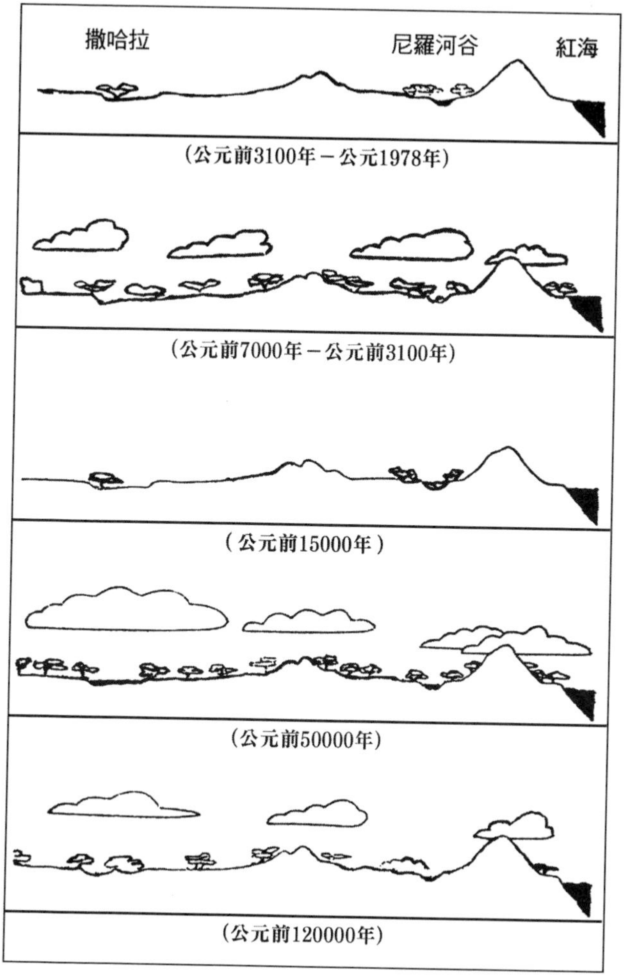

圖1.2　雨量改變和乾旱期對南部上埃及水源和植物群落影響示意圖

取自：Michael A. Hoffman:《Egypt before the Pharaohs》First Published in Great Britain in 1980 by Routledge and Kegan Paul Ltd, P25.

流域規模大廿五倍的河谷。一些科學家據此認為古埃及人最早就生活在這一廣闊地區，由於撒哈拉沙漠的出現，他們才被迫遷移到尼羅河河谷。[7]這種想法是有根據的。兩萬五千年以前，肯定有著為數眾多的處於舊石器時代的原始狩獵採集部落活躍在這千里綠洲之中。古代非洲的草原和森林猶如海洋哺育著魚兒那樣養育了這些原始部落，使它們繁殖，並佈滿大地。如果沒有兩萬年前開始的這次大乾旱，也許這些原始部落今天還會如目前殘存的那些非洲部落那樣一直遊蕩下去。但是，乾旱的降臨使得森林和草原消失了，他們不得不去尋找新的棲身之地。而在這一廣大地區中，這種棲身地只有一個，這就是那狹長的尼羅河河谷地帶。

一・三　痛苦的轉變

我們的腦海中，彷彿出現了這樣一幅宏偉的歷史畫卷，一個個的原始部落群，在乾旱的驅使下，懷著巨大的驚恐心理，成群結隊地向那陌生遙遠的地方遷移。為了對這種遷移獲得印象，只要想想近年來非洲乾旱帶來的後果。一九八〇年代非洲由北至南，從東到西，河流乾涸，田地龜裂，黃沙彌漫。有三十四個國家遭受大旱，二十四國發

第一章

古代文明的起源

生了饑荒，一點五到一點八億人忍受著巨大的饑餓，有幾千萬人死亡。撒哈拉大沙漠以每年十五公里的速度向南大口大口地吞咽著綠洲。難民們成群結隊湧向他們能夠生存的地方。當然，在今天的國際秩序中，難民並不能自由自在地移居（雖然有大批難民越過了鄰國的國境）。他們湧向政府設立的救濟站，等待著國家及聯合國的救濟。今天，人類已經掌握了高度的文明手段，對待這長時間的乾旱所採取的適應方法尚且如此，那麼幾千、上萬年前的人類被那乾旱迫離的狀況更加可想而知了。

一個個原始部落，在大乾旱——這把無情的掃帚的驅使下，不得不聚集在尼羅河河谷地帶，遠古的人們，一定痛苦地意識到，他們不得不改變數萬年來養成的生活習慣和生活方式。他們除了進行農耕也許別無其他出路。對尼羅河谷的考古發掘證明，在大乾旱以前，這兒是不適合人類居住的。當時河水水量遠遠比大旱以後大，兩岸佈滿了茂密的樹林，沼澤密布，野獸出沒其間，毒蛇、蚊蠅成群。考古學家們只是在尼羅河岸的第八層谷地和第五層谷地上，才發現了舊石器時代的燧石製工具，但卻未發現那個時期人的骨骼以及其他遺物。⑧

據考證，尼羅河流域高出目前水位九十米，在四十五米的礫石層，即從第二瀑布附近的瓦迪·哈勒法（今蘇丹境內）北至開羅，並無人跡。只是在高出水位三十米以下的礫石層谷地上，考古學者才找到了不同時期的舊石器遺物。⑨圖1.3可以證明，並非人們一開始就定居在這個孕育了偉大文明的地區。遷到尼羅河谷地區乃是一種迫不得已的選擇。

這一狹窄的地帶對於一個個以狩獵採集為生的原始部落是一個巨大的考驗。如果他們不選擇農耕方式，那麼地域的狹小決定了狩獵採集所需要的自然資源遲早有一天會不足以養活人口，無法維繫整個部落的生存。因此，無論古埃及的農耕究竟是從西亞**（或別的什麼地方）**傳來的還是自己獨立發明，這對於古埃及文明形成的機制並不重要，此時此地，他們只有通

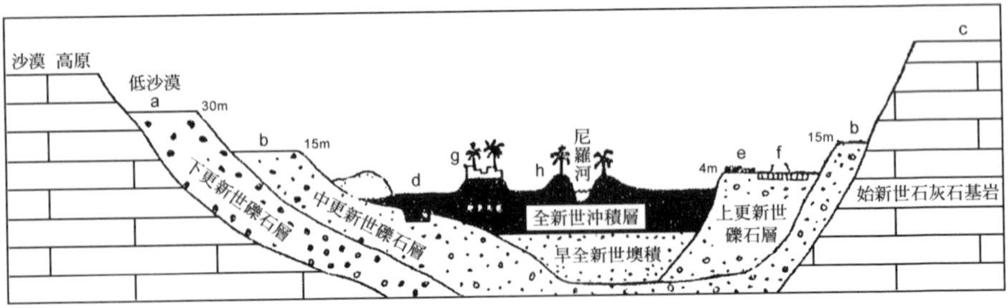

圖1.3　尼羅河古考古遺址與地質特點關係圖解

a. b. 尼羅河礫石層，含有舊石器時代（舊石器早期）工具，地表有零散的中舊石器時代（舊石器中期）的人工製品。c. 前王朝時代燧石，分散於沙漠地表。d. 可能有「被埋藏的」前王朝時代墓地，在後來的淤泥沉積之下。e. 前王朝時代居地遺址。f. 前王朝時代墓葬。g. 現代的農村，在文化土丘上（以古代遺址為基底？）。h. 堤上道路，傍尼羅河低水位河道。
參見《世界上古史綱》上冊，人民出版社一九七九年版，第二四一頁。

第一章

古代文明的起源

過農耕生產方式才能維持生活。原始社會的埃及人不得不改變從遠古祖先那裏繼承下來的生活方式了！

這裏還有一個問題，既然由狩獵採集向農耕這一偉大的轉變在埃及發生於一萬八千年前，爲什麼一直要等到西元前四千年左右，才興起古埃及文明呢？它無疑證明了我們前面講到的原始村落本身的封閉性對文明形成構成多麼大的障礙。

一般說來，打破原始村落的封閉性往往須經過漫長的時間，它需要人口的增長，耕地的擴大，人們的農耕技術的提高，需要原始村落之間由於生存空間的相對縮小而不得不發生接觸。但是古埃及社會所處的特殊的自然條件似乎可以大大加快這一過程。很可能從西元前七千年～三千年這段時間乾旱的相對緩和起了微妙作用。在氣候變得稍爲濕潤的幾千年中，農耕文明星羅棋佈地撒在更爲廣闊的地區，雖然每一個農業點的人口並沒太大增加，組織規模也沒有發生多少改變，但它的總數增加了。

而當西元前四千年左右乾旱又一次加劇時，這使分佈在較爲廣闊地段上的已經從事農耕生產的原始村落（或從事實驗性農耕的部落）不得不再次集中到更靠近尼羅河的河谷地帶。也就是說，乾旱又一次起到了將人群相對集中起來的作用。⑩

必須指出，這一次集中也許是歷史性的。人類已經掌握了過去不曾有的農耕技術，更爲重要的是他們從來還不曾這麼緊密地生活在一起！確實，大量部落一旦在尼羅河谷密集地定居下來，和他們在別的地方定居下來所面臨的處境就大不一樣了。首先，這個地區是如此狹窄，河谷寬度只有幾十公里，一個部落很容易就占滿了它。如果要進一步發展，只有沿著尼羅河谷向縱深方向展開。因而只要兩個相鄰的部落定下來，隨著人口的繁殖，它們必然要在尼羅河上相遇。西元前四千年左右的尼羅河兩岸，農耕村落如同一顆顆明珠自南向北點綴在尼羅河兩岸。而尼羅河則猶如一根細線，開始將這些念珠串聯起來。

從地理條件上講，尼羅河是村落之間互相進行聯繫和交往的天然渠道。世界上有許許多多偉大的河流，它們中有的爲古代人類提供天然的通

訊和交通工具，有的爲養育古代文明提供肥沃的土地和充足的水源。而尼羅河在這兩方面都最爲優越。從它進入埃及在阿斯旺附近的第一個瀑布算起到地中海這整整一千四百多公里的地段內，船兒可以航行無阻。最有趣的是，這種航行大多數時候都不需要人用力划槳。因爲風向一般是由北向南，正好和河水的流向相反。一隻小舟可以滿意地順水漂流而下，而它在回來的途中又只需要鼓起風帆。理解了古埃及社會所處的特殊條件，我們大約就不會對在這裏最早出現偉大的古代文明感到驚異了。古代埃及的幾十個州（諾姆）和大大小小的村、鎮，猶如明珠般地順著河流鱗次櫛比地排列，這條處於沙漠中的大河養育了它們，創造了它們，並爲它們之間建立經常的聯繫和交往提供了天然的通道。

當然，僅僅指出一個個定居的農耕村落之間存在著地理上互相交往的條件，並不足以證明這些村落必然要組成一個龐大的文明社會。河流和地理環境雖然提供了建立社會組織的通訊工具，但社會組織本身的產生首先要打破各個村落本身文化、制度和血緣關係上的封閉性，它必須要靠一種自組織機制來實行。而在這一自行組織的過程中，尼羅河以及從西元前四千年以後開始的乾旱加劇大約又一次起到了重要的作用。

一・四　尼羅河氾濫帶來不同部落間複雜的關係

史前農耕村落的生活是平靜不變的。它們經濟上完全自給自足，每一個村落都有自己世世代代因襲下來的習俗，他們用自己特有的語言交談，崇拜自己的圖騰，這種生活似乎可以世世代代延續下去。但是，定居在尼羅河谷的村落卻做不到這一點。這平靜的史前生活的夢鄉遲早會被文明的腳步所驚醒。這種力量不是外來的，而是由它們之間互相複雜的關係造成的，它同樣是尼羅河的贈禮。

爲什麼說處於尼羅河河谷地帶上的一個個村落之間一定會出現一種非同尋常的關係呢？一個十分重要的原因是尼羅河河谷耕地的地界不可能一經劃分就長期固定。農耕村落平靜生活的首要條件是它的耕地和疆界的範圍天然固定。這在尼羅河各地區卻無法做到。尼羅河不僅是古埃及人飲用、灌溉農作物的水源，而且是那裏耕地的創造者。圖1.4是尼羅河漲落模式，這種模式在以往的數千年中一直保持不變。⑪每年五六月隨著尼羅河上段衣索比亞境內大雨滂沱，尼羅河就氾濫，河水暴漲，淹沒整個處於河谷地區的埃及大地。尼羅河水的水位、顏色、帶來上段衝擊物的多少，幾千年來處於一種恒定的周期性變化中。即使在今天，這種景象還是頗爲壯觀的。在二月至五月的枯水期內，開

羅附近的水差不多清澈透明。六月河水沖來大量腐敗的植物，開始變成綠色並散發出難聞的臭味。七月氾濫開始，河水變得渾濁，泥沙滾滾，整個河流變成紅褚色**（這裏面有著大量肥沃的沖積物）**。於是河水開始漫越堤岸，氾濫到沿河兩岸的土地上。

古希臘的希羅多德於兩千年前曾到埃及遊歷，據他說：「尼羅河在氾濫的時候，它不僅氾濫到三角洲上去，而且也氾濫到被認爲是屬於利比亞和阿拉伯的那些地方上去；它氾濫到離兩岸有兩天的路程的地方，有時遠些，有時則近些。」「當尼羅河氾濫到地面上來的時候，只有市鎮才可

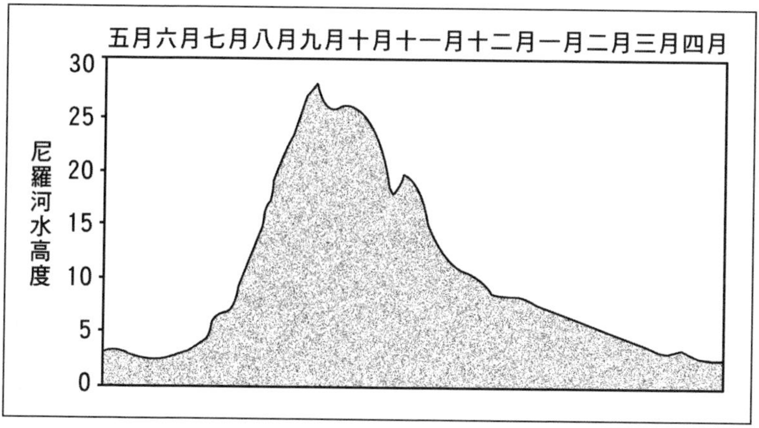

圖1.4　尼羅河水漲落模式

取自萊昂內爾·卡森等：《古代埃及》，紐約時代公司一九七九年中文版，第三四頁。

以被看到高高地在水面之上並且是乾燥的，和愛琴海上的島嶼非常相似。只有這些市鎮露在水面之上，而埃及的其他地方則完全是一片水。」⑫河水浸灌了龜裂的土地，並停留相當長的時間。十一月中旬，水位下降，河水退去後，尼羅河兩岸上留下了一層厚厚的淤泥，表1.1表明每次氾濫給土地帶來沖積物的數量和河谷土地每年增高厚度。⑬從這張表看出，對於那些汲水灌溉系流，每年土地增高在零點三到一毫米之間，可以想見，四千多年前，每年土地增高量還要大於此數。

表1.1　尼羅河氾濫對河谷耕地的影響

地區		面積（單位：千埃畝）	每年沖積物流入量（百萬噸）	每年土地增高額（單位：毫米）
上埃及	汲水灌溉系統	1,128	8.8	1.03
	常年灌溉系統	1,192	2.8	0.31
下埃及	常年灌溉系統	3,230	1.5	0.06

取自高爾東諾夫：《埃及（經濟地理概述）》，三聯書店一九五六年版。

第一章

古代文明的起源

今天，大多數人都知道尼羅河的氾濫對科學起源的影響。人們常說，由於尼羅河年年氾濫，遠古的人類不得不經常丈量土地，生活在兩千多年前的希羅多德就指出了當前仍爲人公認的事實，即在這種丈量活動中才誕生了幾何學，而希臘人又從那裏學到了它。⑭但是，人們很少想到尼羅河沖積物對地界經常性的覆蓋對文明起源會產生什麼影響。

當一個農耕村落內部耕地被沖積物掩蓋後，村落內部必須建立一個機構來重新劃分它，一次一次的覆蓋強化了這種機構。如果說這並不足以打破村落平靜的生活的話，那麼兩個鄰近村落地界的消失可是一件非同小可的事件。近年來，社會生物學的研究表明，確定的領土範圍對於動物社會都是至關重要的。疆域不明引起的爭奪是動物群體組織之間交往的重要方式之一。尼羅河河谷是這樣狹窄，當兩個鄰近的村落地界相接時，一次大氾濫後，糾紛必然出現。兩個本來可以老死不相往來的村落發生交往就不可避免了。當秩序尚未建立時，它常常帶來混亂。耕地範圍畢竟是和每個農耕村落的生活最直接相關的，只要沒有跨地域的社會組織，這種糾紛便會年復一年地重複。每一次都震撼著古老的村落制度。表面上看，這種交往最初的目的似乎僅僅是經濟的，但任何兩個村落一旦發生交往，它必然同時是政治的和文化的。語言不通，信仰不同等等交往中的天然障礙會被這種交往的衝力慢慢克服。

一・五　打破「史前的夢鄉」

引起村落制度崩潰的另一個因素是灌溉。埃及人大約從來沒有仰望天空，焦灼地祈禱蒼天降雨。在埃及，下雨是極爲罕見的，偶爾的降雨反而使埃及人認爲是上天的震怒。實際上，他們也不指望下雨，整個農業的生命線就是那些灌溉田地的水渠。當尼羅河暴漲時，埃及人將河水儲存在水渠之中，河水退去後，用這些水來灌溉。當十分乾旱之時，還不得不將尼羅河水汲取到水渠中來。直至今日，埃及一些地方的農民還在使用一種叫「沙杜夫」的古老機械（即桔槔），從尼羅河中取水注入灌渠之中。這種機械大約在十分古老的年代就開始被廣泛運用。因此，當乾旱時期，河渠中的水是十分寶貴的。一個人扒了水渠或築堤引水，其鄰近地區的水就會缺少。如果說在一個村落內部，它可以用一種古老的制度來解決，那麼如果兩個相鄰村落出現爭水的局面時，糾紛必然十分激烈。

即使在埃及建立統一國家以後，這類現象依然存在。古埃及有一本爲死人念的頌

神廟

經──《亡靈書》⑮這本書是當一個人死後，爲了能使死者進入天堂，超度出生，在廟宇上頌讀用的。其中的第一二五章，列出了許多問題，每一個死人必須在判官面前回答，判官則根據該人生前的所作所爲決定他是去天堂，或是進地獄。這些問題已成了套語，如：「我沒有作惡」，「我沒有逼迫任何人挨餓」……其中有一個問題必須回答，即「我沒有在灌溉的季節阻斷河水，我沒有築壩攔阻氾濫的河水」。直到西元前三世紀，希臘人統治埃及時，某貴族給自己的農莊管理人的指示中還提醒他「應當留心觀察……通過田間的上水道，農民經常從那水道取水」。⑯就是到了近代，這類事情也還是存在。埃及小說《土地》曾描寫一些農民不顧政府的阻擋，避開警察的巡邏，偷偷扒開主渠道，讓水流入自己田中。⑰可以想像，當統一的社會秩序尚未建立之前，爭水的糾紛會造成什麼樣的混亂。

尼羅河的每年氾濫甚至對古埃及社會共同意識形態的形成也起過微妙的作用。原始宗教的差異，圖騰的不同往往造成原始部落之間的對峙、仇視心理。它們是文明成長的最大障礙。然而，尼羅河的氾濫卻一下子成為在河谷地區生活的人們最為關注的問題。一個歷史學家曾這樣描述埃及人在尼羅河氾濫時的心理狀態：「尼羅河每次氾濫，埃及的農民都不免憂心忡忡。每自氾濫之日起，他們都設有專人將水位上升的情形，每日清晨馳赴開羅大街小巷報告，尼羅河氾濫了幾千年，幾千年都沒有成災（**實際上也有成災的年頭，但這類事情是罕見的。——作者注**），就一般人而言，從過去推知未來，應該可以安心了。可是埃及農夫卻不如此，他們把每一次氾濫，都看成一樁了不得的大事。因為氾濫一旦失去控制，他們一生所繫的溝渠農田，便有被摧毀之疾。」⑱

在遠古時代，雖然很多村落處於極為相似的自然環境之中，但要他們在同一時刻注視同一自然現象往往十分困難。日食、月食這些景觀雖然可以同時吸引不同村落的人們，但它們畢竟不如尼羅河氾濫那樣與己休戚相關。毫無疑問，這種對同一問題年復一年的關注，對古埃及形成共同文化的心理基礎產生了重要影響。連埃及各地關於世紀起源的神話，也都很類似尼羅河水退去時耕地和岩石慢慢露出水面的情景。這條偉大的河流一呼一吸和每一個部落的生存息息相關，它肯定爲整個埃及接受一個至高無尚的統一的主神提供了心理基礎。[19]

當通訊渠道已經天然具備；一個個社會的細胞（原始部落）密集地排列在這條天然通訊渠道的周圍；並且每個細胞的自身封閉性已被打破；各個細胞間的衝突經常發生；古代文明誕生的前夜就已到來。西元前四千年左右，尼羅河河谷地區的社會正處在這一時刻。尼羅河河谷，它作爲一個總的系統在整體上處於一種不穩定（或亞穩定）的狀態之中。一個偉大的、燦爛的古代文明，彷彿一個即將出世的胎兒在腹中躁動，一系列偉大進步的鏈條開始啓動了。

我們以上的分析，大概很容易被認爲我們是在重彈埃及統一社會的出現，乃是適應「大規模人工灌溉事業的客觀要求」這一眾所周知的觀點。其實這是一種誤解。許多國內外的學者都強

調過這樣一種直線性因果關係：灌溉的需要導致管理者的官僚主義，接著是專制統治。他們用此來解釋古代埃及國家的起源。實際上，我們前面的分析僅僅指出了由於尼羅河的特殊地理環境，使得一個個相鄰的村落必然打破其天然的封閉性，不建立一種秩序，社會就無法穩定。它並不涉及組織形成過程，更不意味著建立什麼樣形態的國家的問題。原則上，結束這種混亂，只要一個地域性的組織完全可以做到。正如一九七六年美國K．巴塞爾在《埃及的早期水力文明》一書中所指出，埃及所需要的灌溉工程從未像兩河流域或中國那樣的廣泛和複雜，主要是引進在年年氾濫影響均勻的池塘水窪周圍。「埃及的水利的網狀組織是地方化，不像美索不達米亞那樣雜亂無章的線狀事務；因此任何行政上的灌溉的支流必定局限於一個小的地理範圍。這個事實無疑地幫助了諾姆的起源的說明。」⑳確實，埃及文明興起的初期，恰恰是形成了一個個地方性的城市國家——諾姆。㉑關於諾姆的性質，學術界至今仍有爭論。㉒但一般承認它興起於加達文化Ⅱ時期（約西元前三千五百年—前三千一百年）。因此，僅僅指出灌溉和管理的需要並不能導出古埃及統一文明形成的具體過程。爲了說明古埃及國家組織形成，必須分析研究系統是怎樣從混亂走向有序，一個個組織單元怎樣形成某種大組織的。現代組織理論似乎提供了很有用的模型，這就是自組織過程。

一・六 構想自組織機制

自組織理論認爲：當那些構成組織的基本細胞（單元）自身封閉性被打破，各個細胞之間發生相互作用，這些作用又使各個單元處於不穩定狀態，它就爲自組織過程準備了第一個條件。生命起源以前的原始海洋中的有機物濃湯，製造晶體的過飽和溶液，大質量恒星形成前的氣態雲都屬於這種狀態。自組織過程的第二個要求是必須先出現一個組織核心。第三，已形成的組織和組織過程要互相反饋，構成一個互爲因果的循環鏈。[23]一旦上面三個條件具備，組織過程就會自動發生。

舉一個具體例子可使我們對自製組織機制獲得清晰的理解。一些科學家認爲，大質量恒星起源於宇宙空間一塊均勻、靜態的氣體雲。只要氣體雲受到某種擾動，使一個球狀小區域變得比它周圍的氣體略爲稠密。這一小區域內的引力場變得稍強。這時，它把更多的物質吸收過來，因而它的引力進一步增加，以至於採集到更多的物質，直到這個小區域的氣體最終結合成一個天體爲止。在這個頗爲典型的自組織過程中[24]，最早出現的一個物質密集小區間就是組織核心。只要組織過程和已形成的組織之間構成一正反饋的增長鏈，組織越大，吸引力越大，組織形成的就越快。因此，只要自組織三個前提滿足，雪崩一般的自組織過程就必然發生。

我們可以用這個比喻來分析一下史前社會，在這裏，儘管對象不同，但機制是類似的。氣體雲是自組織過程發生之前的狀態。這時氣體分子間的引力是存在的，但它們尚未發生吸引，整個系統處於亞穩狀態。過飽和溶液大約和形成社會之前但封閉性已打破的原始村落更爲相像。過飽和溶液中的物質分子已經稠密到這個程度，它們之間碰撞的機會大大增加，平均距離的縮小使得它們之間的吸引已經可能大於熱運動的排斥。在文明興起的機制上，無論是統一政治組織的擴大，還是意識形態的統一都是一條正反饋的自我增長鏈。一種宗教一旦被更多的人接受，在同一心理背景下，它傳播得也就越快，結果信仰這一宗教的人也就越多。對於政治勢力範圍的擴充也是這樣。

自組織過程三個階段所經過的時間不相同的。最慢的是組織單元形成亞穩定或不穩定系統階段。相比之下，第二、第三階段相當快。在文明起源過程中，原始村落封閉性的打破比形成國家組織所需要的時間更長。這就幫助我們理解，爲什麼古埃及狩獵採集部落向農耕定居的轉化發生在大約兩萬年以前，但直到西元前四千年前左右才進入文明社會。

自組織過程給我們第二個富有啓發性的結論是，爲什麼上下埃及幾乎在很短的時間

內同時形成很多諾姆。我們知道在一個即將進行自組織的系統中，究竟形成幾個組織往往取決於一開始出現幾個核心。每一個核心都是一個晶種，圍繞著它，自組織機制迅速促成一個組織的形成。一般說來核心總是多個的。關於核心形成理論，是自組織機制最令人感興趣的部分。表面上看，核心出現似乎是第一推動。人們總是困惑於這樣的問題：第一個小組織核心是哪裏來的？它爲什麼有許多個？實際上，這個問題很簡單，因爲自組織過程好像多米諾骨牌的倒塌，核心等於第一塊骨牌倒下。核心是相當小而且可以是原始的，所以外界影響和系統隨機漲落都會對形成核心起作用。㉕正因爲微小影響都可以成爲核心，那麼，一般自組織系統總是同時出現多個核心。而且核心常常因組織過程互相影響而造成。就拿大質量恒星形成而言，最近哈佛大學天文台和史密森天體物理觀察所的兩位天文學家提出了一種核心形成機制。他們提出一個數學模型，當某一塊宇宙氣體雲形成恒星時，只要新星在自組織過程中膨脹過度達到每秒五到十公里，這種速度快得可以產生一種引力波，傳到宇宙空間去，衝擊波進入另一塊分子雲時，就在其後面帶走一層物質。在幾百萬年後，衝擊波前後面的這些物質所達到的密度高到足以導致引力不穩定狀態。在新的引力不穩定區又使氣體在這裏凝聚成新的恒星中心。這個模型表明，一個自組織過程或許會激發另一個地區的自組織。㉖因此，恒星往往是成團成團相繼出現的。西元前四千年在肥沃的尼羅河河谷綠洲上興起的一個個諾姆組織，正如那冷漠的宇宙空間爆發出的新星。用恒星成群形成的激發機制來類比諾姆群體在互相影響下形成，也許這是我們想像力過於豐富了。有關這個自組織過程的具體細節還有待於進一步研究來說明。但是從整個系統自組織條件上來看，一個諾姆出現很可能激發其他地區形成諾姆社會組織。

自組織理論還能幫助我們理解爲什麼在埃及文明興起之初，上埃及的諾姆力量總是大於下埃及。雖然從經濟條件上講，處於尼羅河三角洲地區的下埃及經濟環境可能比上埃及更爲優越雄厚。埃及歷史也證明這一點，在統一後，下埃及比上埃及發達。但是在文明興起的初期，卻不是這樣。原因可能在於上埃及比下埃及處於河谷更爲狹窄的地帶。因此，自組織條件比下埃及更早具備，諾姆的團聚力也更爲強大。總之，自組織理論似乎給我們提供了一架高倍數的時間望遠鏡，使我們能夠透過遙遠的時代，觀察文明的帷幕是怎樣徐徐拉開的。

一・七　地理決定論還是系統演化？

我們在討論古埃及文明起源時，談到非洲兩萬年來氣候的異常變遷，談到尼羅河不同於一般河流的那種奇特的組織作用。這一切很容易給人一個錯誤印象，似乎我們主張地理決定論。

用自組織機制來探討文明的起源和地理決定論無論在方法上還是在出發點上都迥然不同。地理決定論主張地理環境是早期文明形成的決定性原因。它認爲文明形態和地理環境之間存在著某種對應關係。而自組織機制則是從系統演化的角度來分析問題。地理環境只是這種過程展開的歷史舞台，它是通過文明系統演化的內部因果鏈對整個過程發揮作用的。

爲了說明這一點，我們先宏觀地分析一下原始社會演化的可能機制。每一個社會組織必定和自然界處於密切的相互作用之中，形成一個穩態系統。五萬年以前，地球上存在著許許多多處於石器時代的原始氏族部落組織（我們簡稱為原始小社會組織）。它們每一個都和環境耦合得很好，它們對環境的適應，使得環境和這些小社會組織在相當長的歷史時期內都處於穩定狀態。但穩態遲早要被破壞[27]，雖然這個過程進行得極爲緩慢。造成不穩定的原因大約是多方面的。某一地區的生態系統不足以養活那麼多狩獵採集人口，部落氏族組織和不斷增加的人口及其活動規模不適應等等，都是無組織力量增長的形式。這種不穩定狀態通常可以用簡單辦法來解決。比如原始小社會的分裂，或者遷移到其他地區去，並在內部採取限制人口增長的措施。分裂和遷移之後，無組織力量得以清除，原始小社會與環境的耦合又處於穩定的適應狀態。如果地理環境允許原始小社會能用這種辦法一次一次地克服無組織力量的增長帶來的不穩定，那麼這種狩獵、採集的生活也許會無止境地延續。很可能這就是至今我們還能看到處於原始狀態的小社會的原因。

阿布辛貝爾岩廟

今天人類學家對原始部落的研究證明了這種機制的存在。著名的非洲史研究者巴茲爾・戴維遜說：「那裏（非洲）的土地是這樣的遼闊，並不發生要求在某個地方生產剩餘食品的情況。古代的氏族在捕完當地的野生動物以後，就遷移到其他地方去。即便到了後來，（對於那些農耕村落）當農業和金屬時代的技術使某一地區的人口密度超過當地土地供應能力時，情況也是這樣：部落分支脫離原來的部落，遷移到新的地區去。」[28]他還非常清晰明確地指出「這種遷徙的過程肯定是不鼓勵社會由一種形態發展到另一種形式的[29]。」近年來對處於狩獵採集狀態的科伊桑人的研究，使我們對這一機制獲得更進一步的瞭解。

無論從科伊桑人所處的環境還是他們內部實行的制度都十分有利於及時消除不斷積累起來的原始小社會與環境之間的無組織力量，使他們能通過一次次簡單的調節

神廟遺址

重新獲得小社會與自然環境的穩定。

這些小社會嚴格控制人口的增長。如果婦女生育過多，嬰兒產後便被溺殺。他們幾乎保持在平均大約幾百平方公里才有一人的人口密度。薩恩人總數在任何時候也沒有超過四萬五千萬人。這個數目是和當地生態環境密切保持平衡的。部落不斷遊蕩是薩恩人的另一個特點，當一個地區動、植物因狩獵和採集處於稀缺時，他們就換一個地方，讓這個地方依靠自然力量重新恢復平衡。每個氏族公社不過數十人。社會組織也極爲簡單，沒有酋長，也不需要酋長。只有所謂「守護人」，但權力極小。這種組織方式又決定了它只能容納幾十個人的規模。這樣，雖然存在著許多毗鄰的氏族公社，但他們老死不相往來，往往聽不懂彼此的語言。㉚

但是，如果地理環境或者某些其他目前尚不明瞭的因素決定了這些原始小社會不能用這種簡單的辦法來克服社會與環境之間不斷增長的無組織力量時，那麼將會出現什麼呢？一種可能是這些原始小社會正如不適應環境的古代生物那樣不得不滅亡。另一種可能是他們走上一條全新的道路。我們前面所講的兩萬年以前在尼羅河河谷定居的原始村落就屬於這後一種情況。他們在狹長的尼羅河河谷定居下來，變爲原始農耕村落。然而這種轉變也只能在一段時間內保持和自然環境的適應性。隨著人口繁殖，一個個毗鄰的

第一章

古代文明的起源

村落密密麻麻地擠在一起。尼羅河水周期性氾濫的波濤，一次次地衝擊著那古老的制度，迫使人們不得不互相交往。它使整個系統就猶如孕育著第一次生命的原始海洋，自組織的條件在這裏最早具備了。綜合分析這一個系統演化樹（圖1.5），我們可以看到，特殊的地理環境的作用只是系統演化機制的組成部分，它們所起的作用原則上都是社會的。這就是：促進產生足夠多的密集定居的小社會，並打破它們的穩定性、封閉性，爲大的社會組織提供通訊渠道，以及最後對形成大社會形態進行選擇。

根據這種分析，自然可以推想，只要地理因素所起的功能用其他因素來實現，那麼並不一定需要特殊的地理環境和氣候條件，也並不一定需要在大河流域，同樣能形成古代文明。在沿海地區，通訊聯繫渠道可以由海上航行提供，每個自然村落封閉性的打破往往來自於生產的發展，商品交換的出現等因素。眾所周知，城邦文明的興起也許就屬於這一類型。它有著同樣的自組織機制，無非是在不同的地理環境舞台上展開罷了。當然，由於實現自組織條件的方式不同，可能需要更長的時間。

系統演化規律表明，即使同樣處於大河流域，也不一定會形成同樣形態的古代文明。如果河流地區並不是像尼羅河那樣被不可逾越的沙漠所包圍，那麼自組織具體過程就會與尼羅河河谷地帶有所不同。即使最初文明起源之際，由於河水氾濫，共同灌溉的

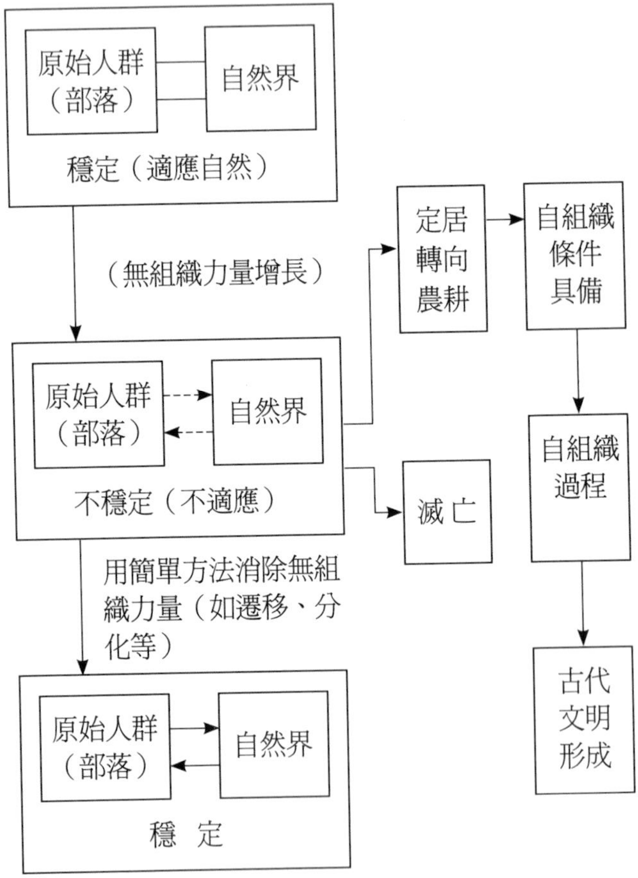
原始人群
（部落）
自然界
穩定（適應自然）
（無組織力量增長）
原始人群
（部落）
自然界
不穩定（不適應）
定居
轉向
農耕
自組織
條件
具備
自組織
過程
滅亡
用簡單方法消除無組
織力量（如遷移、分
化等）
古代
文明
形成
原始人群
（部落）
自然界
穩　定

圖1.5　文明起源的機制

第一章

古代文明的起源

需要在這裏建立了類似於尼羅河河谷地帶那樣的古代社會雛型；但隨著文明的發展，必然擴張到大河流域以外的更爲遼闊的地區，這樣河流的制約因素將不復存在。文明中的人類已經組織起來，他們可以自己開闢通訊渠道，可以改變自己的組織形態，甚至於也可能發展出一些類似於城邦文明的形態。這些例子在世界史上是屢見不鮮的。因而，只有把地理因素放到整個系統演化機制中去，考察它的作用，我們才能真正揭開文明興起之謎。

一些歷史學家把地理比作歷史的左眼和右眼，文明的太陽和月亮，把地理稱爲「是歷史的哺育之母和教養之家」。[31]如果把這種見解理解成地理因素決定論，那就錯了。但把它看作文明在兒童時代成長的基地，社會自組織過程展開的自然背景，那麼這種觀點是有道理的。兒童在成長著，文明越是發展，她改造環境的力量也越強大。起初人類社會不得不依靠天然的自然條件爲她提供通訊渠道，陌生而無知的人群不得不依賴於氣候、環境的意外的變化來加速自己的聚合。文明一經誕生後，人開始從搖籃中走下來，他們自覺地依賴於社會組織。他們可以改變大地的面貌，創造交往的方式和工具，地理這一搖籃將隨著人類文明的成長一天天退出歷史的舞台。可以說，一旦偉大的古代文明興起並走向繁榮，文明的發展和型態則越來越多地取決於它內部的結構了。古埃及社會正是這樣。當諾姆在尼羅河河谷地帶興起後，在這些城市國家進一步合併成大組織，最後形成統一的帝國的過程中，諾姆本身的結構所起的作用也許比地理環境還要重要。如果諾姆本身政治上沒有擴張性，人們不把征戰當作一種光榮，把征服和掠奪當作一種經濟需要；那麼很可能埃及文明是由一個個城市國家組成的。總之，在這裏，文明本身政治的、文化的、經濟的諸因素和地理一樣重要，甚至更爲重要。

將古埃及社會和撒哈拉沙漠另一邊那些熱帶叢林中至今仍處於原始狩獵採集狀態的部落作一下比較，會使我們感歎不已。他們的祖先也許都來自於兩萬年前在非洲大陸上遊蕩的人群，當那次歷史性的大乾旱來臨的時候，往哪一個方向去尋找新的棲身地也許純屬偶然。然而這一次選擇卻決定了他們的命運。一些人被迫遷到尼羅河河谷地帶，不得不開始創造，而另一些人至今還是頑固地保持著遠古時的面貌。就其命運而言，這也許無所謂公平還是不公平。那些原始人雖然更多地依賴於地理環境，他們卻處於一種「既不知歡樂也不知痛苦」的睡夢之中。而對於文明的創造者，他們不得不去攀登文明進步的巔峰。他們做出了偉大的貢獻，但同時也必須承受社會的壓迫，忍受理想破滅那難言的痛苦。文明的歷程一經開始，就不會停下來。文明打開潘朵拉之盒，它給人類帶來的未來比他們十幾萬年來所經歷的一切都更爲驚心動魄。每個人都注定要被織進那張

第一章

古代文明的起源

無法擺脫的社會大網中，與文明的結構同舟共濟。

注釋：

①鄭家馨：《論十九世紀以前的南非的社會經濟結構》，《非洲史論文集》，三聯書店一九八二年版，第四三頁。

②孔令平：《世界現存的狩獵和採集部落及其生產活動》，載《中山大學學報》一九八二年第三期，第六九—八四頁。

③阿甫基耶夫：《古代東方史》，三聯書店一九五六年版，第一八四—一八五頁。

④位於今天埃及境內阿斯旺北約二十公里處的尼羅河左岸。

⑤孔令平：《埃及的農業起源問題——關於農耕起源研究評價之三》，載《東北師大學報》一九八一年第一期。

⑥Michael. A. Hoffman 《Egypt Before the Pharaohs》First Published in Great Britain in 1980 by Routledge and Kegan Paul Lit, P25.

⑦《美國太空梭發現埃及沙漠下的巨大地下河谷》，載《人民日報》一九八二年十二月十一日。

⑧A．費克里：《埃及古代史》，科學出版社一九五六年版，第二頁。

⑨《世界上古史綱》編寫組：《世界上古史綱》上冊，人民出版社一九七九年版，第二三九—二四〇頁。

⑩這一結論也許僅僅適合於南部上埃及，似乎有證據表明，上埃及文明起源更早一些。二十世紀五〇年代前，史學界普遍認為尼羅河谷地區的環境在史前是不適合人類居住的。七〇年代後，地理學的研究已反駁了這種觀點。至少在南部埃及尼羅河谷地帶是適合人類居住的。Michael.A.Hoffman, Egypt before the Pharaohs, Fist published in Great Britin in 1980 by Routledge and Kegan Paul Ltd.

⑪萊昂內爾．卡森等：《古代埃及》，紐約時代公司一九七九年中文版，第三四頁。

⑫希羅多德：《歷史》第二卷，商務印書館一九八五年版。

⑬高爾東諾夫：《埃及（經濟地理概述）》，三聯書店一九五六年版。

⑭希羅多德：《歷史》第二卷，商務印書館一九五九年版，第三二一頁。

⑮又譯為《死者之書》。

⑯《對管理人的指示》，《世界古代史史料選輯》下冊，北京師範大學出版社一九五九年版，第四一二頁。

⑰參見阿卜杜·拉赫曼·謝爾卡維：《土地》，外國文學出版社一九八〇年版。

⑱杜蘭：《世界文明史》，台北幼獅文化事業公司一九七八年版，第四一頁。

⑲一個例子是埃及這一名稱的來歷。有一種說法，古埃及人稱河神為哈辟（Hapi），後演變為埃及（摩勒：《尼羅河與埃及之文明》，上海商務印書館一九四一年版，第十七—十八頁）。希羅多德也講過一個有關埃及統一意識的故事：古時，住在埃及與利比亞接壤的兩個城市瑪列阿和阿庇斯的市民，認為自己是利比人而不是埃及人，不必接受埃及那種不許吃牛肉的宗教慣例，於是他們派人到阿蒙神廟向神請示，但神拒絕了他們，神回答說，全部埃及是尼羅河氾濫和灌溉的一塊土地，而全部埃及人就是住在埃烈旁提涅（即厄勒蕃丁）的下方飲用尼羅河水的那個氏族。（希羅多德：《歷史》，商務印書館一九五九年版，第二三八頁）

⑳劉文鵬：《古埃及的早期國家及其統一》，載《世界歷史》一九八五年第二期。）

㉑諾姆（nomos）一譯「州」，古希臘人對古埃及各區域的稱呼，埃及人自稱為塞普(zept)，西元前三千五百年左右，埃及約有四十個諾姆。

㉒一說是早期的以城市為中心的若干村莊組成的獨立國家。一說是獨立的村社。

㉓金觀濤、華國凡：《控制論和科學方法論》，科普出版社一九八三年版，第一一五頁。

㉔金觀濤：《邏輯悖論與自組織系統》，載《自然辯論法通訊》一九八五年第二期。

㉕關於耗散結構理論對漲落作用的分析，可參見湛墾華、沈小峰等編：《普利高津與耗散結構理論》，陝西科學技術出版社一九八二年版。

㉖《科學美國人》一九七九年第六期，第五四—五六頁。

㉗我們可以把這種破壞穩定性的過程歸為由於互相作用而帶來的無組織力量的增長，對於原始社會，無組織力量增長得最快的很可能是這些小社會所處的環境，有關這一點的分析可見《興盛與危機》第九．八節（金觀濤、劉青峰著，湖南人民出版社一九八四年）。

㉘、㉙巴爾．戴維遜：《古老非洲的再發現》，三聯書店一九七六年版，第三十頁、三八頁。

㉚鄭家馨：《論十九世紀以前的南非的社會經濟結構》，載《非洲史論文集》，三聯書店一九八二年版，第四九頁。

㉛杜蘭：《世界文明史》，台北幼獅文化事業公司一九七八年版，第六頁。

第二章
古埃及社會結構

第二章　古埃及社會結構

宗教被創造出來了，兩千多個神在尼羅河谷漫遊。他們從一顆陌生的心靈走向另一顆，把分散的人群團結成偉大的整體。它給人以目標，給短暫的人生以永恆，它使千百萬人的熱情暢流在信仰的渠道中，然而前面卻是迷信的大海。宗教給古埃及社會造就了巨大的官僚政治怪獸。

——作者

人的一切行為都可以分為三類：創造、調節和破壞。當創造一旦完成，重要的就是調節。它使已經燃起的生命之火不至於被虛無吞沒。

——作者

二・一　古代文明的物化外殼

一位作家曾用一窩蜜蜂的興衰來比喻社會的繁榮和衰退。蜜蜂社會是很有趣的，因為它有一個物化的外殼，這就是蜂房。西元前三千年前後，統一的埃及王朝在自組織機制長期作用下誕生了。它是一個由複雜的經濟、政治、文化關係組成的大網，但是如果我們從天空上鳥瞰整個古埃及社會，就會發現它也存在著類似於蜂房那樣物化的外殼。其中令人注目的就是佈滿全國的人工灌溉系統。古代埃及人用象形文字「田」來表示她的「地域」性組織，特別是那些「在城市或農村周圍聚集起來的地域公社。」①這個符號即源於那些縱橫交錯的灌溉河渠。②古代埃及的社會依賴於這些河渠，正如蜜蜂離不開蜂房。要剖析古代埃及社會結構，也必須從解剖這個特殊的物化外殼開始。

任何一個文明社會，如果它要生存下去，一個首要條件就是社會組織要為每一個成員提供必需的生活資料。在古埃及，它直接取決於灌溉系統是否存在。這些河渠不僅影響每個人生活的好壞，而且可以決定社會的存亡。為什麼灌溉系統是這樣重要呢？因為古埃及一旦形成了一個人口眾多的統一社會，它對尼羅河的依賴必定會達到一種近乎苛刻的程度。

在尼羅河第一瀑布處（今阿斯旺附近、古希臘人稱為埃烈芳提那（又譯為厄勒蕃丁）的一個尼羅河河道中的小島上）有一古老的石碑，上面的刻度形象地表明尼羅河水的上漲高度與全國的經濟狀況的關係（見表2.1）。③從這張表中我們可以發現，爲了保持全埃及經濟活動的正常進行，上漲的水位須得保持在廿四呎到廿五呎這個十分精確的範圍之內。而在這以上或以下都意味著災難！每年河水氾濫的大小，都與埃及社會的繁榮息息相關。古埃及人對尼羅河水位極爲關

美麗的尼羅河

注，他們很早就通過測量每年尼羅河水氾濫的大小來預測這一年糧食的產量。至少從早期王朝起（西元前三千一百年），古埃及的政府就開始每年記錄尼羅河水氾濫的高度。著名的《帕勒摩石碑》銘刻就是例證。④古埃及人還設計了專門的測定計，用以測量河水的上升。他們在現在的開羅附近安設了一個，在第一瀑布正下方也安設了一個。埃及的疆域擴展以後，他們又在往南較遠的地方設置了一個。⑤當然，除了記錄水位、對產量和災情進行預測以外，最好是用社會的力量來改造自然。要做到這一點，大約唯一的辦法是讓整個社會生活在一個複雜龐大但可以調節的水利系統之中。

表2.1 尼羅河水位與埃及經濟的關係

尼羅河水位高度	埃及經濟狀況
21呎	上埃及普通凶年
22—23呎	上埃及大部分地區是旱災
24—25呎	恰到好處
26—26.5呎	全埃及陷於一片汪洋
27—28呎	下埃及洪水之災

28呎以上	尼羅河變爲吞噬埃及人民的猛獸

資料來源：見馮祚民編著：《西洋全史》第二卷，台北燕京文化事業公司一九七九年版，第一八頁。

在古代埃及的歷史上，每當一個統一王朝興起之時，總要看到重新丈量分配土地和修築那些灌溉水渠。今天發現的古埃及的文物「蠍王權標頭」上，畫著一個高大的蠍王——國王站在河岸上，手持一柄木鋤，他前邊一個人半躬著身子，雙手拿著一個畚箕，就反映了國王在爲挖渠舉行奠基儀式。中王國的第十二王朝的創建者——國王阿門涅姆斯（舊譯阿門內哈特）的目標則更爲宏大，他決心興建一個可以調節水位的人造水庫，這就是著名的法尤姆湖人造工程。法尤姆湖位於尼羅河西面的法尤姆綠洲中最低的地方（今埃及境內法尤姆省的法尤姆窪地，最低處現叫加龍湖，低於海面四十五米）。史前這是一個淡水湖。它曾與尼羅河相連，乾旱出現後，湖與尼羅河的聯繫被掐斷。只有在尼羅河水位上升得很高時，河水才能流入這個湖泊中。在古王國時期，有一次河水暴漲到十八米以上，氾濫的河水就流到湖裏去。⑥河水下降時，水就往回流。這一現象啓發了古埃及人利用這一窪地來調節尼羅河的水位。十二王朝的第一位法老阿門涅姆斯一世在位期間（西元前一九九一－西元前一九六二年），建立這樣一個調節系統的艱巨工程開始了。他們修築了一些特別的水閘和水堤，同時修建一條大型水渠把法尤姆窪地與尼羅河相連接。這樣，每當尼羅河氾濫季節，河水順著水渠流入了水庫。而當尼羅河河水不足時，可以將水庫的水放出來。這一巨大的工程能對大片農業區進行灌溉。因此，在這裏成長起了一個新興的大城市。⑦

希羅多德曾經非常形象地描繪過由於這些縱橫交錯的渠道的修建，尼羅河三角洲地貌發生的巨大變化。他說：「在以前埃及是一個適於馬和馬車行走的地區，但從此以後，它變得對二者都完全不適應了。雖然這時它的全境是一片平原，現在它卻不適於馬車行走，因爲它的全境佈滿了極多的，向四面八方流的河渠。國王這樣做的目的是把尼羅河水供應給內地不是臨河的城市的居民。因爲在先前，河水退下去以後，他們不得不飲用從井裏汲取的發鹹的水。」⑧系統的水利工程的建立改變了尼羅河谷的天然環境，它使整個社會生活在一個人造水利調節系統中，並使得這個地區一年之內可以收穫兩次。農業畝產量也大大增加了。

從古王國到中王國這近兩千年時間中，埃及一直處於金石並用時代。鐵器是新王國以後才普遍使用的。古代埃及人世世代代用木鋤、木犁進行耕作。照例說來，生產水平

應該是十分低下的。但由於建立了這一特殊的灌溉系統，埃及成爲最早的世界糧倉。《聖經》中記載著，尼羅河流域四周的民族發生了可怕的天災時，他們就派人到埃及去籌糧。⑨那時埃及的生產水平遠遠地高於同一時期的世界其他地區。甚至高於那些已經使用鐵器的民族。古埃及小麥畝產量就證明了這一點。

有關古埃及的畝產量的直接資料至今未有發現。但我們可以根據希臘化時代埃及（西元前三三二—前三十年）的畝產量來進行推算。當時埃及每一阿魯爾地，在一般年景約可收穫十到十二阿勒塔巴小麥⑩，同一時期的中國西漢王朝，雖然已廣泛使用了鐵犁牛耕，並且是在精耕細種的條件下，畝產亦不過七十到一百一十五升。⑪當然，古王國、中王國、新王國時期畝產量比托勒密王朝時要低，但據考證，畝產相差並不懸殊。可見古埃及的生產水平還是相當高的。

一些人看到古代埃及人用木鋤、木犁就能獲得這麼高的產量，不由感歎道：「他們比世界上其他任何民族，都易於不費什麼勞力而取得大地的果實。」如果僅僅著眼於農夫耕作，確實如此。但這種評價並不正確。埃及人的收穫主要是借助於灌溉系統，而建設維修這一人造環境卻是十分艱巨的。蘇聯一位學者曾估計修建這類龐大水利工程的工作量。他舉例說：十九世紀中葉疏長約一百俄里、寬十五點二四米、深約二米的運河河床，就需要有三點一萬農民同時工作。而對於埃及，這一工程每三年必須重作一次。只要這些工程稍一放鬆，那麼最肥沃的土地就變成了沼澤地或被沙土所掩蓋。⑫毫無疑問，這麼大工程的組織工作讓尼羅河河畔的任何一個諾姆單獨承擔，是無法完成的。它需要一個統一的，能夠在一時間調動起千軍萬馬的國家政權來組織。在古代埃及，這一組織工作正是通過一個龐大的官僚機構來完成的。

我們可以描繪一下這種大工程實施的情景：數以萬計的書吏要登記每一個村社的每家每戶，⑬以便根據法令從每家抽出一個壯年丁男。那些有技術的手工工匠則另編成一隊。這樣一支大軍從全國各地集聚到施工地點。國家要爲這支大軍準備原材料和給養。還得經常把大量戰俘投入這類工程之中，並派出一支爲數不小的監工隊伍來管理這支勞動大軍。爲了完成這一工程，各級官吏把相應的文件送達到每一個諾姆的各個角落。一切組織的指令都由朝廷頒佈，朝廷的指令則來自於那至高無上的人間君主——法老。

整個古代埃及的歷史證明，只要埃及一統天下的局面遭到破壞，陷入分裂動盪的狀態，就不可能具有這種組織能力。統一的灌溉系統沒有人維持，就變成一段段的地方性河渠。全國的經濟遂告瓦解，生產力迅速地萎縮，退回到統一前的水平。拿破侖在埃及曾說過：「埃及政治與人民福利，關係至深。政治清明，則溝渠治，水利溥；政治腐敗，則溝渠塞，堤防破，災害至。」⑭馬克思也曾精闢地指出：「在埃及豐收是取決於好的或者壞的政府，猶如歐洲豐收取決於好的或壞的天氣一樣。」⑮

二・二　「灌溉系統」、「東方專制」以及「社會結構調節原理」

古埃及統一的灌溉系統，使人們產生一種印象：埃及的龐大官僚機構、法老的專制統治正是出於統一灌溉的經濟需要而產生的。無論是堅持所謂「亞細亞生產方式」的學者還是主張大河流域的灌溉需要導致東方專制官僚社會的歷史學家，大概都從這裏獲得過靈感。但是，我們認爲這種分析在邏輯上是不嚴密的。它只證明了龐大的官僚機構和國家組織是建設全國性灌溉系統的前提，而不能把「灌溉的需要」看作形成統一國家和官僚機構的終極原因。馬克思雖然一再強調灌溉系統在這些古老文明中的重要地位，但是他講的只是這些國家的政府和灌溉系統的關係。馬克思曾指出：「無論在埃及和印度，或者美索不達米亞和波斯以及其他國家，都是利用河水的氾濫來肥田，利用河流的漲水來充注灌溉渠。節省用水和共同用水是基本的要求。」⑯「從撒哈拉起橫貫阿拉伯、波斯、印度和韃靼直到亞洲高原最高地區，人工灌溉在這裏是農業的第一個條件，而這不是公社和省的事，就是中央政府的事。東方的政府總有三個部門：財政（掠奪國內）、軍政（掠奪國內和國外）和公共工程（管理再生產）。」⑰很明顯，這裏講的只是兩者的互相依存關係，而不是因果關係。

那麼，爲什麼不能把「灌溉的需要」當作出現「東方專制官僚主義」政治結構的終極原因呢？從歷史事實看，古埃及社會全國性灌溉工程的修建都是在統一國家形成以後，特別是依賴於官僚組織的完善。二・一節講的法尤姆人造水庫是在中王國時期修建的，那正是古埃及王朝鼎盛之際。從邏輯上講，建設龐大的人造工程，首先需要強大的組織力量作爲前提。這種組織力量只有統一的專制官僚政府才能提供。

那麼能不能把建立統一的灌溉系統看作一種歷史的「目的」性，看作一種社會的「需求」，而「官僚政治結構」正是在這種「需求」的促進之下形成的呢？這種分析是很多人常用的。他們認爲，「沒有這些灌溉系統，將出現全國性的災荒，糧食的收成將大大減少，近百萬人口都會陷於饑餓的境地等等……因此，雖然官僚專制政體的建立意味著每一個公民失去自由，甚至淪爲國家的奴隸，但爲了社會的生存，這是一種『歷史的目的』」。然而，我們一旦將這種「需求」分析的思路貫徹到底，立即會碰到因果循環。這種分析正是以統一社會，特別是全國性官僚專制政體建立以後的社會條件爲前提的！

在統一王朝建立以前，尼羅河谷地帶根本沒有這麼多人口，根本不存在對糧食這樣大的需求，對灌溉的依賴從來沒有達到如此緊迫的程度。埃及成爲一個統一國家時，約有三十八個諾姆（州）。在古埃及文明剛剛興起之時的前王朝時期（**西元前三千五百—前三千一百年左右**），一個諾姆大約有幾千人，也有的諾姆有五千到一萬人口。如在上埃及的希拉康坡裏處發現一個古代諾姆的遺址。根據考證，在古代，這原是一個中心城市（**它是當時整個尼羅河流域的最大的兩個城市之一**），[18]周圍是農村，面積大約五萬零八百平方米，人口約爲四千七百人，至多一萬人。[19]因此，統一王朝建立以前埃及的人口是不多的，至多達到十萬人數量級。爲了養活這些人口，大約只要利用尼羅河的天然氾濫就可以了。每年河水氾濫後，土地進行了自行的灌溉施肥過程。希羅多德曾記載了他親眼見到的古代埃及農民的生產過程。「他們要取得收穫，並不需要用鋤頭鋤地，不需要用耨掘地，也不需要做其他人所必需做的工作。那裏的農夫只需要等河水自行氾濫出來，然後每個人把種子撒在自己的土地上，叫豬上去踏進這些種子，此後便只是等待收穫了。他們是用豬來打穀的，然後把糧食收入穀倉。」[20]確實，如果在尼羅河谷上只居住著人數不多的原始農耕村落，靠這樣一種維持生計的方法是十分簡單的。我們在

一．五節引證過，埃及所需要的灌溉是完全可以通過修建地方性的水渠來實現的。它也完全可以通過諾姆來管理。無非是地方性水利系統達不到對尼羅河氾濫那麼強有力的干預，不能保證遠離河流的每一寸土地都能得到充分灌溉罷了。而對灌溉的這種要求是在巨大的人口壓力下才出現的。

實際上，整個經濟生活對全國性灌溉系統的依賴恰恰是埃及統一專制王朝建立以後的事情。從人口方面講，到了古王國早期階段，整個尼羅河河谷地區的人口大約增加到百萬，人口的密度則達到每平方公里二十人，尼羅河谷地及三角洲地區成了地球上最早的人口稠密地區。這時的非洲其他各地的人口密度還遠不到每平方公里一人。㉑到了新王國時期，古埃及人口曾達到三百到七百萬左右。雖然由於政治動亂，瘟疫流行，異族入侵，人口時有下降，但總人口一般都保持在三百到四百五十萬人左右。㉒一個擁有如此眾多的人口的社會，卻處於十分狹窄的地域中，它的耕地僅僅限於尼羅河谷和三角洲的細長的綠洲，因而，每一塊土地是否都能得到灌溉就顯得分外重要。只有這時候，全國性的灌溉系統才是不可缺少的！

我們自然可以問，這麼多的人口是怎麼來的？它難道不是社會統一、安定、戰亂消失的結果嗎？甚至可以說，只有建立一個大一統的管理嚴密的社會後才能出現如此眾多的人口。湯普遜曾指出：「自古以來，埃及是以人口的稠密出名的；在古代，號稱擁有一萬八千至二萬所村莊和城鎮，到托勒密王朝時代，這項數字均在三萬以上。」㉓這些城市、村鎮是王朝有機組成部分，它們本身又和全國性水利系統息息相關。在這裏，我們發現，所謂「社會對某種制度的需求」從來是自己創造自己。

因此，我們可以同樣反過來說，這些全國性灌溉系統是順應著全國的統一，特別是官僚專制政府的需要而建立的。歷史需求的因果關係完全可以顛倒過來。只有建立統一的社會秩序，整個社會安定數百年後才會造就出這麼多的人口。另一方面，統治階級從來更爲關心自己的利益。建立這些灌溉系統是爲了王朝的強大，爲了獲得龐大的稅收，以養活國家數以萬計的官吏。退一步講，即使尼羅河河谷地區人口眾多，耕地缺乏，但如果沒有官僚專制政體，沒有龐大的非農業人口，如果農民並不需要繳納收成的三分之一甚至一半來養活這個政府和非農業人口；那麼，也許古埃及社會並不需要那樣依附於全國性灌溉系統了。因此，如果我們全面深入地分析灌溉系統、經濟結構和專制官僚政體三者關係時，毫無例外地都可以發現這種互相說明，互爲條件的因果循環（圖2.1）。

這種互爲因果、互爲條件的反饋關係，近十幾年來，不少學者都注意到了。普萊斯（Price）在評估魏特夫（Karl Wittfogel）的「水力文明」（hydraulic civilization）學說時就這樣分析過：魏特夫認爲指導和管理水利工程的建設和控制，導致「東方專制」的發展。而越來越豐富的證據則顯示出，在某些地區，政治的複雜性和密集灌溉系統的發展，是在互爲因果地攜手並進的。她反對那種「把管理和水利工程」的需要看成爲「東方專制」發展的動因的過分簡單化的解釋。她指出：「『那個最先發生』的問題是……不會有結論的……，是一個虛假的問題。我們的看法是，以灌溉農業爲基礎的生產系統之擴張隨之而來的社會複雜之間的關係，是因果系統的正面反饋關係，而且這種關係本質上是自我加強和加深的一個過程。」㉔在這裏所謂正面反饋就是指兩者的互爲因果、互相依賴和互相維持。

總之，所謂歷史的「需要」，其實是這樣一種分析方法的產物：社會結構各個部分本來處於互相調

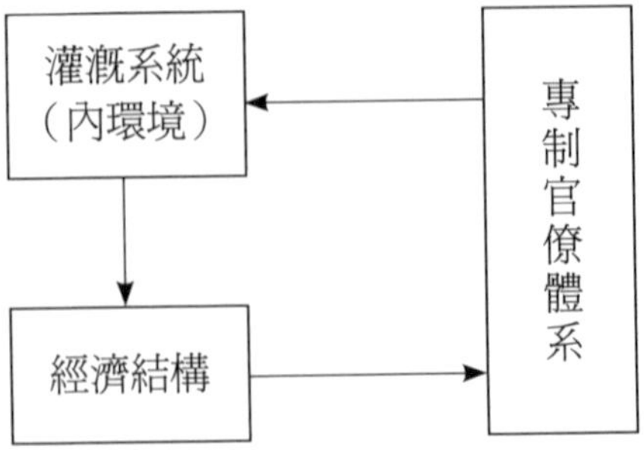

圖 2.1

節、互爲條件的依存之中，卻人爲地假定在這個互爲因果的整體中某一部分不存在，那麼自然其他部分也不能存在下去。於是這部分無論如何也必須順應「需要」產生出來！而我們認爲，社會結構各部分間的「互相需求」僅僅是在邏輯上說明整體各部分之間互相依存的關係，並不是什麼哪一個先產生的終極「因果」關係。在人們發現歷史需要的任何一個地方，我們毫無例外地都發現互相調節，都可以用「社會結構調節原理」對它作更深刻的說明。

《西方的躍起——西方社會結構的演變》一書中曾分析過這種互爲因果的需求和社會結構維繫演變之間的關係。書中曾經指出，社會結構可以分解爲經濟、政治、文化三個子系統。這三個子系統是處於互相調節之中的。經濟結構的功能必須恰恰是政治結構和文化結構存在的條件，反過來經濟結構這種功能的存在又要求特定功能的政治結構與文化結構對它進行維繫。三個子系統功能互相耦合，組成整體的社會結構。我們把它稱作「社會結構調節原理」。[25]如果把灌溉系統歸爲經濟結構的一部分，那麼在灌溉系統和專制政體之間互相維繫的因果循環恰恰是「社會結構」中各子系統功能耦合的體現。這是經濟結構和政治結構在互相調節和維繫中保持自己存在和發展的具有說服力的例子（圖2.2）。

這一切表明，要解剖古埃及社會結構，我們必須把分析拓展到更爲廣闊的方面，我們必須去研究古埃及社會經濟、政治、文化這些子系統分別具有什麼結構，研究它們是如何調節，如何耦合的。灌溉系統也好，經濟結構也好，只有把它和政治、文化看作一個互相作用的整體，通過各個子系統的互相作用分析才能真正理解它們各自的形態。在《在歷史表像背後》和《西方社會結構的演變》兩本書中，曾用這種方法解剖了中國傳統社會、羅馬帝國、西歐封建社會等不同的結構。分析古埃及社會，我們也必須用同樣的方法研究經濟、政治、文化三個子系統獨特的耦合方式。

但是，必須指出，由灌溉系統等組成的內環境在古埃及具有某種特殊重要的地位，我們

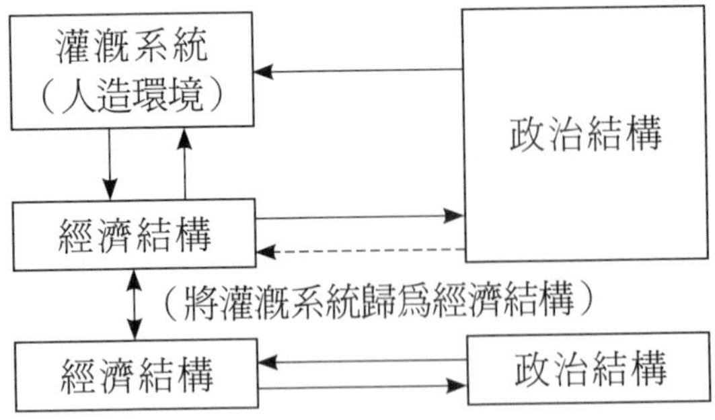

圖 2.2

在剖析古埃及社會結構時有必要把它從經濟結構中分離出來單獨作爲一個子系統。《興盛與危機》一書曾用宏觀分析方法把社會結構分成「內環境」、「政治」、「經濟」、「文化」四個子系統的耦合。（圖2.3）[26]由於古代社會中人類改造自然能力的弱小，我們在以往對其他文明作分析時，常常將這些物質文明結構（內環境）分別歸入經濟、政治、意識形態結構之中，使分析更爲簡明。但在這一方面，埃及社會卻正好相反，倒需要把內環境單獨作爲一個子系統（正如現代社會物質文明內環境不可忽略一樣），考慮他和其他三個子系統的互相調節；只有這樣，分析才能清晰準確。這也是埃及特殊的自然環境決定的。在古代社會中，一般說來人類對內環境結構有著較大的選

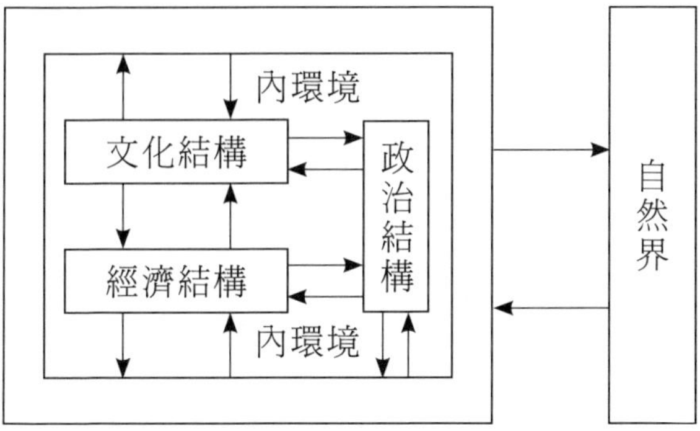

圖 2.3

擇餘地。比如，當某一個地方不適於農耕，則可以選擇另一些地方作爲經濟區。而埃及卻處於乾旱少雨的尼羅河谷之中，它被兇險無邊的沙漠包圍著，人對內環境結構的選擇餘地很小。這是一個特殊的生態系統。任何一個統一的人口密集的大社會爲了使自己在這裏生存下來，就必須創造一個特定的內環境結構。社會需要這個內環境的穩定尤如寄居蟹依賴於外殼。因此，埃及統一王朝的社會結構是否能穩定存在則取決於內環境、經濟、政治、文化結構四個子系統能否很好適應，以及它們作爲整體能否和自然界適應（圖2.3）㉗而解剖古埃及社會結構，則要去揭示這四個子系統怎樣互相調節、互相耦合以保持各個子系統的穩定。我們認爲只有堅持這個出發點，才能分析撲朔迷離的古埃及社會，理解古埃及文明興衰的原因。

下面我們先從經濟結構的分析開始。

二・三　「國家─諾姆」經濟結構

經濟結構是一張由人和人之間經濟關係組成的無形大網，它比社會物化外殼更難研究，特別對古埃及，它幾乎是一個巨大的迷宮。史料缺乏使歷史學家只能根據紙草書和

第二章

古埃及社會結構

墓穴中的壁畫來對它加以推斷。好在埃及炎熱的氣候和乾旱少雨的地理環境，使它保留了大量歷史遺物。但是，由於年代久遠，逝去的時間像一層不可穿透的帷幕把古代社會的許多重要方面遮蓋起來。其閃現的部分常常離奇古怪，對此歷史學家僅僅根據歷史的直觀是難以理解的。

歷史學家碰到的第一個困難是：如何理解古埃及經濟結構中那表面上幾乎是自相矛盾的宏觀特徵。假如把統一前的諾姆看作城邦國家，那麼古埃及似乎應該是奴隸制經濟。無論是早期諾姆之間的交戰，還是在古埃及王朝的對外戰爭中，古埃及確實存在著把大量戰俘當作奴隸的記錄。據史料記載，上埃及曾在北部搶奪四十萬頭牛、一百四十二萬頭小牲畜和十二萬奴隸。[28]另外一些材料也記載，在鎮壓北部暴動時，曾把北部埃及俘虜當作奴隸的有四萬七千人。[29]這種記錄很多，它表明當時把戰俘作爲奴隸的數量是爲數不小的。那麼古埃及是不是有和古希臘羅馬類似的奴隸制經濟呢？通過對分工和互相交往形態的研究，立即使持這種觀點的歷史學家陷於困境。一般說來，奴隸制經濟的興起大多是和商品交換的發展同步的，無論是古希臘羅馬社會，還是其他奴隸制國家，奴隸制經濟的出現除了必須經常把大量戰俘作爲奴隸外，還需要土地的私有制發達、商品交換繁榮等條件。古羅馬經濟結構就是這樣一種典型的奴隸制商品經濟。

㉚但在古埃及商品經濟不發達，土地私有制也不明顯。

埃及王朝在幾千年的歷史中，一個令人注目的特點，就是沒有出現真正意義上的貨幣。古王國時，商品基本上是物物交換。當時墓穴壁畫生動地表現了集市貿易的情景。用於交換的有穀物、蔬菜、鮮魚等食品和陶器。一千年後的新王國，以物易物仍然盛行。據考證，一直到很晚（十八王朝）社會上才出現了以買賣爲職業的「商人」。㉛當商品經濟真正繁榮之時，古埃及文明已如一支快要熄滅的蠟燭，面臨即將終結的歷史命運。更不可思議的是在絕大多數經濟生活中，商品交換的發展和分工總是同步的，而古埃及社會商品交換很原始，但分工卻很發達。

一九八○年，考古學家在埃及的盧克索的古特地區挖掘出一座法老時期的城市（十八王朝）。在其內部的每個部分都居住著同一專業分工的人員，如建築師、藝術家和工役等。㉜這說明古埃及的社會分工不僅社會化、行業化，而且爲了方便及其他原因，每一種行業的相應人員都在某一地區集中起來了。古埃及社會有各種手工業，包括造石、冶金、造船、紙草加工業。製造木乃伊是由專門行業的人幹的。還有釀酒業、專業醫生（醫生中還分了不同的科），甚至還有美容、整容行業。分工之細，在古代文明中大約是首屆一指的。雖然我們今天難以判斷當時城市人口的比例，但湯普遜曾指出古

第二章

古埃及社會結構

埃及存在著數以萬計的城鎮，表明古埃及王朝有相當多的城市人口，可見古埃及社會從事各種非農業生產的人員是一支相當龐大的隊伍。

這樣就出現一個問題，在古埃及經濟結構中，這些發達的分工是怎樣互相協調的？我們知道，分工、奴隸制總是隨著土地私有制和商品交換的發展而發展。這是因爲，不同分工之間的協調需要通過市場，奴隸制經濟的發展也要通過市場。所有這一切都離不開商品經濟，那麼古埃及又是怎麼回事？

古埃及經濟結構研究第二個難點是土地制度。據現有資料，我們很難判定古埃及農民究竟是奴隸還是自耕農或村社農民。埃及的農民雖然生活在諾姆村社之中，但不像一般農村公社中自由農民那樣自由，也不像自耕農對自己的小塊土地擁有支配權。在原則上，古埃及每一寸土地都屬於法老。古埃及農民沒有遷移的權利，他們每個人都被緊緊地束縛在土地上。埃及農民要繳的田賦比一般所謂「自耕農」要高得多。稅率通常保持在總收成的百分之十至百分之二十以上。㉝新王國時，根據雷克米拉墓碑推知，稅率最少爲百分之二十左右。㉞聖經上說，埃及稅率爲五分之一，但有人根據維勒布林紙草書估計，有時農民租稅高達百分之五十。這樣高的剝削率已和農奴甚至奴隸相差無幾，再加上古埃及農民有著繁重的勞役，於是很多人認爲古埃及農民實際上是奴隸。

但是，如果把古埃及諾姆村社中的農民看作奴隸，有一點是說不通的。這就是他們除去不能離開土地外，並沒有像奴隸那樣失去人身自由。當國家處於戰時非常狀態時，每一個農民都有義務參軍。他們歸村長、州長以及諾姆各級頭目統領。國家把來自一個個諾姆的農民編成一支龐大的公民軍，㉟發給他們武器。戰爭結束後，各級將領和軍士立即解甲歸田。從這一點看，埃及的農民又是自由民。因此，一些學者指出，埃及的農民是一種特殊的奴隸——國家奴隸。這裏「奴隸」僅僅只指國家和個人的關係，而不是指人與人之間的一種經濟關係，因爲不僅是農民，甚至國家官吏、貴族都是法老的奴隸。㊱那麼爲什麼古埃及社會會形成這樣一種奇特的自然經濟結構？爲什麼在其他農業社會中盛行的土地私有制在埃及卻始終發展不起來？爲什麼埃及處於諾姆村莊中的農民有著這樣特殊的身分？

在社會結構的研究中，凡是從某一個子系統內部來尋找原因碰到困難的地方，「社會結構調節原理」都能給我們新的啓示。二・二節指出，埃及的內環境結構、官僚政治結構、經濟結構必須互相功能耦合，三個子系統處於互相調節之中才能保持各自的存在（圖2.2）。任何一種官僚政體都離不開充足的稅收和龐大的兵源這些必備的經濟條件。《西方社會結構的演變》一書中曾指出：一般說來，只有自耕農經濟才能提供稅源和兵

第二章

古埃及社會結構

源這些保證官僚政治穩定的經濟條件。因此從社會組織功能耦合來看，建立在小農經濟上的大一統官僚政治國家必須保證自耕農經濟的繁榮。另一方面，自耕農經濟的存在又必須依靠相應政治結構的各種調節，需要國家通過各種政策法令來防止自耕農農奴化，克服它內部各種不穩定傾向，而要做到這一點又必須依賴官僚政治結構的調節職能。在中國傳統社會就很典型，當新的王朝建立後，就把土地（主要是戰爭、動亂以後大量無主的荒地）分配給自耕農，然後對土地進行登記、造冊，依靠官僚機構建立收稅系統，並用種種調節手段來保持大量自耕農的存在以維持稅收。古埃及社會也是這樣，官僚政治結構和經濟結構一定要互相耦合，組成一個互相調節系統，政治結構和經濟結構各自才能保持穩定。因而對於古埃及這樣一個龐大的官僚政治社會，也必須使經濟結構保持在「類似於自耕農經濟」形態。確實，從保持兵源、稅源穩定方面，古埃及官僚政治結構對經濟結構的要求和調節與其他那些官僚專制社會類似。但是由於古埃及社會特殊的自然條件，使得政治結構對經濟結構的調節不得不具有某些特殊形式。

我們知道，在中國大一統王朝或某些東方專制帝國，政治結構的調節只要做到限制人身依附關係，國家控制土地買賣，將土地分配給自耕農就可以了。土地一旦分配、登記、造冊完畢後，第二次重新登記往往要經過很多年（大多是土地兼併嚴重，不得不變法之際），而且並沒有必要對自耕農加以嚴密的控制。但古埃及卻不行，由於尼羅河年年氾濫，地界經常被覆蓋。隨著地界每覆蓋一次，就必須重新登記分配一次。埃及對土地的管理任務比任何一個東方國家都繁重，挑戰也更爲嚴峻。一旦這種工作做得不好，土地的糾紛也許會釀成整個社會的動盪，國家也就失去了經濟基礎。因此，從埃及建立統一的政治社會開始，政治結構對經濟的調節、特別是在對土地的管理上比歷史上任何一個國家都嚴格和發達。

希羅多德曾這樣寫道：「（拉美西斯二世）在全體埃及居民中間把埃及的土地作了一次劃分。他把同樣大小的正方形的土地分配給所有的人，而要土地持有者每年向他繳納租金。作爲他的主要收入。如果河水沖跑了一個人分得的土地的任何一部分，這個人就可以到國王那裏去把發生的事情報告給他，於是國王便派人前來調查並測量損失地段的面積；這樣今後他的租金就要按著減少以後的土地面積來徵收了。」㊲這些事情說起來簡單，幹起來卻非同小可，它需要數以萬計的行政人員。

早在古王國建立時，法老爲了向各州徵稅，就規定了每兩年進行一次「清查黃金」和田地的制度。㊳後來，由於制定了全國性地籍簿，爲停止每隔兩年的「清查田地」提供了可能。但因爲牲畜數量是不斷變化的，還是照例每隔二年清查一次。㊴制定了地籍簿，並不意味著工作量有所減少，只不過不需要進行經常性全國性土地分配了。這些工作轉化爲地方政府常設性的工作。正因爲整個稅收和土地佔有情況是處於一個龐大官僚機構的嚴密控制和監視之下的，所以土地轉讓和買賣在埃及比其他東方國家都困難。地籍情況掌握在各級政府手中，每次土地丈量都要重新核對。這樣，土地佔有關係在埃及就相對凝固，不太容易變動。

因此，我們可以理解爲什麼古埃及農民在「服兵役」「交田賦」方面非常類似於那些大一統國家經濟結構中的自耕農，但是在對「土地的佔有權」「支配權」「不准遷徙」方面卻又類似於農奴和奴隸。對於埃及社會，是不可能形成擁有小塊土地的中國式的自耕農的，土地經常需要由國家重新丈量、分配、核對。由於管理上的困難，不能允許農民離開土地。否則。管理和收稅將出現混亂，國家也就失去它存在的經濟基礎了。管理任務空前複雜，就必須建立更爲強大的官僚機構。這個機構的人數比例，甚至大到不合理的程度。因而，養活這個機構的「必要」稅收也必然更多一些。而埃及可耕土地是有限的，這就造成埃及農民稅率不得不很高。這一切，使得埃及農民成爲四不像：既不像奴隸，也不像自耕農、農奴和村社農民；但同時又兼有它們的某一方面特點。龐大的官僚機構只有靠這種經濟制度才能維持，而這種經濟制度也只有靠這種國家進行計劃管理的辦法才能存在。

從古王國到新王國這二千多年中，國家管理土地的方式經過幾次變化，機構慢慢趨於完善。早在古王國時期，國家的管理系統和稅收系統基本是合一的。當時龐大的官僚機構已經形成，但效率不高，國家不得不直接從事生產組織工作。農民幾乎像「農業奴隸」一樣在這個官僚機構監視之下從事生產。到中王國新王國時期，稅收機構強化了，國家把土地丈量、核對交給地方政府，對農民和土地的管理主要通過地契和稅收來實現。這時農民雖

方尖碑

仍不能離開土地，但勞動過程並不需要國家行政機關的監督。到新王國後期，商品經濟有了某些程度發展，國家對稅收和土地的管理仍然很嚴，但管理的重點放在稅收和限制土地轉讓上，對土地使用過程的干預有所減弱，租種別人土地的佃農開始出現。這時，古埃及農民的地位在某些方面有點接近於自耕農和佃農。雖然管理形式幾經變化，但古埃及王朝的整個經濟結構一直處於政治結構的強控制之下，甚至可以說，經濟組織和政治組織實現了一體化。我們把這種經濟結構稱爲國家諾姆經濟。當然，在這種國家諾姆經濟結構中，除了處於官僚機構控制之下的國家耕地和農民外，還有神廟、貴族、小私有者等佔有的土地。但在一個王朝興盛時期，這部分土地不占主導地位，而且是處於國家限制之下的。[40]

我們一旦認識了古埃及政治結構對經濟結構獨特的調節方式，古埃及社會種種難以理解的現象就豁然明朗。爲什麼古埃及商品經濟不發達，但分工很發達？爲什麼可以存在著眾多的城市和非農業人口？不同分工是如何協調的？答案十分簡單，這些協調功能是靠政治結構的調節來實現的，而不是通過市場。既然古埃及整個農業生產必須由官僚機構和國家組織來管理，那麼國家把這種管理方式推到其他在經濟生活中不占主導地位的行業也是輕而易舉的。在古代埃及，每一種行業基本上是被國家組織起來的。國家設置了大量官吏來管理經濟生活。為了管理方便，政府規定各種行業必須父傳子襲，㊶由國家統一下達生產任務，並發給實物作為工資。埃及的中央政府、地方政府，以及全國性神廟組織中，擁有大量書吏對生產過程進行組織，並登記分配實物。一些西方史學家根據古埃及王朝經濟結構這一特點，認為古埃及社會是人類歷史上第一次實行計劃經濟的社會，它是一個由中央集權的官僚機構所管理的計劃經濟系統。㊷顯然，這種說法未免言過其實，埃及的國家諾姆經濟基本上是自給自足的自然經濟，和今天人們理解的計劃經濟是不盡相同的。

在國家諾姆經濟結構中，為了對經濟生活進行嚴格管理，建立一級級管理機構，必須存在眾多的城市。因此古埃及的城市主要是順應政治上的需要成長起來的，它是國家行政管理的中心，而不一定是貿易中心。每一個諾姆都有一首邑，它在政治上、宗教上的作用大於經濟上的作用。由於國家控制系統已深入農村每一個經濟細胞，只要一種新的行業出現，它馬上就會被編織到這個管理系統的大網中去。分工可以順應著國家計劃管理發展起來。因而古埃及的分工可以很發達，非農業人口可以很多，但並不需要商品經濟的基礎。

利用「社會結構調節原理」不僅能幫助我們正確理解古埃及經濟結構許多表面上互

相對立的宏觀特徵，而且還能使我們揭開古埃及的「特殊身分奴隸」這一個歷史之謎。

二·四　奇怪的奴隸制

二十世紀五〇年代前後，學者們發現古埃及社會存在著一種不可思議的現象，這就是特殊身分奴隸。這些人非常奇特，從身分上講他們與自由農民不同，沒有人身自由，確確實實是奴隸，而不僅是對國家意義上的奴隸。但是這些奴隸居然像農民一樣擁有土地（**當然土地名義上也是屬於國家的**）。同時，這些土地，他們可以像自由農民一樣自由出賣、轉讓。伊·阿·司徒契夫斯基根據《維勒布林紙草》分析指出，「奴隸與自由民乍看起來沒有區別。奴隸使用地段的大小與自由農民的地段相同。奴隸地段納稅的多寡與自由民所使用的地段並無區別。在和土地的關係上，紙草中所提到的奴隸享有與其餘廣大自由農民同樣的使用權」，他們的土地「和自由民的地段一樣，當奴隸死後，其地段可以自父親手中保留、繼承、或轉讓」。㊸

《開羅銘刻2716/2413》中的記載也證明了這些特殊身分奴隸擁有土地。這一石刻記載了一個市民謝吉斯特的女奴由於生活窘迫，要把她的土地賣給主人。女奴要求主人給她布匹、穀物及其他東西，以使她的土地不至於賣給其他人。㊹這一發現使歷史學家震驚。它與人們頭腦中的常識相悖。今天，我們很難想像一個連人身自由都沒有的人怎麼能像一個自由民那樣擁有土地。但如果我們運用社會結構調節原理來分析研究這一現象，疑難也就會迎刃而解。

在一個自然經濟占主導地位的經濟結構中，人與人之間的經濟關係可以從兩個方面來分析。一個是土地關係，即土地耕種者是否擁有對土地的所有權（**這裏講的所有權並不是名義上的，而是要看土地是否能夠出賣、繼承等等**）。

第二是人身依附關係，它表示一些人對另外一些人的人身支配權。人身依附關係有兩種極端狀態：勞動者對其他人沒有人身依附和有人身依附，我們把這兩種狀態分別記爲y^0、y^1。而勞動者對土地的占有也有兩種極端狀態，我們用x^0表示沒有土地，x^1表示擁有土地。那麼，作爲經濟關係（**由這兩種組合而成**），一共有四種基本狀態：x^0y^0；x^1y^0；x^0y^1；x^1y^1。

我們分別用A、B、C、D（**圖2.4**）代表這四種經濟關係。A（x^0y^0）表示耕作者基本上沒有土地所有權，但人身並不依附他人，這是佃農。B（x^1y^0）代表勞動者人身上既不依附他人又有耕地。他是自耕農（**或者是村社的自由農民**）。C（x^0y^1）是農奴。這三

第二章

古埃及社會結構

種經濟關係可以互相轉化。轉化的方式既取決於經濟活動，同時又和政治結構的調節有關。當政治結構調節力量強大，國家嚴禁人身依附關係發展時，自耕農破產就會變爲佃農（B→A）。在中國傳統社會中常看到這種情況。國家調節能力一旦破壞（商品經濟衰落），人身依附關係的發展不能控制，自耕農在失去土地時也可能同時失去人身自由，這時就會出現農奴化，即（B→C）（A→C）。這種過程在西歐封建社會早期很明顯。當國家強大，採取一系列控制人身依附關係措施時，這種變化可以逆轉（中國南北朝後期，英國、法國中世紀末期等都發生過這種情況）。

D一般說來是不會出現的。一個土地耕作者在窮到要賣身之前往往先賣地。不可能人身自由已失去，但身外之物仍保留著。而從上面文獻提到的情況來看，埃及奴隸的身分卻正好處於狀態D。這些人和自由農民同樣地擁有土地（當然也要向國家交租，而且土地所有權名義上也屬於國家），但同時在人身上又依附於他人。分析一下埃及政治結構對經濟的特殊調節作用，埃及這種奇怪的奴隸制就很容易理解。

上一節談到埃及國家諾姆經濟結構的一個重大特點，就是官僚政體對土地的強控制。由於尼羅河的氾濫以及耕地缺乏，古埃及王朝比任何其他文明更依賴於對土地的控制。控制的重要手段就是把農民固定在土地上不許遷移，並建立一個超級管理機構。史料證明，古埃及王朝對土地轉移控制之嚴，是世界上罕見的。國家嚴禁土地買賣。在特殊情況下的土地轉讓必須到政府辦手續，甚至要得到法老本人的許可，違者要受重罰。因此，一塊土地一旦分給某一個農民耕種，那麼這個人和土地的聯繫就處於官僚機構重重監督之下，變動很困難。

但是，即使存在著控制，任何一個經濟結構內部都存在著不可抗拒的流動傾向。一些農民因經營得好可以發財，而另一些則可能傾家蕩產。通常，演變的洪流總在那些較薄弱的環節衝開控制的堤壩。在中國傳統社會，土地買賣雖然也是受控制的，但國家對人身依附關係控制得比土地買賣更爲嚴格。因而控制堤壩的被沖決導致自耕農失去土地，變爲佃農。而在古埃及，由於政治結構和經濟結構一體化，情況倒了過來。國家對農民依附於土地的控制強於對人身依附關係的控制。控制的相對薄弱環節是人身依附關係。農民經濟地位的變化就有可能出現一種特殊情況，賣身比賣地容易。這樣就會導致由B→D的轉化，形成很罕見的和自耕農一樣擁有土地的奴隸。

當然，從圖2.4可見，由B轉變爲D僅僅是一種渠道。C→D、A→D也是可能的。古埃及沒有貨幣，官俸是由實物付給的。對於高級官吏，法老往往賞給他一定的土地（古王國期間一般是幾百阿魯爾），並賜於這些地免稅特權（或部分免稅），這些地

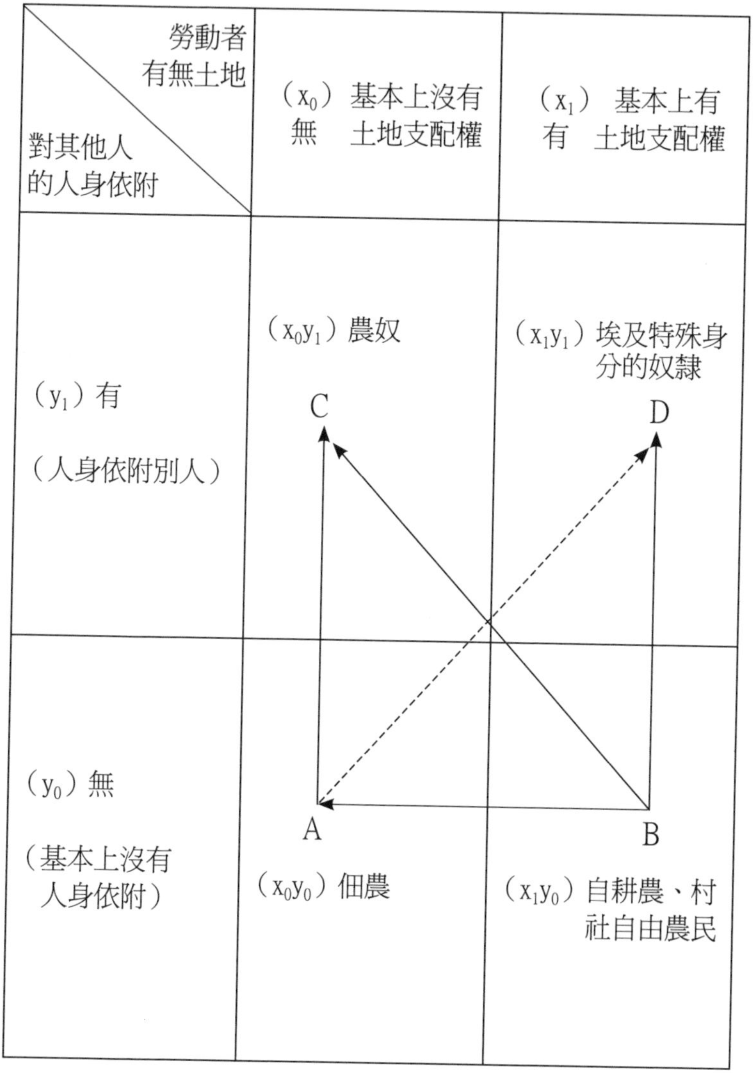

圖 2.4 古代社會自然經濟中經濟關係及其變化趨勢分析

上的自耕農的稅收由官員自己支配。㊺收稅也由官員屬下的書吏自行管理。有時，法老也把戰俘賜給官吏。這些戰俘如被安排到田地裏勞動，就成爲官吏的奴隸。我們可以設想，一旦這位官吏失去官位，古埃及國主作爲官俸的賜地是不能世襲的。那麼這些土地的收稅權就歸國家。但奴隸仍屬於這位官吏。這時，奴隸仍耕種這塊土地養活自己。但土地屬於國家（像自耕農一樣），這是C↓D的例子。

讀者或許會有一個疑問，既然土地原則上不允許買賣，那麼對上面紙草書中提到的那個奴隸要賣掉土地一事又作何解釋呢？必須指出的是，這是一份新王國時的文獻，新王國後期商品經濟開始萌芽，特別是在一個王朝末期，埃及國家控制已趨於衰落，土地買賣就控制不住了。這份文獻的意義在於它剛好記錄了一種特殊狀態，這些人在失去土地以前很久就失去了自由身分。如果土地買賣根本不可能發生，那麼我們在文獻上也根本不會發現有奴隸賣掉土地的記載。古代埃及大量紙草書中經常將奴隸與自耕農相提並論。㊻這種奴隸可能就具備上述特殊身分（在土地佔有方面和自耕農相同）。僅僅因爲他們不能賣土地，他們對土地的處置權與自耕農是大不相同的。

我們這種分析有沒有其他依據呢？有！這就是古埃及王朝對戰俘奴隸的特殊處理方法。歷史學家都熟知，古埃及還存在著另一個頗爲奇怪的特點，這就是國家雖然經常得

到大量戰俘，但這些戰俘作爲奴隸，通常是不用於農業生產的。他們常常被用來開水渠，修金字塔，做家務勞動。有時，把少量戰俘安排進行農業生產時，這些戰俘的身分幾乎和一般農民沒有區別。這點很奇怪，農民是自由人，而戰俘是奴隸，但是一旦安排在農業生產中時，二者居然區別甚少！第三烏爾王朝時期蘇美爾檔案材料提供了一個有力的例證：「在埃及，戰俘一經編入『農民』之列，就像其餘的依附農民一樣被安頓在村落裏。」㊼「據哈里斯大紙草書記載，在捐獻給神的『頭』（指奴隸，奴隸主對奴隸像畜牲一樣按頭計算）中有作爲戰利品的戰俘，也有土生土長的埃及人。」㊽爲什麼戰俘很少用於農業勞動？爲什麼一旦戰俘用於農業勞動，在土地佔有制上就和農民區別不大？這一切都證明這種特殊的奴隸制是國家諾姆經濟的產物。任何一種社會成分，一旦用於農業，就必須接受國家特殊的管理方式。它只能編織到原有的經濟結構大網中去。因而，戰俘是很難安插到農業中去的，一旦需要用於農業生產，那麼他們對土地的關係就和一般農民類似了。區別僅在於他們人身是不自由的。

古埃及王朝不許土地和勞動者分離還造成了另一個結果，這就是地價十分便宜。表2.2給出新王國時期土地開始流動時和各種物價的對比。一頭山羊居然值三阿魯爾土地（十二畝），一個女奴隸的身價是一阿魯爾耕地價格的二十倍。只要用一塊土地年產穀物的三倍，就能買到這塊土地。地價實在是太賤了。處於狹窄的尼羅河河谷地區的古埃及社會，耕地面積是很有限的，因而也是一種最爲稀缺的生產資料。

一種十分稀缺又是最重要的資源居然那麼便宜，是不符合市場法則的。這一奇怪的現象也是由於國家對土地流動的控制造成的。這些名義上由國家分給農民（或其他人員）耕種的土地是處於國家官僚機構重重監視控制之下的。它不得不轉讓時，總是帶著沈重的枷鎖。國家的法令使得很少有人能買它（除了那些有權有勢者，他們能夠逃過國家官吏的監視），這些土地轉到哪裏，稅吏就跑到哪裏。稅收是這樣的重，一般人即使買了它們，如不能逃避稅收，買土地帶來的收益就可能很有限。這一切造成耕地雖然稀缺寶貴，但價格又是特別低賤這一特殊的經濟現象。

「地價」與「奴隸」身價懸殊的差別，則從另一個側面進一步證實了古埃及特殊身分奴隸出現的機制。一個農民在窮困之極時，「賣身」不僅比「賣地」容易，而且得到的收益也遠比賣地來得大。據表2.2，一個農民只要賣身，其價值居然等於一個官僚全部地產的十分之一左右。㊾

表2.2 二十王朝末的土地價格

1克白銀＝七十二又二分之一升穀物＝每年產量的五分之一
1阿魯爾耕地＝十五克白銀＝每年產量的三倍
1頭山羊＝四十五克白銀
1女奴隸＝一百八十二克至三百六十克白銀（二十王朝末） 1女奴隸＝兩百一十克白銀（十八王朝末）
從中可算出，一女奴值二十阿魯爾耕地左右 一般官僚有幾百阿魯爾土地， 如「梅騰」擁有二六六阿魯爾土地，伊比一次獲物二〇三阿魯爾土地

資料來源：見蘇聯科學院主編：《世界通史》第一卷，三聯書店一九五九年版，第四五四頁。

二·五　神權官僚政治

古埃及的諾姆經濟結構是強大的國家官僚機器對經濟發揮獨特調節作用的產物，反過來它又爲這種官僚機器提供維繫生存的必要條件。然而古埃及的官僚機器是一個巨大的政治怪獸，它總是可以得到足夠的經濟營養物。只是它能維持穩定的這一個方面，還不足以說明官僚機構是如何組織起來，如何克服內部分裂傾向的。古埃及官僚政治組織由一級級權力構成，每一個諾姆都是一個小小的權力核心。經濟上的自給自足很容易造成權力的地方化，使整個統一官僚政治解體。但是在古埃及王朝鼎盛之際，每一個地方諾姆都匍匐於法老權威之下，宰相指揮的中央政府牢牢地掌握著對各州官吏的控制權。要進一步理解古埃及社會結構，除了分析經濟根源外，還必須從其他方面尋找這種保持統一專制官僚政府穩定的機制。

今天，歷史學家在研究紙草書中記載的古埃及政府機構時，最驚奇的莫過於古埃及的官吏之多。不僅各級行政長官是官吏，還有河渠官、運輸管理官、條規記錄者、掌璽官、洪水管理人、國王葡萄園管理人、王印刻寫者等。甚至給國王拿扇的、拿鞋的人都是某種官吏。㊿這些數不清名目的官吏猶如一塊塊岩石，堅守在自己崗位上，共同砌成

一座官僚機器金字塔。在金字塔的頂端是國王——法老。法老是整個官僚機構權力的來源。他對全國事務有著最終的制裁權，如果他有興趣政務，那麼他必須日理萬機。但大多數法老都把興趣放在打獵出巡和宴會之上，每天有一大群侍從跟著他。據說專門負責法老化妝的官員就有二十位之多。每天，由理髮師修面、修髮，梳髮師負責梳頭和戴上王冠，剪指甲師負責修剪指甲，美容師前往噴香水。[51]

法老一般在下面設一宰相[52]，代他管理政府。宰相稱爲「維西爾」，他是法老從王親貴族（有時也從下層平民）中選出來的。他有幾十個官銜。上至最高法院，下及各種工程、財政，都由他一人總管。他每天至少要處理三十項工作，早晨他要進見法老，聽取法老的命令，並向法老彙報前一天的工作和全國情況。[53]他的權力雖大，但不能成爲獨裁者，因爲他只是法老的代理人。在古埃及，宰相常常是公正的化身，他的工作常常事無巨細。一座墳墓裏的浮雕顯示出一位宰相，清早即到民間視察疾苦，很多窮人向他申訴，浮雕上刻著「不分貴賤貧富，即來申訴均係重視」這樣的詞句。[54]

宰相之下是各級政府，通常上下埃及各設一個州長以上的「都督」之類的長官。他管理各級州長，州下面是縣，縣下面是村，各級均設有政府。各級政府的主要工作爲兩方面：查戶口和收賦稅。每年於尼羅河水上漲之初，根據水位高度開始預測這一年的收成，中央政府就把本年的稅收數目分配給地方，再由地方政府一級級攤派下去，一直到每一個農民。稅收和財務系統受地方政府領導，但由中央統一機構實行監督。整個政府系統呈現爲一個分叉繁多的樹狀結構（圖2.5）。

這個管理系統是這樣複雜，層次是這樣多，雖然早在古王國時代埃及就沿尼羅河建立了發達的交通和郵政系統，㊺但維持這一千兩百公里長的河谷以及三角洲地區的統一卻不是一件容易的事情。一個必然會出現的問題是：如果州長鬧獨立性怎麼辦？州長是諾姆的最高行政長官。戰時，把農民編爲軍隊，他則身爲這一諾姆軍隊的將軍。古埃及各種官職，特別是重要職務基本上是世襲的。州長擁有作爲他官俸的領地的收稅權。在自給自足的自然經濟條件下，那些世襲的具有獨立領地的地方長官是地頭蛇，他很容易演變爲割據一方的諸侯。領主和地方權貴分裂割據的事例在世界史上屢見不鮮。那麼在古埃及王朝鼎盛之際，維繫國家的統一，保證各級官僚機構正常運轉的又是什麼機制呢？

「統一」來自法老無限的權威。古埃及官員把能見到法老，伏在他腳下，吻他的腳印看作是一件十分榮幸的事情。㊻據說一位官員有一次因能和法老說話而激動得昏了過去。㊼對於埃及官員，法老的名字是不能叫出聲來的，因爲它具有不可抗拒的魔力。

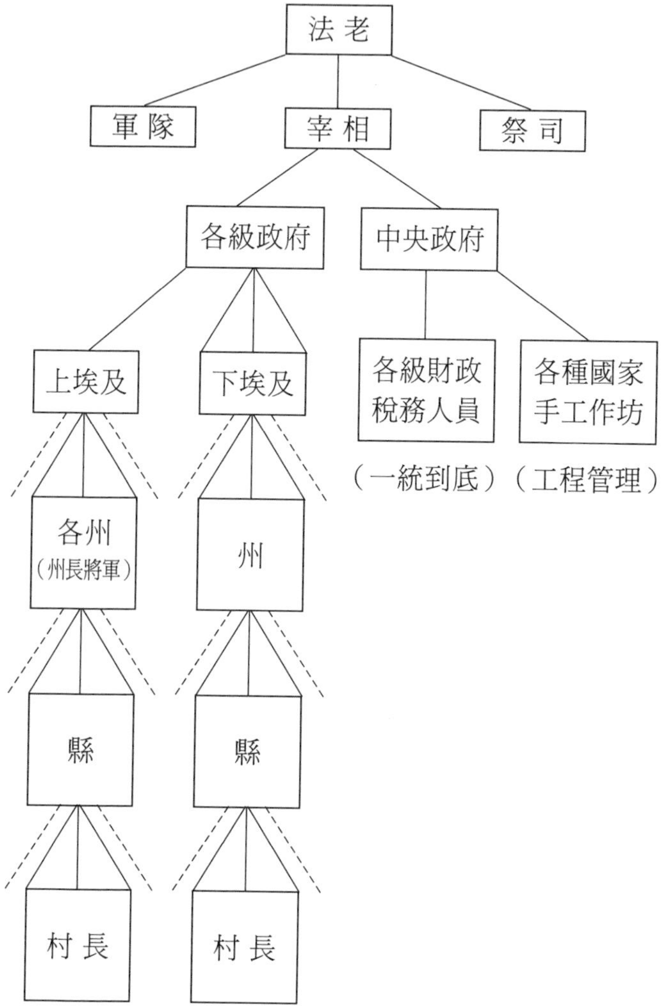
法老
軍隊
宰相
祭司
各級政府
中央政府
上埃及
下埃及
各級財政
稅務人員
各種國家
手工作坊
（一統到底）
（工程管理）
各州
（州長將軍）
州
縣
縣
村長
村長

圖 2.5　古埃及政治結構

[58]克服各州分裂傾向的力量，除了中央政府具有巨大的財力和擁有全國大部分土地外，還應歸因爲對法老的崇拜。法老在古埃及是神（或者是神的兒子，他死以後就成為諸神中的一個）。法老的權威則來自神的權威。在古代社會，國王的權威要被一個龐大的、層次複雜的官僚機構接受，而這個官僚機構又要被所有的臣民接受，這種權威大多來自於宗教。宗教對政權的維繫在古埃及是意識形態結構對政治結構進行調節的重要方式。

必須指出，並非所有宗教都能轉化爲國家行政組織力量。西歐的天主教就是例子，羅馬教廷所直接控制的行政勢力只局限於很小的範圍，西歐雖號稱政教合一，

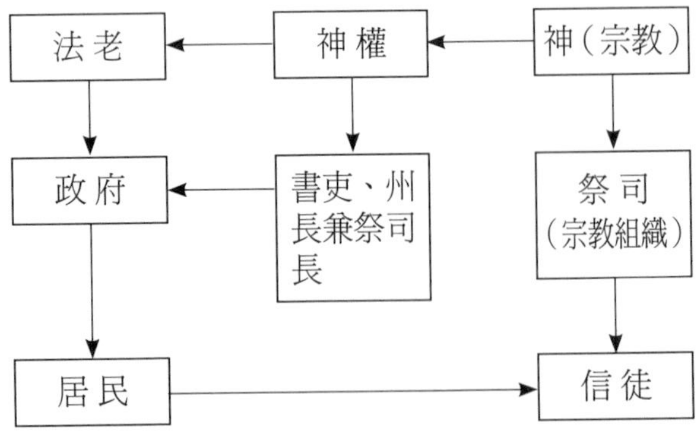

圖 2.6　神權官僚政治結構中意識形態結構對政治結構的調節

但實際上是分裂的貴族政治。那麼在什麼條件下，宗教信仰的力量才能轉化爲統一政府的組織力量呢?宗教成爲政治組織的正當性來源，除了取決於教義外，還需通過一個中間環節，這就是宗教組織。在古代埃及，神的崇拜是通過祭司和神廟來形式化的。而法老要有效地對全體臣民實行控制，必須通過一個龐大的政府。考察這兩種控制渠道的相互關係十分有趣（圖2.6）。我們前面提出，僅僅由「法老→政府→臣民」這一條政治控制渠道，政府組織可能不穩定。一旦出現地方割據勢力，法老勢必架空。這時必須用意識形態結構對政治結構進行調節。在這種調節中，首先要讓法老成爲神的化身，但這僅僅只是一個方面。因爲法老畢竟離臣民十分遙遠，有可能失去對政府的實際控制權。因此意識形態結構對政治結構的強控制必須將兩個控制鏈密切結合起來。也就是說，將用宗教對信徒的思想控制鏈「宗教→祭司→信徒」和「法老→政府→臣民」這條政治控制渠道一一對應地耦合起來（圖2.6）。讓他們在互相調節中達到穩定。

這裏最關鍵的是祭司（神廟和宗教組織）和政府機構的強耦合，它要求宗教組織爲政府提供組織力量。我們知道，在中世紀的西歐，「國王→政府→臣民」和「宗教→宗教機構→信徒」這兩條控制鏈分別都很完備，而且它們之間也存在著互相調節，但是由於宗教機構不可能爲政府機構提供組織力量，兩者沒有一體化，統一的官僚政府就難以形成。宗教機構爲政治結構提供組織力量的一個重要方面是：利用具有統一宗教信仰的知識分子作爲國家官吏的來源，甚至包括各級宗教頭目直接充當政府官員。這就是意識形態結構和政治結構的一體化。

古埃及正是這樣做的。第一，法老是神的化身，而且一般總是全國性神廟祭司長的總頭目。而各級政府機構特別是州和各地方神廟、地方性祭司組織存在著對應關係。古埃及各州長都是各諾姆的祭司長，控制著當地神廟和宗教組織。(59)第二，古埃及政府也是一個文官政府，官吏絕大部分是具有統一信仰的知識分子——書吏。他們和神廟有著千絲萬縷的聯繫。

政府對經濟生活的管理和組織都離不開書吏。丈量土地，登記戶口，分配稅收和管理各種公共工程以及國家檔案管理都需要文化知識。在古埃及，當古王國興起之時，我們已經看到大量書吏作爲國家辦事人員。據金字塔文記載，書吏的名目五花八門，分成公文書吏，書信書吏，軍隊書吏，「國王」書吏，「聖書」書吏。(60)這就要求社會上存在著一支知識分子隊伍。在古埃及，文字始終是掌握在祭司階級手中的。雖然每一個人只要肯下苦功去掌握這些文字，他就可以成爲一個高人一等的書吏。(61)然而，要學文化他就必須到各神廟中去向祭司求學。關於古埃及何時開始有專門的培養書吏的學校，學術界尚無統一的說法。[62]但有一點是公認的，即大量書吏是通過神廟學校培養出來的。一旦神廟消失，古埃及的文字和文化就可能斷根。西元二世紀左右，在古羅馬文明強烈衝擊下的埃及，最後一批神廟祭司死去了。此後，古埃及文字沒有人能識別。這說明，神廟是古埃及文字和文化知識傳播的基地。因而古埃及利用大量書吏作爲文官政府的主要組成部分正是體現了意識形態和政治結構耦合的特殊方式。神廟掌握著宗教和文化，並成爲培養知識分子的機構，爲意識形態結構對政治結構的調節提供了組織力量。

我們把古埃及這種法老和神合一，各州州長和祭司長合一。並且利用宗教文化培養出大量知識分子作爲國家官僚組織中主要成分的政治結構稱爲神權官僚政治結構。神權官僚政治結構一方面和經濟結構耦合，一方面和意識形態結構互相耦合，依靠宗教的調節力量來保持系統穩定。這是古埃及社會能最早形成統一的中央集權文官政府的必備條件。

二·六　諸神的王國

現在我們來總結一下本章思路，我們從剖析古埃及社會物化外殼開層，逐步深入到整個社會結構的經濟、政治、文化關係網中去。要理解全國性灌溉工程建立的原因就必須解剖國家諾姆經濟；而認識古埃及經濟結構，關鍵又在於把握神權官僚政治結構對經濟的獨特調節方式。而且，埃及出現專制主義官僚政體除了需要特定的經濟土壤外，也離不開意識形態結構的調節。這一切證明，古埃及的內環境結構（包括灌溉系統、金字塔、廟

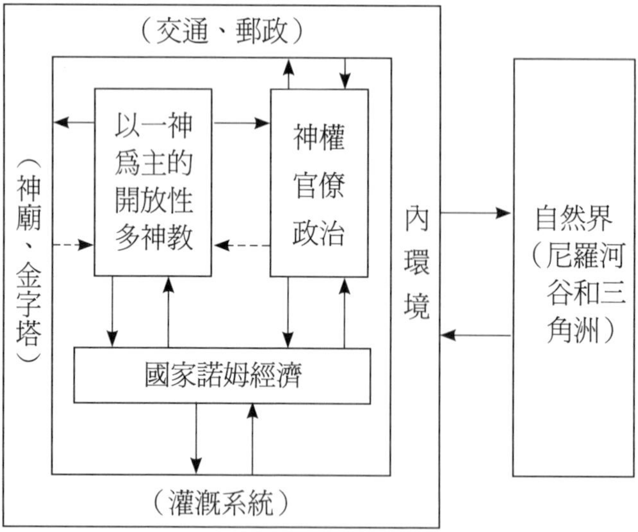

圖 2.7

第二章

古埃及社會結構

宇、郵政交通等等）、國家諾姆經濟結構、神權官僚政治和宗教結構組成了一個互爲因果，互相調節的整體。只要其中一個不存在，其他子系統就不能保持穩定（圖2.7）。

理解了一個社會結構中經濟、政治、意識形態三個子系統怎樣耦合，怎樣互相調節，只是說明了這個社會是怎樣維繫，怎樣保持自己存在的。那麼，古埃及爲什麼會形成這種奇怪的社會結構？社會結構分析能對這個問題提供啓示嗎？能！這就是演化協同原則。

社會結構各個子系統既然是一個互相依賴的整體，而「整體」的起源只能來自於那些「原始的整體」。這就排除了先建立某一個子系統，再發展出另一個子系統的可能。也就是說，社會結構各個子系統必須協同發展。我們在第一章指出，尼羅河河谷地區最早形成的只是一個個諾姆，每個諾姆都是一個獨立的地方性社會組織。古埃及王朝是由這些諾姆統一而成的。在諾姆的統一過程中，先是出現上埃及和下埃及兩個王國，然後上埃及戰勝了下埃及，建立了統一的古王國王朝。

諾姆的統一意味著社會結構各個子系統逐步完善，並在協同發展中強化它們之間互相調節的功能。每一個諾姆都有地方性政府，掌管著地方性河渠和灌溉系統。通過武力征服統一全埃及，意味著每個諾姆的社會結構中較原始的政治、經濟子系統發生歸併。

一個個地方性官僚機構合併成統一的官僚政體，地方性河渠變成全國性灌溉系統，地方性諾姆經濟轉化為國家諾姆經濟。一般說來，只要每個諾姆社會結構類似，政治、經濟結構是可以在演化中協同發展的。但是，在眾多諾姆組織演化為統一王朝時，最大的困難也許是各個諾姆意識形態結構的差異。一個全國性的統一宗教幾乎不可能由一個個地區的宗教加和而成。如果說，征戰和武力對建立全國統一政府是可能的途徑，但統一宗教卻十分困難。

諾姆作為從原始公社直接轉化過來的社會組織，它的文化共同體肯定帶著濃厚的原始色彩。史前原始社會的部落，大多都具有自己的圖騰崇拜。而每一個部落的圖騰都是不同的。埃及早期的諾姆也是這樣。在結構演化中，圖騰不同大約是協同演化的最大障礙。圖騰崇拜有著巨大的封閉性。一個部落的圖騰實質上可能與另一個圖騰大同小異，差別僅在於象徵符號不同，但一個部落卻很難接受另一個部落的圖騰。因而目前學者們用圖騰來說明古埃及宗教起源的企圖幾乎都失敗了。在人類社會漫長的進化史上，一個跨地域的地區文化共同體的形成，比政治上統一往往需要更長的時間。

我們可以想像，在古埃及王朝社會結構形成的演化過程中，一個個諾姆的政治經濟結構慢慢向官僚政體和國家諾姆經濟演變，但是如果統一宗教的形成很慢，那麼整個演

變的潮流就可能逆轉。雖然經過征戰建立了統一政府，但沒有統一的意識形態結構對它進行調節，統一王朝會很快瓦解，整個社會又會重新分解爲一個個獨立的諾姆國家。這種過程在前王朝早期可能一次一次重複。但是埃及從出現諾姆國家後只經過幾百年，就形成了穩定的統一局面。這說明，正是在這個不太長的時間中，統一宗教奇蹟般地誕生了。到底是什麼原因促使古埃及能如此迅速地形成統一的宗教結構？

分析古埃及社會奇特的宗教，可以爲我們找到線索。初學者常常被埃及多如牛毛並如幽靈一般出現在生活每一個角落中的諸神搞得頭昏腦脹。據統計古埃及宗教中居然有兩千多個神。[63]它是一種典型的地區性多神教。每個諾姆都有一大批神，它們具有各種各樣動物的外形（**或者是動物的頭、人的身體**）。這些神中往往有一個主神。對於不同的諾姆，眾神譜和主神往往是不同的。表2.3羅列了部分諾姆崇拜的主神。每個諾姆有不同的主神和神譜，無疑反映了古埃及宗教的原始色彩；也說明了古代社會中宗教信仰上的差別對形成統一文化的天然障礙。

表2.3 古埃及部分諾姆的主神

諾姆的名稱	諾姆的主神名稱	圖形
阿拜多斯	奧西里斯	人形（陰間的閻羅王）
希利奧波里	拉	太陽
孟斐斯	普塔	人形手持節杖
底比斯	阿蒙	人形（有時羊頭）
亞歷山大城	薩拉匹斯	與希臘宙斯類似（人形）
厄勒藩丁	克努姆	羊頭人身
達曼胡爾（赫姆波里斯）	努特	女人形狀
布托	瓦吉特	帶有帝國特徵的人形又做毒蛇狀
塔尼斯	荷魯斯	鷹形
布巴斯特	巴斯特	貓形
登得拉	哈托爾	一頭哺育法老的母牛
阿西尤特	哈派	狼形

門弟茲	巴	羊形
卡伊塞	阿努華斯	犬形

我們如果去分析古埃及眾神的含義，就會發現那些神話常帶著氏族制度的烙印。[64]似乎它和圖騰相差並不大。但古埃及地區性多神教在結構上和圖騰根本不同，這就是它不是封閉性的。它是一種開放性的多神教。

古埃及宗教能在不太長時間中成長爲一種統一的意識形態，其奧妙正在於它的開放性。雖然每個諾姆都有地方主神，但埃及多神教中的神的數目和位置卻不是固定的。通常各個地區除了崇拜地方主神外，還同時崇拜全國性的主神。比如太陽神拉（Re）、鷹神荷魯斯。只要這些神被國家所推崇，祂們很快就成爲全國性的主神。圖2.8中所畫的十二個神是古埃及部分全國性和地區（即不止局限於一個諾姆）主神，埃及各諾姆信仰的神雖不盡相同，有時也會出現由於信仰神的衝突而導致的兩個相鄰諾姆的糾紛。但是古埃及人的宗教對待神是極爲開明的。他們從不拒絕與本諾姆崇拜不同的神。每個諾姆的地方性多神教都是開放性的，它很容易接受別的諾姆推崇的主神（只要國家提倡、有相應的神廟），新來的神會漸漸加入到本諾姆神譜，在形象上甚至和本諾姆的神合併。

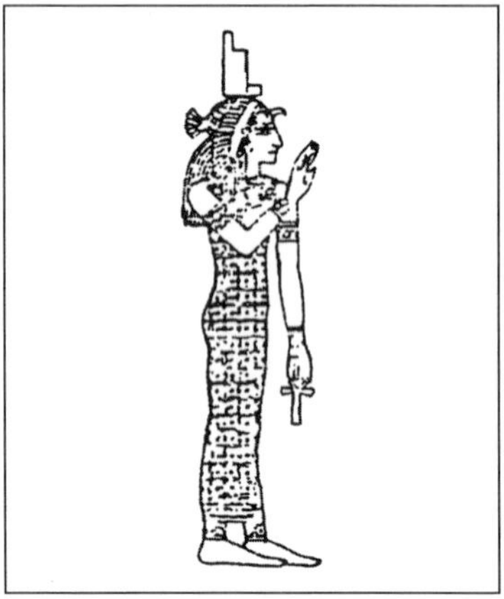

愛西斯，奧西里斯的妻子和妹妹，天生神通廣大。所行善事甚多，其一是保護兒童，這使她成為埃及最受歡迎的女神。

拉，希利奧波里的太陽神，第五王朝時享祀全國。有些傳說尊他為人類的創造者，古埃及人自稱「拉的牲畜」。

阿努比斯，司制木乃伊的胡狼神：由於他在葬禮中協助，死者才能進入冥世。他手中握著國王和神都要握的神權杖。

尼費塞斯，愛西斯的姊妹，婦女之神。她的名字意為「宅第夫人」。她曾助奧塞里斯復活，也就總與後者家聯在一起。

圖 2.8　古埃及全國性神-1

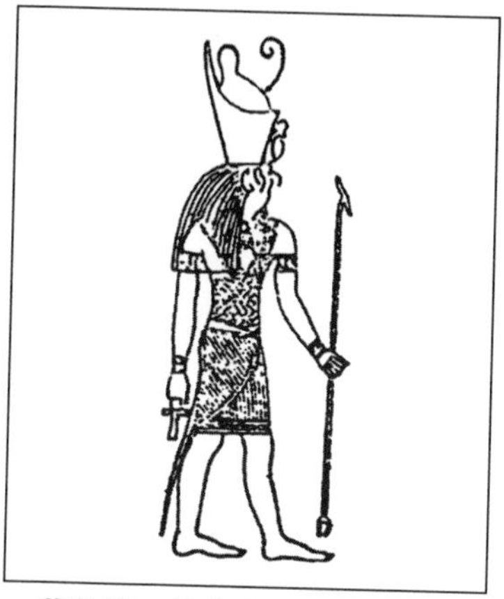

荷魯斯，長著鷹頭的神，右手中握著生命之匙，他是愛西斯和奧西里斯之子，埃及歷代國王都把自己同他聯在一起。

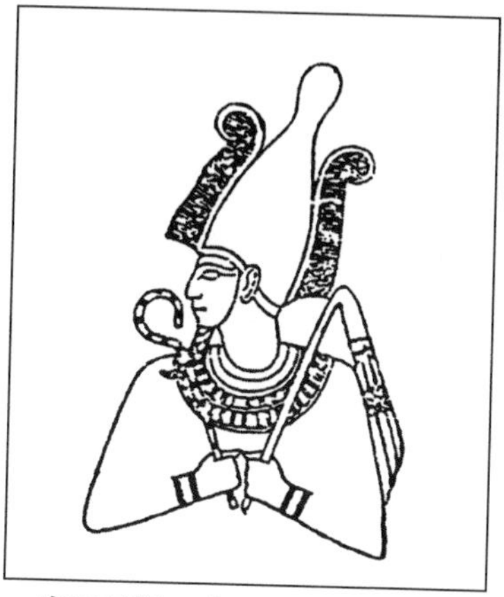

奧西里斯，大地和植物之神，他的死象徵著每年的旱季，他神奇的復活象徵著尼羅河一年一度的氾濫和穀物的生長。

海瑟，長牛角的愛情女神，亦司快樂和舞蹈、音樂。一個嬰兒降生時，就有七個海瑟跑到他床前，共同決定其命運。

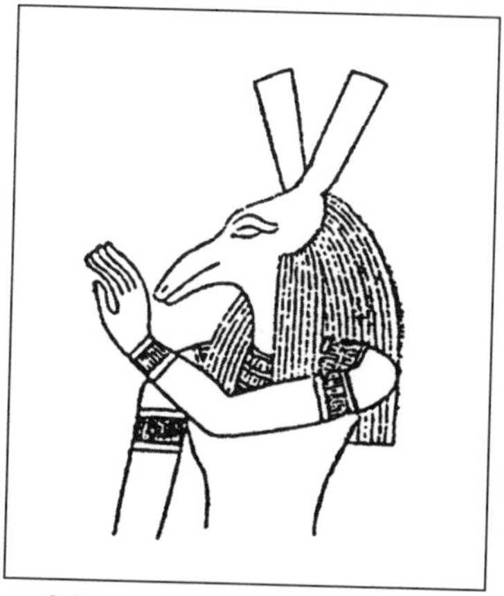

塞特，被認為是上埃及的主宰。其形象是長著兩隻大耳朵活像驢似的想像的動物。一般說他是主管沙漠和風暴的神。

圖 2.8　古埃及全國性神-2

醡斯，不是長著朱鷺頭就是長著狒狒的頭，掌管智慧之神，太陽消逝之後也管月亮。醡斯總是想用其光明驅散黑暗。

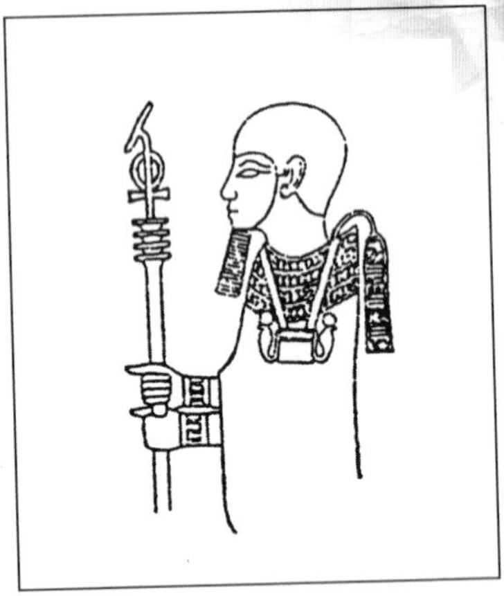

普塔，孟斐斯的地方神，又是手藝人的保護神。有些傳說中說他唸出世界萬物的名字，就能令那些東西突然出現。

索貝克，鱷魚神，水源特別珍貴之城如綠洲上的克羅考底洛玻利斯崇奉。這些城把鱷魚養在池裡，並給他們戴珠寶。

阿蒙，底比斯之神，往往具有人形，但有時也作公羊或鵝形。羅馬人後來封他為朱庇特．阿蒙，並在其廟裡求籤問卜。

圖 2.8　古埃及全國性神-3

正因爲這種開放性，各個諾姆很容易形成一些統一的全國性主神。這些主神就可以成爲宗教統一的基礎。

一個具有代表性的例子是古埃及人對外來宗教的態度，到古埃及王朝後期，隨著猶太人、尼基的殖民者進入，他們信奉的神居然也加入埃及各地的眾神的行列。一旦外族人建立起神廟，立起牌位，信仰上開放的埃及人也就經常出入，他們甚至不排斥外國的新神，[65]久而久之，這些外國的神和他們的地方神合在一起了。正因爲埃及各諾姆原始崇拜有這種開放性和結構上可調整性的特點，這樣各諾姆的統一宗教，就不需要完全打破舊有的崇拜而重新建立（**這往往需要很長的時間**）。它只要在不同的地方神譜中推出一位全國公認的主神就可以了。這個過程是相對簡單的。

在埃及統一王朝建立前幾百年中，隨著各諾姆的互相作戰和交往，那些經濟上、軍事上最強大的諾姆的主神成爲全國主神。隨著軍事征服，就可以造成各諾姆經濟、政治以至於文化上的統一。古埃及的神話就是一個例子，在神話中，古代那些統一的國王不僅被當作神，而且上下埃及的領導權的鬥爭，被描述爲神話中荷魯斯和塞特神之間的種種鬥爭。第一王朝時，大約是信奉荷魯斯的那些諾姆組成的王國戰勝了其他諾姆，完成了統一，因此荷魯斯成爲全國主神。正因爲主神通常是由諾姆地方神中推到全國地位的，在祂當地方主神時具有一種動物形狀，而成為全國主神時，往往需要大家共同接受的一些形象－比如太陽。所以埃及的主神不僅多變，而且在形象上也是複雜的，人們往往搞不清這個神到底是太陽還是鷹。

那麼，為什麼古埃及人地方性多神教具有這種開放性結構？尼羅河河谷特殊的條件可能是一個原因。我們在第一章談到過尼羅河的氾濫怎樣有利於形成古埃及人共同的心理基礎。各個諾姆的神都是祂們將自己周圍環境的各種力量（自然的和社會的）人格化的體現。埃及各個諾姆，都生活在沙漠的包圍之中，它們都飲用尼羅河水，用河水灌溉。每個諾姆在經濟上和對外關係上不可能是封閉的。這有助於它們宗教信仰的開放性。我們發現埃及的許多地方的神，都是含有人們崇拜尼羅河、土地、沙漠、太陽的意思。鷹神荷魯斯是太陽神。起源於希利奧波裏的拉神，也是太陽神。底比斯的阿蒙也是如此，祂曾有各種形狀（有時是一隻鵝、有時是一條蛇、後又為公羊），但到後來，祂的頭上也頂起了一輪太陽。大概正是這種共同的環境，造成了不同諾姆的人的心理易於趨同的特點，也塑造了埃及各種神之間的包容性。

另一個原因來自宗教結構內部，一般說來多神教比一神教開放。神譜中的神越多，對外來神的排斥力也就越小。埃及不僅神多得數不過來，而且它是「現實的」，「入世

第二章

古埃及社會結構

的」。埃及宗教不是對一種理想境界的描繪，不是讓人忘記現世而追求來世，它不是一個人逃避外來衝擊和現世衝突的避風港。它是把現實生活中的各種力量神化而社會化。因而當新的社會力量和新的外來衝擊出現時，很容易塑造或接受新的神。

在這裏，有一點必須說明，埃及人爲法老建造金字塔作爲死後永久居住的宮殿，他們把死屍製成不會腐爛的木乃伊常常使人產生一種錯覺，好像埃及人對死後、對冥世所花的功夫遠遠大於對現世的興趣，從而使人以爲古埃及宗教是注重死後生活，而不是現世的。這是一種誤解。埃及人是爲了死後永遠享受現世生活而鑄造那死人居住的王國的。希羅多德講過古埃及一個有趣的風俗，很能說明這一點。他說：「在富人的宴席上，進餐完畢後，便有一人帶上一個模型來，這是一具塗得和刻得與原物十分相似的棺木和屍首，給每一個人看，說：『飲酒作樂吧！不然就請看一看這個，你死了的時候就是這個樣子啊！』」[66]古埃及人十分現實，他們在祭神以後就毫不客氣地吃掉所有的供品，因而他們製金字塔也好，做木乃伊也好，都表明他們對現世生活重視到這種程度，以至希望死後仍然重現這種生活。因而古埃及宗教和印度佛教、基督教等一個重要的差別，就是它是入世的，而不是注重他世的。在這種高度「入世」「現實」的宗教中，神無處不在，而且生活在世人中間。正如有的學者所說：「在埃及，與其稱爲人格化的神，不如稱之爲神化的人。」⑰既然數不清的神在人世間漫遊，那麼當現實生活發生改變，當一個新的神廟在尼羅河畔落成，一種外來的強大政治力量要求人們接受時，這種政治力量的代表就很容易被埃及人看作主神。「入世的」「迷信的」「崇拜現世中力量」的深層文化結構決定了古埃及宗教的開放性。

埃及地方性多神教這種開放性不僅可以說明全埃及統一宗教何以那麼快地形成，從而諾姆社會結構能迅速演化爲統一王朝，而且它還帶來另一個結果。這就是神的關係和社會組織存在著同構對應（圖2.9）。

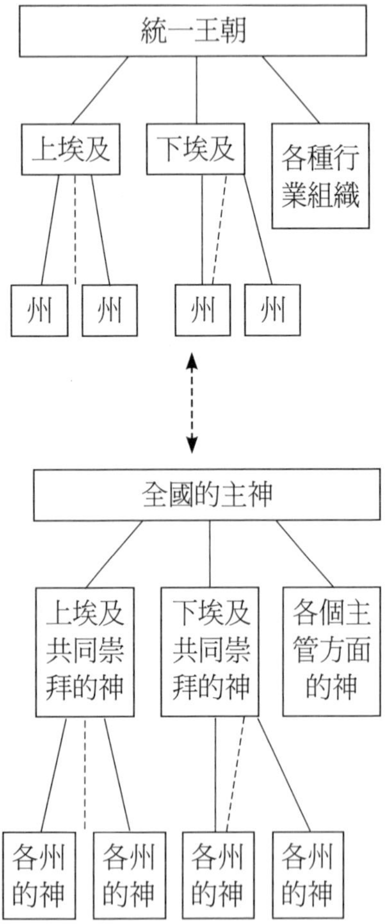

圖 2.9　社會組織與神譜的同構關係

第二章

古埃及社會結構

我們把埃及各種神排在一起，來看看祂們的關係。首先至高無上的是一個主神（日神），祂是全國統一的主神。祂和法老對應。除了全國性主神外，還有一些全國性的方面神（**注意不是地方性的，而是指這個神管理宇宙中某一方面事務**）。比如奧西里斯神，祂的死亡和復活象徵著尼羅河年年氾濫帶來農業季節性變化。普塔神是手藝人的保護神，祂雖出自於孟斐斯地區，但後來成爲手工作坊工人的主要信仰。愛西斯的妹妹尼費塞斯則是婦女之神。這些神和全國性各種行業以及各諾姆共同的習慣聯在一起。在主神之下的是上下埃及共同信奉的神。再低一個層次是各個地區人們信奉的地方主神，祂們和州一級組織對應。神與神之間的關係和地域組織層次同構。這是宗教史上很少見的現象。祂不僅能證明古埃及諾姆國家何以能演化爲統一帝國，還可以說明爲什麼古埃及宗教能對政治結構起到有力的調節作用。第三章中我們還將談到，這種同構效應對古埃及王朝崩潰後的重新修復也是不可缺少的。

宗教的世界是一個陰影的王國，馬克思將其看做一個反映現實的倒立歪曲的世界。然而古埃及人創造的宗教是如此精密地和社會組織同構，它說明了古埃及人非凡的創造力。也許，在尼羅河河谷那嚴酷的自然和社會問題的挑戰下，古埃及人只有創造這樣的社會結構，創造這樣的宗教才能把自己組織起來，並保持幾千年的繁榮昌盛。但是古代文明的悲劇也正在這裏。如果說古埃及王朝社會結構是在這種特殊自然和社會條件下各個子系統互相適應的唯一選擇，那麼有了偉大的起源以後，它的停滯以及最後必然滅亡的命運也被這種結構決定了。

注釋：

①劉文鵬：《古代埃及的早期國家及其統一》，載《世界歷史》一九八五年第二期。

②與中國古時的「井」字類似。

③馮祚民編著：《西洋全史》第二卷，台北燕京文化事業公司一九七九年版，第一八頁。

④埃及最古的紀年石刻，今只殘存部分片斷，藏於義大利西西里巴勒摩博物館，載錄了前王朝至第五王朝的埃及歷史。可見《世界古代史史料選輯》上冊，北京師範大學出版社一九五九年版，第一頁。

⑤萊昂內爾．卡森：《古代埃及》，紐約時代公司一九七九年中文版，第三一頁。

⑥阿．尼．格拉德舍夫斯基：《古代東方史》，高等教育出版社一九五九年版，第三四—一三五頁。

⑦阿甫基耶夫：《古代東方史》，三聯書店一九五六年版，第二三六—二三七頁。

⑧希羅多德：《歷史》，商務印書館一九五九年版，第三二一頁。

⑨《聖經．創世記》。

⑩一阿魯爾（又叫斯塔特）約等於四畝；一阿勒塔巴等於三九點三升。當時一般畝產量約九八點二五～一一八升。見久梅涅夫：《近東和古典社會》，載《史學譯叢》一九五八年第四期。

⑪復旦大學、上海財經學院合編：《中國古代經濟簡史》，上海人民出版社一九八二年版，第六六—六七頁。

⑫久梅涅夫：《近東和古典社會》，載《史學譯叢》一九五八年第三期。

⑬古埃及國家基層各級官吏的總稱。

⑭摩勒：《尼羅河與埃及文明》，商務印書館一九四一年版，第二十頁。

⑮轉引自阿．尼．格拉德舍夫斯基：《古代東方史》，高等教育出版社一九五九年版，第一三五頁。

⑯《馬克思恩格斯選集》第二卷，第六四頁。

⑰《馬克思恩格斯書信選集》，第七五—七六頁。

⑱傑弗里．巴勒克拉夫主編：《泰晤士世界歷史地圖集》，三聯書店一九八二年版，第五八—五九頁。

⑲《世界上古史綱》編寫組：《世界上古史綱》上冊，人民出版社一九七九年版，第二五二頁。

⑳希羅多德：《歷史》，商務印書館一九五九年版，第二八一頁。

㉑胡煥庸、張善餘編著：《世界人口地理》，華東師範大學出版社一九八二年版，第二四五頁。

㉒參見胡煥庸、張善餘編著：《世界人口地理》，華東師範大學出版社一九八二年版，第二四五—二五八頁。烏爾拉尼斯主編：《世界各國人口手冊》，四川人民出版社一九八二年版。

㉓湯普遜：《中世紀經濟社會史》上冊，商務印書館一九六一年版，第二三—二六頁。

㉔R.Keesing, Cultural Anthropology: A Contemporay Perspe Ctive，1976, by Holt Rinehart and Winston（中譯本，巨流圖書公司印行，上冊，第一九五頁）。

㉕金觀濤、唐若昕：《西方社會結構的演變》，四川人民出版社一九八五年版，第五六—六九頁。

㉖金觀濤、劉青峰：《興盛與危機》，湖南人民出版社一九八四年版。

㉗物質文明結構（內環境）在什麼時候可以分別歸屬於經濟、政治、文化結構？這是一個十分複雜而有趣的問題。一般說來，任何一個社會都有它獨特的物質文明結構，但當物質文明結構（內環境）本身組織性整體性（即結構）不強，或者社會的經濟、政治、文化結構對它有較大選擇餘地（也就是說內環境結構對其他子系統反作用不強）時，它可以分別歸為其餘三個子系統，這樣整體分析變得更為簡明。當政治、經濟、文化結構對內環境選擇餘地很小，比如古埃及，古代兩河流域這樣的自然條件，幾乎只有唯一的內環境結構才能和它耦合。因而即使當時人類物質文明不甚發達，在分析社會結構時，把它單獨作為子系統獨立出來則更為精確。對於西歐中世紀社會，它倒可以忽略或歸併到其餘三個子系統中。

㉘阿．尼．格拉德舍夫斯基：《古代東方史》，高等教育出版社一九五九年版，第一一九、一二〇頁。

㉙阿．尼．格拉德舍夫斯基：《古代東方史》，高等教育出版社一九五九年版，第一一六—一二〇頁。

㉚金觀濤，唐若昕：《西方社會結構的演變》，四川人民出版社一九八五年版。第二三一—二二五頁。

㉛蘇聯科學院主編：《世界通史》第一卷，三聯書店一九五九年版，第四四八頁。

㉜《光明日報》一九八三年八月卅一日。

㉝杜蘭：《世界文明史》，台北幼獅文化事業公司一九七八年版，第六七—八八頁。

㉞馮祚民編著：《西洋全史》第二卷，台北燕京文化事業公司一九七九年版，第一一六頁。

㉟古埃及實行雇傭兵制，但這已經是新王國的事情。在古王國以至中王國的近兩千年中，古埃及一直實行一種普遍的公民兵制度（參見《大臣烏尼傳》，《世界古代史史料選輯》上冊，北京師範大學出版社一九五九年版）。

㊱很多貴族在臨死前覺得一輩子最值得誇耀的事是他從沒有挨過法老的鞭笞。久梅涅夫曾指出：「在統治階級關係上，是極端卑躬屈節，地位低下的人叩拜有權勢人物之前，稱自己為奴隸……這是馬克思所講的普遍奴隸制。」

㊲希羅多德：《歷史》，商務印書館一九五九年版，第三二一頁。

㊳見《帕勒摩石碑》，《世界古代史史料選輯》上冊，北京師範大學出版社一九五九年版。

㊴阿・尼・格拉德舍夫斯基：《古代東方史》，高等教育出版社一九五九年版，第二二二頁。

㊵關於這部分土地佔有制的發展在第三章中討論，它們的增長和王朝的崩潰有關。

㊶杜丹：《古代世界經濟生活》，商務印書館一九六三年版，第一二八頁。

㊷杜蘭：《世界文明史》台北幼獅文化事業公司一九七八年版，第七五頁。

㊸、㊹伊・阿・司徒契夫斯基：《古埃及新王國時期奴隸制度的特殊形式》，載《河北大學學報》一九八二年第四期，第七一—七六頁。

㊺這種免稅特權更多地賜給神廟的大祭司們（見阿甫基耶夫：《古代東方史》，三聯書店一九五六年版，第二三一—二三二頁）。

㊻見伊・阿・司徒契夫斯基：《古埃及新王國時期奴隸制度的特殊形式》，載《河北大學學報》一九八二年第四期。

㊼久梅涅夫：《近東和古典社會》，載《史學譯叢》一九五八年第三期，第三八頁。

㊽《哈里斯大紙草》，見林志純主編：《世界通史資料選輯》上古部分，商務印書館一九八二年版，第二一一頁。

㊾蘇聯科學院主編：《世界通史》第一卷，三聯書店一九五九年版，第四五四頁。

㊿在第四王朝一座巨大陵墓中，歷史學家又發現一個新的官銜，「書藏大臣」，似乎在古王國時，已有全國性圖書館了，但管書的方式，今天卻不得而知。

(51)杜蘭：《世界文明史》台北幼獅文化事業公司一九七八年版，第七六—七七頁。

(52)為了加強對全國的控制，同時抑制相權，大約在新王國時，開始設置兩個宰相分掌上、下埃及事務。

(53)萊昂內爾．卡森：《古代埃及》，紐約時代公司一九七九年中文版，第九四頁。

(54)杜蘭：《世界文明史》，台北幼獅文化事業公司一九七八年版，第七五頁。

(55)王庸聲等：《集郵基礎》知識出版社一九八三年版。

(56)、(57)「一個貴族在自己墓碑的銘文中自豪地說，國王在召見他時允許他吻法老的腳。」見阿．尼．格拉德舍夫斯基：《古代東方史》，高等教育出版社一九五九年版，第一二三頁。

(58)「一個貴族在自己墓碑的銘文中自豪地說，國王在召見他時允許他吻法老的腳。」見阿．尼．格拉德舍夫斯基：《古代東方史》，高等教育出版社一九五九年版，第一二三頁。

⑲摩勒：《尼羅河與埃及之文明》，商務印書館一九一四年版，第二四—三十頁。
⑳《世界上古史綱》編寫組：《世界上古史綱》上冊，人民出版社一九七九年版，第二八三—二八四頁。
㉑古埃及有一名諺語：「年輕人的耳朵是長在背上的。」只有強迫和鞭打，才能使人掌握文化，識讀寫字。古埃及學文化是很艱苦的。地位低的人也可以成為書吏。《杜夫家訓》中就是這樣教導兒子的。（見司徒盧威《古代的東方》，人民教育出版社一九五五年版，第八九頁）
㉒有人認為，國家設學校始於中王國。古王國的書吏由神廟培養。但古王國流傳下來的一個故事講到，王子為法老聘請一位年邁博學的老者——代敵，代敵對王子講，「為我另備一隻船吧，以便我把我手底下的那些青年和我的圖書帶走。」似乎古王國時已有民間「學者」和私人學校（或像我國春秋戰國時如孔子和他的學生那樣的團體）。見《埃及古代故事》，作家出版社一九五七年版，第八頁。
㉓馮祚民編著：《西洋全史》第二卷，台北燕京文化事業公司一九七九年版，第七五頁。
㉔古埃及農神奧西里斯的故事就很說明問題。奧西里斯神和愛西斯神結為夫婦，兒

隨母姓。早期王朝的女人可以當大臣等都反映了古埃及社會的氏族痕跡。（摩勒：《尼羅河與埃及之文明》，商務印書館一九四一年版，第五二頁）。

⑥⑤ 阿甫基耶夫：《古代東方史》，三聯書店一九五六年版，第五六八頁。

⑥⑥ 希羅多德：《歷史》，商務印書館一九五九年版，第三〇九頁。

⑥⑦ 杜蘭：《世界文明史》，台北幼獅文化事業公司一九七八年版，第一二九頁。

第三章
王朝更替之謎

第三章　王朝更替之謎

偉大的文明來自於偉大的覺醒，而偉大的覺醒則來自於非凡的痛苦。

—作者

它們坐在金字塔前面注視著各民族的刑場、洪水、戰爭與和平——從無面部表情

—摘自湯因比《歷史研究》

三・一　歷史的力和社會結構型變

我們曾用金字塔來形容古埃及社會。這個比喻並不總是恰當的。金字塔可以全然感覺不到時間的流逝，一動也不動地屹立在沙漠中。但任何一個古代文明都做不到這一點。內部的張力會時時刻刻使這座社會金字塔的石塊發生微小的移動，這種緩慢的變化

在一天、一個月、一年之中是難以覺察的。但它遲早會造成整個社會結構的型變，使文明經歷興起、衰落、重組等一系列不可抗拒的變遷。當歷史學家鳥瞰沙漠中九十多座金字塔和神廟時，就會感覺到這種變動的節奏。小山般的古代建築忽大忽小，周期性地一起一伏。那些高大的金字塔往往是在王朝鼎盛之際所建，而在盛大王朝之後，我們總可以看到社會衰落，不再具有無限權勢的法老只得躺在那些較小的陵墓中。但是，過了幾百年，偉大的王朝又會重新興起。金字塔群和神廟似乎在向後人敍述著王朝一盛一衰的歷程。

但是，古埃及社會的變遷至今仍是一個歷史上的疑難問題。古埃及爲後人留下的史料太少了，以至於連這些王朝存在的年代都難以精確判定。最系統的資料是西元前二八〇年古埃及祭司曼涅托用希臘文寫成的一部本國歷史。但傳到今天，已殘破不全。從這部歷史的片斷中，我們知道古埃及經歷了三十個王朝。埃及紀年中最早確定的年代是中王國塞索斯特里斯三世第七年，這一年記錄天狼星與日同出。科學家根據天文學計算，確定了那是西元前一八七二年。經過多年的努力，結合了帕勒摩碑石、都靈紙草以及阿拜多斯王表、薩卡拉表和卡納克表等大量古代文獻，特別是近年來還對某些考古發現文物進行碳十四測定，歷史學家基本上劃分出各個王朝的年代。表3.1是根據一九七〇年代

的資料確定的三十個王朝紀年。①

表3.1　埃及王朝的更替

分期	王朝名稱／存在時間	社會特徵
早期王朝（共414年）	第一王朝（C三一〇〇—BC二八九〇）二一〇年	
	第二王朝（C二八九〇—BC二六八六）二〇四年	末年上下埃及政治、宗教糾紛後由哈謝海姆法老統一全國
古王朝（共506年）	第三王朝（C二六八六—BC二六一三）七三年	
	第四王朝（C二六一三—BC二四九四）一一九年	
	第五王朝（C二四九四—BC二三四五）一四九年	
	第六王朝（C二三四五—BC二一八一）一六四年	末年割據出現國家進入無政府狀態
第一個中間期（共141年）	第七王朝（C二一八一—BC二一七三）八年	
	第八王朝（C二一七三—BC二一六〇）一三年	
	第九王朝（C二一六〇—BC二一三〇）三〇年	大動亂，社會不穩定，不統一
	第十王朝（C二一三〇—BC二〇四〇）九〇年	

中王國（共347年）	第十一王朝（C二一三三－BC一九九一）一四二年	
	第十二王朝（C一九九一－BC一七八六）二〇五年	
第二個中間期（共219年）	第十三王朝（C一七八六－BC一六三三）	大動亂，中央集權衰落，混亂狀態
	第十四王朝（C一七八六－BC一六〇三）	從亞洲來的希克索斯人奪取政權，後期開始了驅逐外族人統治的鬥爭
	第十五王朝（C一六七四－BC一五六七）	
	第十六王朝（C一六八四－BC一五六七）	
	第十七王朝（C一六五〇－BC一五六七）	
新王國（共482年）	第十八王朝（C一五六七－BC一三二〇）二四七年	末期宗教改革失敗
	第十九王朝（C一三二〇－BC一二〇〇）一二〇年	末年國力衰退
	第二十王朝（C一二〇〇－BC一〇八五）一一五年	末期法紀廢弛
晚期王國（共744年）	第廿一王朝（C一〇八五－BC九四五）一四〇年	
	第廿二王朝（C九四五－BC七一五）二三〇年	

晚期王國（共744年）	第廿三王朝（C八一八－BC七一五）	
	第廿四王朝（C七二七－BC七一五）	古埃及受到外來文明衝擊
	第廿五王朝（C七四七－BC六五六）	
	第廿六王朝（C六六四－BC五二五）	
	第廿七王朝（C五二五－BC四〇四）	
	第廿八王朝（C四〇四－BC三九九）	
	第廿九王朝（C三九九－BC三八〇）	
	第三十王朝（C三八〇－BC三四三）	
托勒密王朝時期(300年)	托勒密王朝（C三〇五－BC三〇）	和古希臘以後是和羅馬文明融合的嘗試

參考資料：威廉·蘭閣主編：《世界史編年手冊——古代和中世紀部分》上冊，三聯書店一九八一年版，第六十——六一頁。

每一個王朝代表了一個家族世襲體系②（如表3.2就是第六王朝各個法老名字的象形文字）。從這些表中我們可以看到，那些社會穩定、全埃及統一的強大王朝歷時一百到兩百年。而不穩定的王朝則如曇花一現。

表3.2

法老（國王）（第六王朝）	法老名字的象形文字
特提 尤瑟爾卡瑞	
麥爾瑞爾（培比一世）	
麥輪涅瑞	
涅菲爾克勒（培比二世）	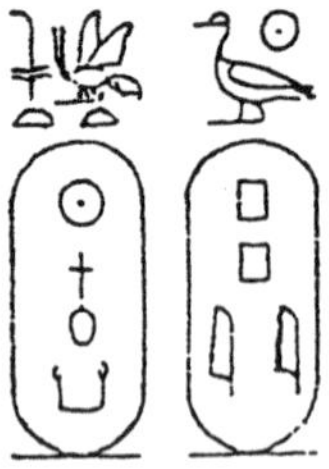

第三章

王朝更替之謎

一個穩定的王朝顯示了第二章所說的古埃及社會結構各個子系統互相適應；而王朝的傾覆標誌著社會結構的瓦解，或者某一個子系統不穩定。那麼必然出現一個問題：既然古埃及社會結構中的國家諾姆經濟、神權官僚政治和以一神爲主的開放性多神教是互相維繫並在調節中保持自己的穩定的，爲什麼我們看不到一個壽命長於三百年的王朝？爲什麼當整個社會統一和鼎盛維持一百年後，分裂、動亂或者改朝換代就必然出現呢？

當我們對目前保存下來的那些文獻，特別是那些盛大王朝的後期資料，進行細緻的分析，我們就會發現：每當一個王朝建立一百多年後，社會結構往往發生了某些微妙的變化，使得原來互相功能耦合的各個部分變得不那麼適應了。它們大致可以分爲如下幾類：

一．法老那來自冥冥蒼天的至高無上的權威遭到了懷疑，人們心中法老與神合一的信仰發生了動搖。從埃及建立王朝之日起，法老（國王）就是神，他的身分是神聖的，他的詔諭也是神聖的，凡人不能夠和他對抗。③每逢大典，作爲神的法老，額戴黃金製成的嵌有蛇神的王冠，手持代表神權的牧杖和打禾杖，以凡人高不可攀的姿態，出現在膜拜頂禮的群臣面前，他雖然活在人間，卻已參與了死後永劫的事業。④本來法老與神是合二而一的。但是，日久天長，法老成了神的兒子⑤，當然，神的兒子仍然是神，但這裏有著一種微妙的變化。人們不僅要去崇拜神的兒子法老，還要去膜拜其「父」——大神了。人們的信仰，隨著這種分離而減弱，法老的地位日益被世俗化和行政化。

這種分離甚至表現在古代埃及的建築上。過去，埃及人只需要給那神人合一的法老造起巍巍的金字塔，而在法老被稱爲神的兒子以後，祭神的廟宇日益堂皇富麗，甚至和金字塔平分秋色了。「在第五王朝以前，全

哈特謝普蘇特祭殿，第十一王朝，這座祭殿的設計，被認為是埃及最傑出的建築成就之一。祭殿由沿著地勢高低分佈的三層建築組成，一條由低向高鋪設的通道把各層建築連成一體。

國的力量集中於建造帝王的不朽的墳墓，但從第五王朝起，一部分力量（從當時的廟宇看，這『一部分力量』還是相當大的—作者注）用於太陽神。」⑥第五王朝的每一個國王都要建造一座神廟來表示自己對神的敬仰。⑦每一個王朝法老的神權都處於一種不斷遞減的過程之中。今天的考古學家們在對金字塔等遺跡的考察中，居然在一些石塊上發現建造金字塔的那些石匠們刻下的「膽大妄爲」的話：「看法老醉成那樣子！」⑧如果不是法老的神的地位受到了動搖，這種大不敬的言論似乎是不可想像的。更有甚者，往日那些法老的臣民，受神統治的「下賤」的人們，竟然鑿通了金字塔，鑽進那神的住所，將墳墓中的寶藏洗劫一空，法老的神體遭到了褻瀆。⑨

二．官僚機構一天比一天的腐化。在王朝的末期，我們都可以看到大量國家官吏、王公貴族們行私舞弊，搶佔窮人財產的記錄。⑩不少官吏死後，在他的墓銘中一再強調「我沒有霸佔人家的女兒、我沒有霸佔人家的田地」⑪。這些碑銘使我們看到了社會真實的一面。

三．神廟祭司勢力的強大。在王朝的鼎盛之際，法老是全國最高祭司長，他手中掌握的不僅有世俗的行政大權，還握有冥冥天界中的神權。但那不可抗拒的時間之流慢慢將法老手中的權力沖淡了。各神廟的祭司的獨立性越來越大，甚至和法老分庭抗禮。各神廟擁有越來越多的土地以及耕種這些土地的農民，而且掌握著日益增多的書吏和管理人員。神廟慢慢發展爲一個經濟、政治、文件的獨立體；它們可以擁有十幾萬奴隸（占全國總人口的百分之二）和四百多萬畝的土地（占全國可耕地的百分之十四）。那些地方性神廟也處於不斷膨脹之中，它們占地可達全國耕地的百分之十五。並掌握近百個船團，幾百個果園，五十三所大型手工作坊，一六〇座城市。至於實物就數不盡數了。⑫一些學者估計新王朝時期阿蒙神廟占全國土地的百分之三十以上。⑬神廟祭司力量甚至會大到這個地步，連法老都是他們選定的。⑭神廟的祭司們憑藉著雄厚的財富，參予政事，掌握官僚機構的某些行政大權。他們常常任國家的宰相，架空法老。圖特摩斯二世（約西元前一五一二年－公元前一五〇四年）時代的宰相哈普塞涅布，同時又是「阿蒙最高書吏」，「南部和北部僧侶老」（即祭司長），「卡爾納克阿蒙神廟阿蒙每塊土地的首領」，「阿蒙神廟每個職務的長官」，「神廟長官」。女王哈特舍普蘇特的宰相、阿蒙神廟祭司出身的塞平穆特，又是阿蒙第一管家，阿蒙穀倉的監督。⑮這種例子舉不勝舉。

四．地方諸侯勢力擡頭。在中央集權強大時期（特別是古王國某些王朝早期），國王可以任意將州長從一個地區調到另一地區，上下埃及官員也可以互調，大部分州長和

國家重要官吏都由王室成員擔任。但是，久而久之，各州州長位置落到地方權貴手中，不再由王子擔任。⑯他們不僅管理著地方政府，而且還建立自己的軍隊。⑰從州長和地方權貴們的墳墓和碑刻上看到，他們甚至給自己加上了「偉大的統治者」的頭銜。⑱如希利奧波里統治者模仿前法老「太陽神拉之子」的稱號，自稱爲「月亮神托特之子」。割據勢力增長最後導致王朝的傾覆，統一的帝國瓦解了。地方勢力增長和王權衰落，甚至在墳墓排列上都表現出來。本來臣民們都以自己墳墓排列在金字塔旁邊爲極大的光榮，但有的王朝法老地位降到微不足道的地步，連墓葬差別都消失了。十一王朝滅亡後，十二王朝建立之初，墓地中既有法老之墓，有王子之墓、公主之墓，有家宰之墓，有官吏之墓，甚至也有農工商人之墓。當時，人人皆可升天，死後都可爲神。⑲

五．農民日益貧困化。古埃及王朝對土地控制雖然十分嚴格，土地轉讓極難進行，但是我們總是看到農民慢慢地失去了土地，或者是由於不堪忍受賦稅和勞役，或者是出於神廟和地方官吏的壓迫，他們不得不逃亡，轉讓土地。有的賣身爲奴，有的成爲神廟和大小官僚的佃農。大量農民擠到城鎮，成爲一貧如洗的人。最後出現「土地縮小了，但是它的行政人員卻很多，土地荒涼不毛，稅卻很重；只有很少的穀物，但量斗卻很大，而且量時總是滿得上尖。⑳」國家稅收遞減，人民生活在水深火熱之中。

這五種傾向中的任何一種發展到一定程度，都必然造成經濟、政治、意識形態互相維繫、互相調節狀態的破壞；都足以傾覆一個王朝。

因此在古埃及三千年歷史中，我們經常看到王朝不斷更替。當祭司力量大到一定程度，一個王朝被廢止，另一個王朝便取而代之。當地方割據勢力不斷增長，必然出現統一帝國的瓦解，全國彌漫著分裂混戰的煙火，而一旦大多數農民破產陷於赤貧狀態之時，我們則看到：廣大農民揭竿而起，「大地像陶輪一樣翻轉起來了，富貴人的女兒成了窮人的女兒」，「法老的木乃伊從金字塔中拋了出來。㉑」埃及王朝被貧民奴隸大起義推翻。整個社會遭到粉碎性瓦解。

這五種傾向增長是一種歷史的力，它是一種來自社會結構內部的張力。僅僅指出這些傾向的增長導致古埃及社會結構的瓦解，這不過是在描述歷史現象。歷史學家的任務，在於研究這些力的來源，並指出它爲什麼會隨著時間的流逝被社會結構呼喚出來。

三・二　神權官僚政治的異化：祭司力量失控

爲什麼法老的權威會一天天喪失？爲什麼神廟勢力必然一天天膨脹，直接威脅了法

老權威呢？說起來非常奇怪，這個法老中央集權官僚機構的對立物是法老本人一手培育出來的。在古埃及歷史上，我們總是一次一次看到這一種奇怪的歷史現象，每當一個法老即位，當王朝統治尚未鞏固之時，法老都要贈給神廟大量土地，給予各種免稅特權。法老是神廟的修建者，也是它的哺育者。結果某一王朝被日益強大的神廟祭司集團所推翻。但新王朝建立後，法老卻又重蹈覆轍，重新去養育這個以後可能來推翻他自己的怪物。法老權威的失去，神廟從修建到強大的歷程，非常形象地反映了社會結構調節功能被調節結果慢慢破壞這一不可抗拒的規律。

法老作爲龐大官僚機構的中樞，他是中央權力的象徵。他的權威之所以被確認，因爲他是神。但是他在官僚機構中的作用以及他對整個中央政府的控制每時每刻都顯示出他是一個國王，一個世俗權力的掌握者。爲了維繫整個國家官僚機構組織的穩定性，法老不得不經常強化神權。強化神權的一個重要（也許是唯一可行的）措施，就是修建神廟，建立全國性的祭祀中心。通過這些中心控制臣民的意識形態。第二章曾指出，我們不能用中國佛教廟宇的觀點來看古埃及神廟。在古埃及，神廟承擔著重要的組織功能。神廟祭司既是神的侍者、是溝通人與神的中間渠道；又是古埃及文化的掌握者，爲統一帝國培養出一批批有統一意識形態有知識的官吏。神廟傳達神的意志，成爲維繫整個官僚機構具有共同信仰而不使其分裂的重要機構。因此，每一個新的法老繼位，都要對神廟有所表示。比如，圖特摩斯三世在舉行加冕典禮時，一次就贈給阿蒙神廟兩千八百斯塔特（阿魯爾）土地，以及「南方和北方很多土地」。㉒另一個銘文中還記載了他一次給盧克索爾神廟一千五百七十八個敍利亞奴隸。㉓當法老覺得自己有被認爲是世俗國王的危險或地方勢力增長時，就不得不加強和各種神廟的聯繫，舉辦公共祭祀活動，通過神廟維繫整個神權官僚政體的穩定。因此每個法老都不遺餘力地建立神廟，贈與神廟土地，給予它們免稅等各類特權。它是不斷強化維繫官僚機構統一的一種必要措施。

神廟在維持政治統一中的作用從各類神廟的分佈上可以明顯表現出來。我們在二．六節講到古埃及宗教結構與國家組織存在著同構現象，主神與法老（中央王權）對應，地方神與各級州政府對應，它反映了意識形態結構對政治組織的調節作用。由於這種維繫是通過神廟來實現的，因而古埃及的各個神廟的富有程度及地位必須和其在社會組織中的位置密切對應。表3.3給出某一王朝全國各類神廟財富佔有程度的百分比。㉔奉祀全埃及及主神的阿蒙神廟財富占總數的百分之六十二，而太陽神廟、普塔神廟作爲全國性的主要的方面神和其他奉祀各地地方神的小廟則占百分之三十八。從這張財產的分配表中，還可以看到全國性的神廟占百分之八十五。如果這些神廟不存在，那麼整個中央集權的神權官僚組織就會土崩瓦解。

表3.3

神廟名稱	所有財富占各類神廟財富總數的百分比
阿蒙神廟	62%
太陽神廟	15%
普塔神廟	8%
其他小廟	15%

取自埃末爾（M.E. El-Amir）：《埃及考古學》，科學出版社一九五九年版，第四七—四九頁。

但是，以法老爲首的專制王權企圖以加強神廟的辦法來維持中央官僚機構的權威，最後，終將自食惡果。古代埃及神權政治就像是一個要靠吞吸鴉片來維持精神的煙鬼，鴉片就是這些神廟。他愈吸愈重，愈來愈離不開鴉片的刺激，他的身體也就日益衰弱，終於有一天，神權官僚政治倒在地上，痛苦地抽搐著，呻吟著死去。神廟強大到一定程度，在經濟上和政治上必然與專制王權發生對抗。

尼羅河

第三章

王朝更替之謎

尼羅河河谷及三角洲地區的土地畢竟是有限的，每隨著法老捐贈給神廟一塊土地，作爲國家稅源的土地就少了一塊。因而當神廟的地產大到一定程度，一系列滾雪球般的過程就發生了，神廟田產就會有一種不可抗拒的增長趨勢。法老捐贈土地給神廟，國家掌握的可耕地面積必然減少，爲了維持稅收不變，稅率必然就要增加。當稅率高到一定程度時，會給農民帶來什麼？在某些東方國家，當對土地買賣控制不嚴時，就會出現自耕農賣掉土地，農民佃農化。比如中國傳統社會，每當國家徭役加重，增加附加稅或實行「攤逃」時，會促使自耕農紛紛破產轉化爲佃農。但古埃及國家對土地買賣限制極爲嚴格。那些窮兇極惡的稅吏就像一個榨果汁的機器，他們對土地一刻也不放鬆，農民賣地是困難的，但一天比一天難以承受這麼高的經濟壓力。一種最常見的辦法就是把土地贈給神廟，自己成爲神廟的佃農。這樣做一方面可以說是在精神上得到補償，更重要的，神廟稅率雖然也很高，但勞役或稅收相對固定，農民也許可以逃避承受國家不斷加重的剝削。

在古埃及文獻中，農民和其他社會成員把土地捐給神廟的記錄比比皆是。在很多情況下，私下買賣土地是非法的，但捐給神廟似乎得到默許。第八王朝（西元前二一七三年—前二一六〇年）的一份史料說一個不知名的官吏，把土地給了神廟，做死後的祭司基金。他說：「不准你把土地、人及其他財產償付給別人，如果你轉讓，償付給別人，我就要到法院去控告你。」㉕目前保留下來的新王國二十王朝時期的《維勒布林紙草》是一份關於土地丈量的清冊，從中可以看到神廟占地相當多，其中既有國家、國王捐贈的，也有私人轉讓的。這些土地都是能得到灌溉的好地。㉖著名的美國埃及學家布列斯特德估計古埃及各類神廟所占的土地高達四百三十九萬畝，而全埃及的土地（根據一九〇三年材料統計）約爲三千零三十五萬畝，神廟土地占全國土地總數百分之十四左右。㉗

神廟好似一頭猛獸，它不僅吞噬著全國的土地，它還吞噬著國家的勞力。古代埃及有個法律，如果一個奴隸從主人那裏跑到神廟內避難，把自己獻給神，則不管他的主人是誰，再也不能動一下這個奴隸了。㉘以此推知，當人們不堪忍受那沈重的賦稅、勞役之時，他們一般會跑到神廟中去。由於法老不斷賜與神廟免稅特權，神廟勢力的膨脹十分迅速。表3.4（1）列出了某一阿蒙神廟佔有的財產，表3.4（2）是各類神廟所占財產的數量和比例。㉙從中可見，神廟已經發展成爲一個龐大的經濟實體，它擁有數以百計的城鎮和幾千平方公里的土地，爲了對這些土地實行監督、稅收，對十幾萬工人進行組織，它還具有一個龐大的由書吏組成的管理機構。

表3.4（1） 阿蒙神廟的財產廟

土地	一百六十九個村鎮
	兩千八百四十九平方公里的土地
其他不動產	五十個花園、葡萄園
	五十個船塢
通訊設備	八十八隻船
動產	三六三六八〇升糧食
	一三九磅金，二二六七五磅銀
	六四二二磅銅，一八一六八塊寶石
	一六三三九件金銀器皿
	四五七五件精工編織的長袍
	一五二九甕香糖、蜜、油
	二八〇八〇甕酒
工人和管理人員	十萬七千六百一十五人（木匠、銅匠、石匠、香料匠、牧羊人、水手、養蜂工、書記等）

表3.4(2) 神廟產業表

	人力（各類勞力）	大小牲畜	果園和林園	土地	船隻	手工作坊	埃及城鎮	在敘利亞和庫什的城鎮
底比斯	86486	421362	433	350萬畝	83	46	56	9
希利奧波里	12364	45544	64	65萬畝	3	5	103	無
孟斐斯	3079	10047	5	4萬畝	2	無	1	無
一般的諸神小神廟	5686	13433	11	15萬畝	無	2	無	無
總計	107615	490386	513	434萬畝	88	53	160	9

取自 James Henry Breasted：《Ancient Records of Egypt》Vol.4, published 1906, third impression 1927 by the University of chicago, P.97

第三章

王朝更替之謎

另外，在古代埃及的司法機構中，神判所和世俗的法庭同時存在。在王權強大時，國王掌握著司法大權，中央集權是鞏固的。但是隨著神廟祭司集團勢力的強盛，神判所的力量會慢慢超越世俗的司法力量。從古代埃及的許多文獻中我們可以看到，神判可以把法庭和政府的指令擲棄不用。許多人寧可相信阿蒙神的決定而不相信正規的審判法庭。神不但決定一人是否有罪，還可以選擇或反對某崗位的候補者。這樣神廟必然同時成爲一個和中央政府對抗的政治力量，它似乎已成爲國中之國了。㉚

因此，神廟強大到一定程度，在利益上必然和代表中央王權的法老發生衝突。在經濟上神廟是一種大地產（土地的所有權屬於祭司頭目），政治上它是一個自成一體的小政府，並不屬於中央王權管理。在古埃及歷史上，神廟和法老的衝突是經常發生的。十八王朝末期的埃赫那吞改革大約是一個十分特殊的例子。早在埃赫那吞父親阿蒙霍特普三世（即阿美諾庇斯三世）那時，阿蒙神廟的祭司們已經強大到足以鉗制王權的地步了。法老的兩個維西爾（宰相）之中有一個實際上就是阿蒙神廟的高級祭司—普塔赫拿斯。埃赫那吞的父親「曾明白無疑地作出嘗試，去擺脫那如此沈重地壓在王位上的祭司們的手」。他另選了一個宰相拉莫斯來取代祭司宰相，而阿蒙霍特普四世決定破釜沈舟，企圖用宗教改革的辦法一舉清除那些日益威脅著法老權力的阿蒙神廟的祭司們。他宣佈阿吞神（日神）爲全國唯一的神，取締對其他一切神的崇拜，關閉它們的神廟，沒收它們的財產。爲了改革徹底，他把自己的名字改爲「埃赫那吞」。把首都從底比斯遷出，想在一個與其他任何神沒有關聯的地方建立一個新的首都，㉛以徹底擺脫神廟祭司們的控制。

這一切表明：當神廟強大到一定程度時，法老害怕神廟，不得不沒收神廟財產。但是取消神廟等於國王自己抹去了他頭上的靈光，等於砸爛那用於維繫自己王權威信的機構。他已經從神之子降爲一個世俗權力的掌握者了。在古代埃及，一旦國王不再代表公認的神，那麼中央王權就會解體。因此，埃赫那吞的改革注定是要失敗的，雖然他把自己打扮成另一個神的兒子，但是另一個神的一套祭祀機構剛剛建立，還不可能強大到足以維持統一。埃赫那吞的改革引起了混亂，中央集權力量不但沒有強化，反而削弱了。當他死後，改革的嘗試便煙消雲散。他的繼承人圖坦阿吞被迫遷都返回底比斯，並且將他那還留有改革痕跡的名字圖坦阿吞改爲圖坦阿蒙。遂恢復了對阿蒙神的崇拜，祭司們重新掌了權。他不得不再次去討好阿蒙神的祭司，公開承認自己是阿蒙神的皈依者，還爲阿蒙神塑造金身，贈給神廟大量黃金白銀，男女奴隸。㉜圖坦阿蒙統治九年後便死去了，國家內部醞釀已久的動亂因素終於爆發，國內發生了激烈的動亂。十八王朝瓦解。

第三章

王朝更替之謎

神廟和法老王權之間的矛盾，不僅僅表現在神廟的祭司們要把選擇法老的權力抓在自己手裏，使法老成爲自己的代言人，更重要的是，神廟和法老統治下的整個中央政府、官吏也是格格不入的。官僚機器的職能是保持國家統一，特別是維持稅收。而農民一旦把土地捐給神廟，國家稅收機關就無可奈何了。那些國家稅吏們對此是大爲惱火的，神廟力量大到一定程度往往危及他們本身的利益。目前保存在布隆博物館的《第一○八六號紙草》記載著一份書吏巴康納蒙向托特神廟祭司拉麥斯提出的報告。報告中敘述了他尋覓一個失蹤的奴隸——農夫的事。書吏說，他聽說法老駐軍部隊的通訊長強佔了他，但這位軍官否認了，又聽說宰相強佔了他，但宰相也否認此事，書吏要求那些強佔者把農夫還給祭司，提出他們一共要繳納的稅賦。[33]這一文件明顯反映出神廟祭司和國家機關的官吏對農民佔有權的爭奪。可以想見，這種事在古埃及是經常發生的。

埃及神廟力量這種從強大到失控的過程，大約是人類文明史上社會結構功能異化最早的例證。神廟本來是作爲神的法老用來強化中央王權、維繫各級政府忠於中央王權的工具。但是法老用各種辦法鞏固這根王杖時，有一天突然發現手中的王杖變成了一條毒蛇，它成了與中央集權和整個官僚機構對立的東西。調節者變爲破壞調節者，它反過來要求法老成爲它的工具。社會結構在互相調節中必然出現功能異化，這在埃及歷史上也得到了證實。每一種調節造成的和諧和穩定都似乎是暫時的。調節的過程必然造成功能的異化，它的結果必然導致社會結構穩定性的破壞和無組織力量的增長。

三・三 官僚機構腐化以及「大、中、小官僚奴隸主」出現

既然意識形態結構和政治結構在互相調節過程中必然會出現功能異化，導致無組織力量的增長；那麼政治結構在與經濟結構的互相調節中是否會導致功能異化，從而導致無組織力量的增長呢？答案是肯定的。理解了這一點，我們在三・一節中所講的另外幾種導致王朝覆滅的社會力量的增長就不難解釋了。

古埃及政治結構對經濟結構調節的主要方式，是用一個龐大的官僚機構和稅收系統對土地進行管理，並維持灌溉系統。這種調節機構也處於不斷異化之中，其表現形式就是官僚機構的腐化膨脹，營私舞弊一天比一天嚴重。十八王朝末的法老霍連姆赫布在全國各地公佈了他的敕令刻石，他要求用嚴刑酷法來禁止公職人員和軍隊搶奪居民的船隻和奴隸等，還豁免法官向國庫納稅以杜絕納賄行爲。然而這一切都是枉然。當時的史料充滿關於各級官員營私舞弊的報導，加強法官監督沒有任何作用。當時甚至在故事和學

校的抄本上都公開講到各級官吏的貪污行爲。㉞隨著官僚機構的日益腐化，必然同時出現一個不可抗拒的傾向，這就是土地兼併。國家關於土地買賣和轉讓的禁令對於一般農民和市民是行之有效的。但法律的執行者是一級級政府、各種政策法令是通過州長和大量書吏來實行的，當管理者進行土地兼併時，這種趨勢就無法控制了。

目前古埃及保存下來的文獻中，有不少有關官吏霸

墓道

佔人民土地和財產的記載。有一份第六王朝時期的某寡婦和孤兒的禱文說明了這一點。他們在禱文中祈求死者的靈魂保佑他們免受他人欺侮，因爲這些人不僅奪取他們的一切財產而且還霸佔了全家的三名女僕，這幾名女僕都有埃及名字。㉟看來這一家是一個中產階級，貪官污吏對這樣的家庭都毫無顧忌，對一般農民更是窮兇極惡了。這種情況在一個王朝的末年是那樣普遍，以至於一些比較廉潔的官吏往往把自己沒有兼併農民土地作爲美德刻在自己墳墓上。十一王朝的一個官員叫伊提，在自己的石碑上刻有「我沒有霸佔人家的田地」。㊱古王國一個高級法官叫霍特菲利哈特菲講，「我修造的這座墓作爲我的財產是公正的，因爲我從來沒從別人那兒拿過不應屬於我的東西」。㊲一個叫Nezemib的人在他的墳墓銘文中講，「我從來沒有強行拿走任何人的財產」。㊳Mes碑文裏記載，在拉美西斯二世十八年，有一個名叫Khay的人用僞造的地契，巧妙地從當時的佔有者Nubnefert手中奪下這塊土地。但後者的兒子提出他自己就是原有地主人的後裔，向法院控訴，最終獲得勝利。這是用法律來遏止土地兼併。但一般說來，在一個王朝中後期，通過法律和各種政策來限制兼併的效果並不大，上述例子一定極爲罕見。在古埃及，雖然法律已達到相當完備的形態，然而整個控訴和審理過程都由官僚機構辦理，這些本地大小地方長官，管理土地稅收的書吏們，又怎麼能夠自願地抑制對財產、田地的

佔有欲呢？官僚進行土地兼併比起神廟也許要緩慢一些，但經過上百年的積累，它也會帶來嚴重的社會危機。

它造成的第一個後果就是漸漸形成了一個佔有大量耕地的官僚奴隸主階層。那些州長和權貴依靠手中的世襲權力，佔有越來越多的土地，成爲一些巨大田莊的主人。比如卡夫拉的王子曾將自己十四個城鎮給了他的孩子和妻子。[39]這些大官僚的私人領地已成爲國中之國。至於擁有幾個田莊、數十名上百名奴隸的官僚奴隸主則更爲普遍。在《布魯克林紙草》書背面，可以找到一個擁有八十個奴隸和大量土地的私人田莊的記載。[40]官僚機構中下層書吏雖然官位微小，但是利用手中的職權仍可以參與兼併。他們一般成不了大土地所有者，但人數眾多，這部分人所占土地的總數也相當可觀。日益嚴重的土地兼併必然使得國家的可耕地不斷遞減，最後導致統一王朝賴以爲生的稅源一天比一天少。藏於列寧格勒博物館的一一一六A號紙草表明，第九王朝時，整個古埃及經濟崩潰，國家王室的土地幾乎被地方權貴或神廟所傾吞。第三王朝末期，王室收入幾乎只能靠直轄地加上臣民的奉獻了。[41]歷代王朝末期的法老們，甚至要靠賣官爵來增加國庫的收入。[42]

國家官吏兼併土地帶來的另一個後果是農民赤貧化。隨著貴族、書吏私人佔有地的膨脹，國庫收入一天比一天少，國家為了維持足夠的稅收，不得不增加稅率，加重對農民的剝削。第六王朝末古埃及一個統治者曾炫耀自己加倍徵收賦稅。㊸這就導致了一個正反饋鏈。兼併造成的赤貧化使農民只得把自己的土地送給神廟，自己淪為佃農、有時甚至是奴隸。國家擁有的耕地進一步縮小，這反過來進一步加劇土地兼併。古埃及農民同時承受來自兩個方面的壓力，一方面是國家三令五申，嚴禁賣地；另一方面大量書吏官僚趁人之危，想盡一切辦法營私舞弊，而稅收一天比一天重。在這雙重壓力下，很多農民沒有機會賣地，只能賣身。農民賣身比賣地容易，這就出現二・四節中所講的農民陷於特殊身分奴隸的現象。

在目前保存下來的一些紙草書中，我們都可以看到一些埃及人淪為奴隸的記錄。比如上面提到的布魯克林紙草書背面記載了一個南部城市的土地長官贈給他的妻子的八十三名奴隸中就有三十三個是埃及人。㊹正如二・四節所講，這些奴隸只在人身上屬於主人，為主人做那些非農業生產性質的勞動，如家務、紡織等等；同時他們還得為國家耕種自己的份地，繳納高額租稅。他們的處境或許比一般的奴隸更為困難。兩條毒蛇緊緊地盤纏在他們身上，國家的稅吏每年要向他們納稅，吸取了他們血汗的大部分。奴隸主則對他們那枯瘦如柴的身體進一步敲骨吸髓。他們要賣地則要尋找機會（這畢竟是

非法的）。所以很多農民一旦有條件，就開始拋棄家園逃亡，到城市中作爲城市貧民。他們寧肯成爲無家可歸沿路行乞的流浪漢，也不願變成爲身戴這雙重剝削枷鎖的奴隸。在王朝末年經常可以看到大群流落街頭漂泊異鄉的農民。第六王朝末，普通居民破產已極爲普遍，流浪的貧民已成爲一個社會問題。一個州長曾自誇從自己財物裏把大麥和牛乳分給在自己州內發現的一個餓漢吃，把貧民養在自己的地界。[45]

當大量農民陷於這種特殊身分的奴隸或逃亡作爲城市貧民時，就爲貧民奴隸大起義提供了條件。個別官僚和神廟的救濟和慈善事業是無濟於事的，因爲國家擁有的耕地和農民在整個經濟中已經不占主要地位了。國家諾姆經濟中殘有的小農已經喘不過氣來。國家再也無力組織大規模的公共灌溉工程。水渠廢棄了，土地荒蕪了，生產力降低，國王威信掃地，各地州長已成爲大奴隸主，他身下擁有大量屬於他個人的管理人員，中央既缺乏神的權威，也沒有足夠的經濟實力繼續給神廟祭司們以賞賜，以神的權威來號令地方。這時必然出現三・一節所講的兩種傾向：地方割據勢力猖獗，各地州長不再聽命於中央；農民陷於赤貧者、特殊奴隸身分者越來越普遍，城市貧民已成爲使整個社會不穩定的因素，廣大農民生活在水深火熱之中。社會動亂的狂風暴雨也就日益臨近。

三·四 王朝瓦解的兩種方式和修復機制

爲了研究古埃及王朝更替的規律，我們將古埃及王朝瓦解和中國傳統社會王朝崩潰作一對比。中國傳統社會幾乎每一個王朝都被農民大起義推翻，王朝更替總是伴隨著整個社會大動亂。古埃及王朝瓦解的方式卻是多種多樣的。一般說來，古埃及王朝更替有著兩種不同的方式，一種與中國類似，出現全國性大動亂；另一種則是近於連續的和平過渡，神廟廢除一個舊王朝宣佈一個新的王朝開始。從目前保存下來的材料分析，很可能第五王朝變爲第六王朝、第十一王朝變爲第十二王朝，都是近於連續的和平過渡。非常奇怪，古埃及王朝變遷這兩種方式是周期性交替出現的。第五王朝滅亡時，沒有出現全國性動亂，但第六王朝末卻爆發了大起義。十一王朝滅亡十二王朝建立幾乎是一種和平過渡，但十二王朝卻是被全國性貧民奴隸起義推翻。古埃及王朝更替爲什麼會出現這種一張一弛的節奏？

王朝的傾覆是被無組織力量瓦解。舊王朝滅亡後，新王朝要建立穩定的秩序，必須清除破壞舊王朝穩定的無組織力量。在古埃及歷史上三十個王朝中，不少王朝十分短命，比如第七王朝只存在了七十天，共換了七十個法老。㊻第八王朝所轄區域僅限於孟

第三章

王朝更替之謎

斐斯地區，而全國則一片混亂。這些王朝只是名義上建立。它們由於內部無組織力量強大，不能維持穩定。因而研究一個王朝瓦解方式以及新王朝建立的途徑，必須認真分析某一個王朝是被哪一種無組織力量瓦解的。新王朝只有消除瓦解舊王朝的那種無組織力量才能在舊社會的廢墟上修復。不同的瓦解方式對無組織力量的殺傷也大爲不同，這樣一來，王朝修復方式也和無組織力量有關。

爲了討論方便起見，我們分別將三・一節中所講的五種不斷增長的傾覆王朝的因素稱爲五種無組織力量。第一種無組織力量的增長表示法老世俗化。第二種無組織力量用來度量官僚機構腐敗程度。第三種無組織力量代表神廟膨脹和失控。第四種無組織力量是地方割據勢力。第五種無組織力量是大、中、小官僚奴隸主階層形成，大量農民陷於奴隸、佃農地位，成爲赤貧者。這五種無組織力量增長速度是不同的。大約第一種增長得較快，第二、三種次之，其餘兩種增長得較慢。一般說來，五種無組織力量中只要一種足夠大，就可以使一個王朝瓦解。在古埃及三十個王朝中，這五種無組織力量的增長互相影響，它們之間的關係非常複雜。使得舊王朝瓦解和新王朝建立的方式多種多樣。

王朝瓦解方式取決於它內部哪一種無組織力量最大，誰最先破壞社會結構的穩定性。一般說來，社會整體結構總是從那些最爲脆弱的連接點斷裂的。古埃及社會最脆弱的是神權官僚政治體系中的中央權力。整個統一社會雖然擁有數以萬計的官吏，實際上它始終具有地方聯盟的性質。州長作爲地方最高長官，又是大貴族，身兼「軍」「政」「宗教祭司」三種權力，他們的世襲地位很容易使州變爲獨立王國。因此，統一能否維持關鍵在於法老是否有神的權威。

祭司一旦和王權貌合神離，法老神性喪失，地方勢力馬上會不再聽命中央，王朝即告解體。因此，最先破壞社會適應性的常常是第一種無組織力量。它增長速度最快，而且受第三種無組織力量的影響。很多時候，神廟祭司力量（第三種無組織力量）增加到一定程度，雖然神廟擁有的地產還未占主導地位，破壞國家諾姆經濟，但由於神廟和王權的衝突已十分激烈，使法老威信下降，神性減弱。這時，王朝統一再也維持不下去了。這時出現改朝換代。由於瓦解王朝的只是第一種無組織力量，改朝換代方式是和平的。整個王朝是否被貧民奴隸大起義推翻，取決於第五種無組織力量大小。而第五種無組織力量大小又和第二、三種無組織力量有關。當第二、第三種無組織力量中一種足夠大時，第五種無組織力量一定很大，都足以引發貧民奴隸大起義。比如第四王朝末，第二種無組織力量很大，第三種無組織力量不很大，大動亂由官僚機構腐敗引起。有的王朝，第二、三種無組織力量都很大，社會危機更爲深重，這時舊王朝末期的大動亂更爲

激烈，歷時更久。㊼

很可能，第五王朝過渡到第六王朝，第十一王朝過渡到第十二王朝，社會之所以沒有出現大動亂，乃是因爲瓦解第五王朝和第十一王朝的只是第一種無組織力量，其餘四種無組織力量均不很大。神廟出面再次宣佈新任法老具有神權，通過和平手段改朝換代，不再具有神性的法老被替換，第一種無組織力量在新王朝初建時被消除，新王朝能穩定地建立。但是這種和平的改朝換代同時也埋下了災難的種子。和平修復雖然消除了第一種無組織力量，但難以清除其餘四種無組織力量。這些無組織力量在舊王朝滅亡時雖未大到危及王朝穩定的地步，但也具有相當的數量。在新建王朝中，必然加劇發展。到這個和平修復王朝的末年，它必然十分嚴重，因爲它是兩個王朝危機累加的總和。五種無組織力量同時很大，社會大動亂也就不可避免了。

從表3.1可見，第五王朝經歷一百四十九年，第六王朝經歷一百六十四年，第二、第五種無組織力量雖然增長速度比第一種無組織力量慢，但通過三百一十三年的積累，數值必然十分驚人。同樣，第十一王朝和第十二王朝共歷時三百四十七年，社會結構必然被五種無組織力量同時破壞。這時候，勢必只有大動亂的狂風暴雨席捲整個社會，才能清除幾百年來日積月累的無組織力量。因此，在古埃及我們總是可以看到王朝兩種不同

的瓦解方式周期性地交替出現。

對於那些被五種無組織力量瓦解的王朝，出現全國性大動亂，貧民奴隸大起義對五種無組織力量來了一個總清算。這些王朝滅亡之後修復的王朝一開始五種無組織力量都很小，它的後期只有第一種無組織力量增長最快，其餘四種較小，這些王朝往往可以通過和平方式改朝換代。歷史證明，第五王朝、第十一王朝都是經過大動亂修復的。據狄奧多洛斯講，第四王朝末年，人民起義了，把一些國王的屍體從金字塔中拋了出來。㊽而第十一王朝能夠修復，也是以第六王朝滅亡後整個社會經歷一百四十一年的大動亂，徹底消滅各種無組織力量為前提的。㊾

關於貧民奴隸大起義怎樣消滅各種無組織力量，古埃及很多文獻中有形象的記載。一個名叫安虎的祭司曾這樣描繪過大動亂時社會的狀況。「我沈思著大地上所發生的事情，變化發生了，與往年不同了。一年比一年困難了，國內叛亂了。國家蒙受創痛，到處在憂傷。許多州和城市陷於悲哀之中，國家正在遭到破壞—不正當的行為（甚至）出現在保密議事室中，神的計劃常被干擾，他們的儀式被忽視。全國大爆亂，聽候命令的人發佈命令了。」㊿目前保存下來的關於第六王朝和十二王朝滅亡時大動亂的文獻，主要是《伊浦味陳辭》、《聶非爾列胡預言》等資料。這些資料清楚地表明貧民—奴隸大

起義時，起義者對這五種無組織力量進行了一次徹底的掃蕩。

起義者首先衝擊的是以法老爲首的官僚機構，《伊浦味陳辭》中多次講到：「三角洲在哭泣，因爲國王的糧食已經成爲一切人的財產。」「所有的公務員已經不在其位了，人們好像失去自己的牧人而受驚的畜群一般。……國內的官長們還以逃跑自脫。他們甚至找不到施捨。宮廷人已經從王家被趕走了。」「審判廳的法律紙卷已被拋出，在十字路口，人們就在那紙卷上行走了。審判官被趕到國內各地去。」在法老和神權官僚機器被砸爛的同時，貧民－奴隸起義者對大大小小的官僚奴隸主也來了一個總清算。一切都顛倒了過來。「女奴隸正在祭拜阿珀刻物體」，而「貴婦人……正在逃跑」。「那本來沒有財產的人，已變成財富的所有主了」。「本來受管理的人，卻已成爲奴隸的所有者」。「國內的庶人已經變成富翁。財富的所有者卻變成無產的人了」。[51]「貴婦們在丈夫被殺後也被趕到街頭，賣掉孩子來換取食物。」或者逃到沙漠裏，「你們像野獸一般地過活。」[52]

古埃及歷史上，當古王國滅亡後，中王國能走向繁榮，中王國被無組織力量吞沒後，新王國能再次走向興盛；首先應歸功於貧民－奴隸大起義打擊了無組織力量。大動亂使長期得不到解決的土地問題在新王朝初建時比較緩和。「那本來不是爲自己耕種的人們現在可以得到收穫了。」「而從前財產的所有者則是一無所有的人。」[53]隨著大大小小官僚奴隸主的大地產被起義者消滅，國家又能將那些曾被神廟和官僚奴隸主吞併的土地分給自耕農，重建國家諾姆經濟結構。並且，法老又可以將大量無主荒地賜給新的官僚和神廟，重新使用這一鞏固神權官僚政治的調節手段。這時一切又能像上一個王朝那樣重新開始。但是我們還必須解決一個邏輯上的困難，這就是大動亂後王朝修復機制問題。

三・五　兩個中間期和輪換主神的原因

古埃及社會的政治組織是建立在神權基礎之上的，因而對統一神的信仰是王朝改建必不可少的條件。否則即使無組織力量得到清除，但如果神廟已經被焚毀，某一個主神由於他的代理人在舊王朝末期作惡多端而失去人們的信任，整個社會將沒有統一信仰或沒有體現這種信仰的機構。這時要重新建立神權官僚政治是十分困難的。如果舊王朝瓦解時，沒有出現大動亂，或者雖出現貧民－奴隸起義，但起義者的矛頭主要針對法老和官僚機構，而沒有對準神廟，那麼神廟可以充當神權官僚政治的修復機構。由神廟推選法老就是例子。但如果在整個社會大動盪中，連神廟都遭到掃蕩，人們對某一個神失去了信任，神廟就不能起到修復機構的作用了。

那些被五種無組織力量吞沒的王朝的末年，各種社會問題堆積如山，官僚奴隸主和神廟祭司們如毒菌一樣附在腐朽的國家機器之上，全體人民生活在水深火熱之中，「不敬神」幾乎成爲一種普通的社會情緒。人們再也不對腐朽的神廟抱有敬畏之感。

希羅多德曾講過一個故事，很能反映這種關頭古埃及人的情緒。據說，「從布頭城有一個神托送到

哈夫拉金字塔的祭廟，第四王朝，西元前2570-前2544年

法老美凱里諾斯這裏來，說他只還有六年的壽命，而在第七年一定會死。國王認爲這太不公平了，於是便把一名使者派到神托所去譴責神，抱怨說他的父親和叔叔封閉神殿，不敬神並蹂躪世人卻活得很久，而他這樣一個十分敬神的人卻是短命的。但是從神托所卻來了第二個神托，這個神托對他說，他所做的善事正是他短命的原因，因爲他是違反天命行事的；埃及注定要受一百五十年的苦難，這一點他前面的兩個國王知道，然而他本人卻不知道。聽到這話之後，他知道他的命運是確定了。於是便下令製造許多燭燈，每到夜裏就把它們點起來，飲酒作樂。他晝夜不停地飲酒作樂……目的是打算通過把黑夜變成白天的辦法，把他的六年變爲十二年，從而證明神托的虛妄。」[54]古埃及人很迷信，但這個故事卻反映出一種對神普遍的不敬。這是大動亂來臨前社會的普通心理，統治階級由於社會危機難以克服每天飲酒作樂，認爲這是埃及命中注定的災難。而廣大人民則對法老、神廟和官僚們的荒淫無恥表示極大的憤慨。苦難使他們動搖了對神的信仰，現有一切社會機構在他們眼中都失去了神權的性質。

這樣，大動亂一開始，神廟必然被起義者掃蕩。在那些有關大動亂的文獻中多次提到：「不信神的人。」《伊浦味陳辭》足足有一長段是號召恢復宗教祭祀。可見當時一切全國性的宗教活動都已停頓，大多數神廟都荒蕪了。打擊神廟，對於消除無組織力量

來講，是達到了目的。但是它很可能意味著出現可怕的精神真空。統一的社會結構從此再也修復不起來，社會瓦解成一些碎片，它可能導致古代文明的滅絕。然而在古代埃及，並沒有出現這種情況，舊王朝滅亡後，不管多麼困難，新王朝總算是重建了起來。這裏，古埃及的以一神爲主的開放性多神教（崇拜）以及它特殊的諾姆結構也許起了很重要的作用。

我們在第二章批出，古埃及每一個諾姆都有自己崇拜的神。當統一王朝存在之時，這些地方神是不重要的，統一信仰由全國性主神來維繫。但一旦主神地位動搖，主神的神廟被動亂蕩滌，全埃及又分裂成若干個諾姆。這時每個諾姆所崇拜的地方主神就十分重要了。這些小神廟在社會統一時期，由於不占主導地位，它的規模不很大。從表3.4（2）中可以看出，那些地方性小神廟所占土地、地盤、勞動力都是不大的，其腐化程度也遠比大神廟輕。它們所受動亂的衝擊比較小，因而在大動盪後都保存了下來。只要這些地方主神尚有力量，那麼根據古埃及開放性多神教的特點，這些地方主神中的某一個就必然隨著那一地方勢力的強大而被推爲全國的主神，整個神權官僚政治結構就可以恢復。埃及的諾姆和開放性神教承擔了王朝修復的模板功能。它保證當某一主神被無組織力量吞沒、動亂打擊了這個主神的地位時，另一些地方主神有可能取而代之，成爲新王朝的全國崇拜的主神。

古埃及各王朝主神形態的變遷爲這種分析提供了證明。表3.5是各個統一王朝的主神。我們可以看到，雖然各王朝的主神名義上都是太陽神，但名字和形象卻是不同的。如荷魯斯是鷹，拉是蛇，而阿蒙的形象卻是人。初一接觸古埃及史料，都會很奇怪，爲什麼同是太陽神，但神的名字和形態卻不同？實際上，任何一個諾姆的地方神一旦成爲全國主神時，都必須成爲太陽神；但祂尚未成爲主神時，僅僅是地方神，而地方神的形態是不同的。祂們有的是動物，有的是人形的。

表3.5　各王朝主神變化

王朝名稱	全國主神名稱
第一王朝	荷魯斯
第二王朝	塞特神
第三王朝	荷魯斯
第四王朝	荷魯斯（拉）
第五王朝	拉

第六王朝	拉—阿圖姆
中王國各期	阿蒙
新王國各朝	阿蒙

主神形態的變化大約證明了主神由某一地區地方神演變過來的機制。[55]當舊王朝瓦解後，全國主神消失，那個勢力最強大的地方神隨著這個諾姆征服其他地區，就成爲太陽神。於是這個新的主神的形象往往是雙重的，既保持了原有形象，又具有太陽神的形象。必須指出，一個新王朝的主神可以和舊王朝的形態不同，但並不是每一個王朝主神形態都一定不同。新王朝的主神形態取決於它是怎樣修復的。當由神廟祭司集團修復王朝時，主神當然不會變化。即使舊有神廟被摧毀；如果新王朝修復是在一二百年之後，修復王朝的地方勢力所在地與舊王朝一樣，那麼主神仍是不變的。比如古埃及從中王國到新王國各朝主神都是阿蒙，基本上沒有變過。關鍵在於阿蒙是底比斯地方主神，只要是這一地區的地方勢力最後修復王朝，那麼阿蒙神仍舊被奉爲主神。

我們認識古埃及王朝頗爲複雜的修復機制後，就可以理解三十個王朝變遷中的一些疑難問題。表3.1所記載三十個王朝變遷的三千年歷史中，我們可以看到存在著兩個中間期。一個是第六王朝滅亡後到十一王朝建立之前，這個中間期長達一百四十一年。第二個中間期是第十二王朝滅亡到新王國十八王朝建立，第二個中間期更長達兩百一十九年。在兩個中間期，埃及一片混亂。即使建立起來的王朝也都是不穩定的。似乎王朝修復遇到了某種困難。為什麼有這兩個中間期呢？

我們知道，無論是第六王朝還是第十二王朝末年，都出現了全國性貧民—奴隸大起義。起義之猛烈，在埃及歷史上是少見的。據一些學者估計，這兩次大動亂每一次都起碼延續了半個世紀。可以想像，大動亂對無組織力量的摧毀是多麼的徹底。不僅人口大為減少，並且全國性主神神廟勢力也基本上被摧毀。動亂對國家諾姆經濟上的打擊尤為嚴重。因而要等這些諾姆中某一個諾姆經濟上強大起來，它的主神再形成為全國性主神，肯定需要相當長的時間。第二個中間期由於從亞洲來的外族人—希克索斯人的入侵，持續的時間較第一中間期更為長些。

那麼，是不是每逢全國性大動亂，就一定會導致中間期呢？不一定，關鍵看舊王朝滅亡時全國性神廟是否腐朽，貧民奴隸起義打擊對象是否包括神廟。一個有說服力的例子是第四王朝末的大動亂。當時，無組織力量主要表現在官僚機構腐化，起義的矛頭主要針對法老和官僚機構。當時拉神的勢力剛剛興起，祂成為全國性神的時間尚不長，第

四王朝滅亡後還沒有腐化。從史料上看，拉神神廟在動亂中沒有受到打擊。因而第五王朝修復很快。動亂後拉神一下子上升爲全國最重要的主神。第四王朝一旦被起義者推翻。擁有巨大勢力的希利奧波里的太陽神拉神廟，馬上推出一位祭司當法老。近年來，一支埃及和澳大利亞的聯合考古隊在開羅西南的薩卡拉地區發現一批古墓，古墓的墓壁文字證明，第五王朝的創建者尤塞爾長弗法老正是一名祭司。[56]當時，「祭司們製造了一種預言說，法老的王位將傳給太陽神拉的兒子；說來驚人，這個兒子是奉祀拉的一位祭司妻所生」。[57]可見祭司們早就爲他們改朝換代準備了輿論。只要舊王朝一垮台，控制著全國信仰的拉神廟馬上可以在混亂中恢復秩序，完成王朝修復。

只有當全國性神廟都已腐朽時，才會導致不穩定的中間期。第六王朝末和十二王期末，全國性主神的神廟已被無組織力量吞沒，隨著王朝崩潰，它們在長達半個世紀的大動亂中差不多全部被摧毀。那些地方神不可能一下子就變爲全國性主神，而且，當時每一個地方割據勢力都很弱小，它們發展壯大勢必要經歷相當長的時間。因此，這兩次社會大動盪在埃及史上導致兩個不穩定的中間期。但是經過兩百年的動亂和災難後，古埃及王朝還是再次得到修復，它足以表示古代文明令人驚歎的生命力。這種死而復甦的能力也許是古埃及文明所特有的，它使古埃及社會結構在繁花似錦的遠古文明中成爲一個引人矚目的特例：它是一個超穩定系統。

注釋：

①威廉．蘭格主編：《世界史編年手冊——古代和中世紀部分》上冊，三聯書店一九八一年版，第六一—六二頁。

②古埃及法老一般是世襲的（包括把王位傳給女兒和女婿）。

③Ａ．費克里：《埃及古代史》，科學出版社一九五六年版，第一四—一五頁。

④雷奈．格魯塞：《近東與中東的文明》，上海人民美術出版社一九八一年版，第一四頁。

⑤第五王朝的開國法老，一繼位即說明自己是拉神的兒子。

⑥Ａ．費克里：《埃及古代史》科學出版社一九五六年版，第二四頁。

⑦阿尼．格拉德舍夫斯基：《古代東方史》，高等教育出版社一九五九年版，第一二九頁。

⑧萊昂內爾．卡森：《古代埃及》，紐約時代出版公司一九七九年中文版，第一三〇頁。

⑨今天留下的金字塔，幾乎都為人盜挖過，而且發生在幾千年前（參見Ａ．費克里：《埃及古代史》，科學出版社一九五六年版，第三一頁及第五五節）。

⑩蘇聯科學院主編：《世界通史》第一卷，三聯書店一九五九年版，第四八三頁。

⑪劉家和主編：《世界上古史》，吉林人民出版社一九八四年版，第五一頁。

⑫馮祚民編著：《西洋全史》第二卷，台北燕京文化事業公司一九七九年出版，第二一五頁。

⑬萊昂內爾·卡森：《古代埃及》，紐約時代出版公司一九七九年中文版，第七九頁。

⑭如圖特摩斯三世本來被女王哈特舍普蘇特（西元前一五二三年—前一四八二年）打入冷宮，但被祭司保護在神廟之中，以後祭司們通過「阿蒙神的顯靈」，把圖特摩斯三世推上了王位。

⑮《世界上古史綱》編寫組：《世界上古史綱》上冊，人民出版社一九七九年版，第三〇二—三〇三頁。

⑯蘇聯科學院主編：《世界通史》第一卷，三聯書店一九五九年版，第二三一頁。

⑰阿甫基耶夫：《古代東方史》，三聯書店一九五六年版，第二三〇頁。

⑱《世界上古史綱》編寫組：《世界上古史綱》上冊，人民出版社一九七九年版，第二九〇頁。

⑲摩勒：《尼羅河與古埃及文明》，商務印書館一九四一年版，第一一九—一二〇頁。

⑳《聶非爾列胡預言》，載《世界古代史史料選輯》上冊，北京師範大學出版社一九五九年版，第四十頁。

㉑《伊浦味陳辭》，載《世界古代史史料選輯》，北京師範大學出版社一九五九年版，第二三—三七頁。

㉒、㉓周啟迪：《關於埃赫那吞改革的若干問題》，載《北京師範大學學報》一九八四年第四期。

㉔埃末爾（M.E.El-Amir）：《埃及考古學》，科學出版社一九五九年版，第四七—四九頁。

㉕James Henry Breasted, 《Ancient Records of Egypt》, Vol.1, Published 1906, third impression 1927 by the University of Chicago, p.106.

㉖參見劉家和主編：《世界上古史》，吉林人民出版社一九八四年版，第六五—七十頁。

㉗James Henry Breasted, Ancient Records of Egypt, Vol.4.

㉘希羅多德：《歷史》，商務印書館一九五九年版，第三一三頁。

㉙James Henry Breasted,《Ancient Records of Egypt》,Vol.4.

㉚據布利斯特德統計，在第二十王朝時期《哈里斯大紙草》中記載屬於神廟的土地（有一百零七萬四百一十九斯塔特），占全國耕地的百分之十五，勞動力的百分之二。據謝德勒的意見，《哈里斯大紙草》中記載的僅是拉美西三世贈給神廟的，它占全國耕地的百分之十，勞動力的百分之六。據司徒契夫斯基的意見，該紙草僅剩下三分之一，因而實際佔有土地和勞動力的比重應更大（周啟迪：《關於埃赫那吞改革的若干問題》，《北京師範大學學報》一九八四年第四期，第一八—一九頁）。

㉛A．費克里：《埃及古代史》，科學出版社一九五六年版，第八一頁。

㉜周啟迪：《關於埃赫那吞改革的若干問題》，載《北京師範大學學報》一九八四年第四期，第二五頁。

㉝伊．阿．司徒契夫斯基：《古代埃及新王國時期的奴隸制度的特殊形式》，載《河北大學學報》一九八二年第四期，第七一—七六頁。

㉞蘇聯科學院主編：《世界通史》第一卷，三聯書店一九五九年版，第四八三頁。

㉟蘇聯科學院主編：《世界通史》第一卷，三聯書店一九五九年版，第二二二—

一二三頁。

㊱劉家和主編：《世界上古史》，吉林人民出版社一九八四年版，第五一頁。

㊲James Henry Brasted，Ancient Records of Egypt Vol.1，Published 1906，third impression 1927 by the University of Chicago，p.115、125.

㊳馮祚民編著：《西洋全史》第二卷，台北燕京文化事業公司一九七九年版，第一二一九頁。

㊴James Henry Breasted Ancient Records of Egypt Vol.1，Publisned 1906，Third Impression 1927 by the University of Chicago，p.90.

㊵A．N．久梅涅夫：《近東和古典社會》，載《史學譯叢》一九五八年第三期。

㊶馮祚民編著：《西洋全史》第二卷，台北燕京文化事業公司一九七九年版，第五八頁。

㊷在一份文獻中，記錄了十七王朝（西元前一六五〇年—前一五六七年）的一個法老宣佈出賣艾爾卡布市市長官職的事情（艾倫伽德納《埃及語語法導言》，載《世界歷史譯叢》一九八〇年第二期）。

㊸蘇聯科學院主編：《世界通史》第一卷，三聯書店一九五九年版，第一二一四頁。

㊹《世界上古史綱》編寫組：《世界上古史綱》上冊，人民出版社一九七九年版，第二九三頁。

㊺Miriam Lichtheim，Ancient Egyptian Literature Vol.1，University of California Press Paperback edition 1975，p.17、p.24。

㊻威廉．蘭格主編：《世界史編年手冊》上冊古代和中世紀部分，三聯書店一九八一年版，第六三頁。

㊼後面將談到它導致出現中間期。

㊽阿甫基耶夫：《古代東方史》，三聯書店一九五六年版，第二二一—二二二頁。

㊾從第六王朝滅亡到第十一王朝建立，經過一百四十一年，在這段時間第七王朝、第八王朝、第九王朝和第十王朝都是不穩定的（或沒有統一全埃及）。

㊿劉家和主編：《世界上古史》，吉林人民出版社一九八四年版，第四八頁。《世界上古史綱》編寫組：《世界上古史綱》上冊，人民出版社一九七九年版，第二八九頁。

(51)R．D．福克納：《一個埃及賢人的訓誡》（又名《伊浦味訓誡》、《伊浦味陳辭》），載《世界史譯叢》一九八〇年第二期。

㊿52 A．費克里：《埃及古代史》，科學出版社一九五六年版，第三一頁。

53 R．D．福克納：《一個埃及賢人的訓誡》（又名《伊浦味訓誡》、《伊浦味陳辭》），載《世界史譯叢》一九八〇年第二期。

54 希羅多德：《歷史》第二卷，商務印書館一九五七年版，第三三五頁。

55 古埃及法老象形文字的變化也明顯地反映了主神的更換。

56 符福淵：《世界上最早的女大臣》，載《光明日報》一九八四年二月廿七日。

57 萊昂內爾．卡森：《古代埃及》，紐約時代公司一九七九年中文版，第九六頁。

第四章

又是一個超穩定系統嗎？

第四章　又是一個超穩定系統嗎？

歷史的進步猶如用一個火把去點燃另一個火把，兩個火把之間卻隔著寒冷的黑夜。那火光在黑夜中的歷程就是社會結構的形成和它的延續。但是，任何一個熊熊的火炬遲早總是要熄滅的，而進步則意味著當在一個火炬熄滅前點起許許多多新的火炬。

——作者

呼喚死者的名字就能叫他再生

——古埃及格言

四·一　古埃及社會的停滯性

一九一七年，英國考古學家霍華德·卡特來到埃及，經過整整六年的尋找，他終於在埋葬著三十多個法老的「帝王之谷」，打開了古埃及法老圖坦阿蒙陵墓的石門。這一發現一下子轟動了世界。圖坦阿蒙是古埃及史上以宗教改革著稱的法老埃赫那吞的女婿。他大約於公元前一三六一年登基，當年僅十歲，他死去時才十九歲。這一發現引起人們極大的關注。古埃及法老的金字塔大多都被歷代盜墓賊掘盜過，有的早已被洗劫一空，而這一陵墓雖然在圖坦阿蒙死後十年也被盜劫，但馬上又被封好，並被亂石所掩蓋，一直保留到現在。當考古學家打開墓門，他們的手碰到那些三千年來沒有人碰過的「奇形怪狀的動物、雕像和黃金」時，不由心中萬分激動。一位歷史學家很形象地描繪了那些打開一層又一層法老棺槨的科學家的心情：「有一會兒」，打開這些古老棺槨的考古學家想到：「人類生命中的要素——時間已經失去了意義……你所呼吸的特殊空氣多少世紀以來並未改變，還是安葬圖坦阿蒙王木乃伊的人呼吸的。」①

研究古埃及社會，人們常常會有這個考古學家同樣的感覺，在古埃及也許時間確實沒有多少意義，這個社會最令人驚異的特點是幾乎一切都是一成不變的。社會生產力的發展相當緩慢，早在公元前三千年，尼羅河河谷地區已是人類生產力最爲發達的地區之一，但是二、三千年過去了，這個地方生產水平增長仍不顯著。後面插表4.1給出從古王國到新王國末期二千年來的一些指標。從中可以看到，古埃及的農具兩千年來除了犁的改進外，似乎沒有顯著變化。而一直到新王國時期，埃及的青銅器才取代石器，古王國和中王國這近千年中一直處於金石並用的時代。在這一段時間中，其他地區的古代文明卻大踏步地向前，進入了鐵器時代。雖然，尼羅河河谷內缺少鐵礦，但從中仍可看出，生產技術進步的緩慢。另一個有代表性的例子是商品經濟發展緩慢。

表4.1　古埃及社會經濟發展狀況

年代＼社會經濟生產狀況＼類別	灌溉	農具
古王國	灌溉水利系統形成。一般用陶罐等容器提水	木鋤、石刀、銅刀、銅斧。金石並用
第一中間期	社會大動亂發展中斷倒退	
中王國	法尤姆水庫。沙杜夫（桔槔）應用。第二瀑布處測水儀。	石製工具仍使用。裝有橫木把手的新犁出現。石製各類工具，種類增多
第二中間期	社會大動亂發展中斷倒退	
新王國	沙杜夫廣泛使用	犁進一步改進，梯形犁
晚期王國	曾修大運河，準備開闢去西奈的水路	

商業	種植業	飼養業	外貿	手工業	冶煉業
物物交換。人到市場上一般帶二十五公斤左右的穀物	大麥、小麥、亞麻、葡萄、橄欖、椰棗、穀類	驢、牛、奶牛、羚羊、野山羊、鴨、鵝、鴿、蜜蜂	法老的國家對外貿易，大型遠征隊（如換取木材）	木材加工、食品加工、紡織、金銀手飾、紙草加工、造船、釀酒、油類	極少的銅、鐵（基本上是天然鐵）
社會大動亂發展中斷倒退					
用穀物和衣服支付。末期有用黃金支付	大麥、小麥、亞麻、葡萄、橄欖、椰棗、穀物	一種向下彎角的羊出現，並逐漸代替以前的叉角綿羊	與腓尼基外貿聯繫密切	玻璃製造業、寶石礦開採、臥式織布機（一般三人同時操作）	青銅、黃金
社會大動亂發展中斷倒退					
仍物物交換。後開始用銀作爲主要的價值尺度	輪作制、國家官吏干預種植。（以前僅對灌溉系統監督）	後期馬、騾、駱駝出現	與邁錫尼、蓬特、塞浦路斯等國頻繁貿易往來	各類大手工作坊。木乃伊技術、一個人操作的立式織布機	青銅使用普遍，普及鍛法和鑄法，後期鐵器出現
銀塊（叫德本）作爲基本的貨幣等價物。商品貨幣關係發展		養馬業發達	外貿活躍，漸漸成爲地中海的貿易中心		鐵器普遍使用

第四章

又是一個超穩定系統嗎

中王國初期，埃及已進入文明社會一千多年，但仍停留在物物交換的階段。一直到新王國時期，真正的貨幣仍沒有出現。而在這段時間內，地中海沿岸的古希臘城邦雖起步較晚卻很快形成了一個個商品交換的中心。古埃及社會似乎從進入文明後就停滯了！正因爲如此，人們經常把古埃及社會比作法老的木乃伊，靜靜地躺在金字塔中，抗拒著迅速流過的時間。古代的習慣、生活方式、耕作技術，甚至修建金字塔的方式，都是一代傳一代，很少改變的。

關於古埃及社會的停滯性，從希羅多德到近代，很多學者都談到過。但是，大多數人們都傾向於用古埃及人的保守來解釋社會發展的停滯。希羅多德認爲古埃及人天生保守，「他們遵守著他們的祖先的風習，並且不在這上面增加任何其他的東西。」[2]孟德斯鳩在《羅馬盛衰原因論》中也明確地運用這一觀點來分析那些影響古代社會進步的因素。他說：「我們應當指出，最足以使羅馬人成爲世界霸主的一種情況，就是在他們經常不斷地對一切民族作戰的時候，他們只要看到比自己更好的習慣，他們立刻就放棄了自己原有的習慣。」[3]

我們認爲，把古埃及社會生產力發展的緩慢歸因爲古埃及人保守，歸因爲他們死抱過去的習慣不變，這種觀點既不公正，也缺乏事實根據。就拿他們信仰的主神名稱來講，從古王國開始到新王國，就是經常變化的。這種信仰主神變化的高頻率，似乎在其他古代文明中很少看到。據一些人認爲，十八王朝時，埃及視亞洲人生活習慣爲蠻俗，但到了十九王朝，上流社會便盛行亞洲生活方式。拉美西斯二世的女兒取閃族的名字，叫阿納特（Bint Anath），意爲「阿納特神之女」，此神是敘利亞的女神。④由此可見，古埃及社會習俗也和其他社會一樣，處於永恆的流動之中的。

另一些學者則用與世隔絕來解釋古埃及社會的停滯性。這種觀點有一定的說服力，但尚不能自圓其說。古埃及社會從公元前四〇〇〇到古王國這一段時間不是停滯的。正是在這個與世隔絕的尼羅河河谷中，出現了最早的文明社會，一個個諾姆城市國家在幾百年中迅速形成統一的王國。這一段時間中，埃及無論是生產力，還是社會組織以及宗教觀念都來了一個大飛躍。歷史證明，停滯似乎是出現在第三王朝建立到新王國這一段時間。

我們認爲，社會生活是一般發展的洪流，沒有一種古代文明能像木乃伊那樣躺在金字塔中經歷三千年的滄桑不變。無論一個民族怎樣保守，時間都是一種不可抗拒的力量。任何一種傳統，隨著老一代的去世，新一代的出現，都會有所改變。經濟生活更是這樣。前面提及古埃及社會的商品經濟發展緩慢，一直到新王國時期，仍處於物物交換

階段，但絕不能講古埃及社會的商品經濟在二千年中從沒有發展。我們也不能簡單地認爲，古埃及人沒有發明貨幣。近年來，一些考古資料證明，在古埃及某些時期，商品經濟是發達的。考古學家在發掘古埃及的孟斐斯城時居然發現了世界上最早的廣告，那是二千五百年前的事。前不久，在土耳其發現三百塊刻有希臘字母的碎片，將其排起來，居然也是一個寫著當時古埃及商人出賣商品的廣告，上面寫著：「水果、酒、裝飾品、頭巾、陶器……等。」⑤

實際上早在古王國末年，古埃及的整個經濟已有了很大的發展，在各種文獻中都曾提到過很大數量的用於交換的各種各樣的貨物。甚至還出現了錢，其形式是金屬塊。在史料中也常提到去外國進行貿易，⑥或許原始形態的貨幣最早是在古埃及出現的。當時手工工場已具有了相當的規模。那麼爲什麼古埃及商品經濟一直停留在相當幼稚的形態呢？關鍵在於隨著第六王朝的滅亡，整個社會陷於大動亂之中。這場延續了近半個世紀的社會大地震掃蕩了城市，破壞了灌溉系統，死傷了大半人口。接踵而來的又是第一個中間期近百年的各州分裂割據，和頻繁的交戰局面。在長期動亂中，整個社會物質文明遭到了極大的破壞，甚至倒退了上百年。新的發明在動亂中被遺忘，大城市成爲一片廢墟。一個個諾姆各自滿足於自給自足的自然經濟，交換已沒有意義。因而古王國已經出現的貨幣也就不會進一步發展。大動亂結束後，中王國剛開始時，其商品經濟發展水平，灌溉系統，手工作坊規模都退回到古王國早期，商品又採用了物物交換的形態。隨著社會趨於安定，經濟又進入另一個由復甦到發展的循環周期之中。通過三百年的積累，到了中王國後期，商品經濟又得到一定程度發展，貨幣再次出現。但第二個中間期的大動亂再一次破壞了經濟的發展，致使中王國末期發展起來的商品經濟因素再次差不多被毀壞殆盡。新王國初期整個社會又處於以物易物的階段。因而，在古埃及一直到新王國以後的後期王朝，特別是希臘化時期才真正出現貨幣和商品經濟，然而這時二千多年已過去了。

同樣，灌溉工程、工具的發展，以及手工業生產規模也無一不是處於發展↓停頓↓衰退↓重新發展的循環之中。古埃及社會之所以停滯，並不是說整個社會生活是一潭死水，而在於古埃及社會結構處於周期性的崩潰和修復之中。在作者曾著《西方社會結構的演變》一書中，我們曾把社會結構比作一隻赫胥黎之桶，而把生產水平和豐富的社會生活比作裝在這個桶中的各種東西。古埃及社會同樣是這樣一隻有生命的赫胥黎之桶。社會結構規定了桶的容量。在任何一個社會的穩定時期，各種新事物生長，各種變化傾向不可抗拒，它們如同蜜蜂釀蜜一樣在這隻赫胥黎之桶中滋長起來，一直到填滿這個桶

爲止。但是作爲社會的進步，還要求當舊有社會結構瓦解時，一個新的容量更大的社會結構將其取而代之，並且取代過程要盡可能地近於連續和平穩。⑦這樣隨著赫胥黎桶容量的增大，我們才能看到生產力的穩步發展。然而古埃及社會卻不是這樣，每隨著一次舊社會結構的瓦解，社會進步因素和生產力就被摧毀一次，而且新建的社會結構是舊結構的翻版。盡管每個王朝的法老不同，信仰的主神也有差別，但是修復後的社會結構仍然是國家諾姆經濟、神權官僚政治和以一神爲主的開放性多神教組成的社會關係網，其容量並沒有進一步增大。於是歷經兩千多年的古埃及社會，各種進步必然是緩慢的。

這裏我們再次發現，一種古老的社會結構通過周期性的振盪保持著自己的存在，這和整個社會的停滯性必定是同時出現的。《興盛與危機》一書把這種系統稱爲超穩定系統。古埃及社會也是一個超穩定系統。

四・二　另一種振盪機制

《在歷史的表象背後》與《西方社會結構的演變》這兩本姊妹著作中，我們曾較詳細地論述了超穩定系統造成社會停滯的機制。這類社會結構是通過周期性崩潰和修復來消除社會內部不斷增長的無組織力量，保持某種社會結構在數千年中的長期存在，而生產水平也長期局限在這種社會結構所規定的極限之內。從王朝周期性覆沒以及王朝瓦解後出現大動亂，進而通過社會振盪全面消除無組織力量以使新的王朝得以修復這些方面來看，中國傳統社會和古埃及社會是類似的。但是，畢竟古埃及文明比中國傳統社會要早上千年時間，它們的社會結構也是不同的。因而在社會結構的修復和不斷消除無組織力量的具體機制等方面，古埃及必然有著自己的特點。

古埃及社會結構和中國傳統社會的一個重大差別在於：古埃及社會結構中存在著一個很明顯但又是十分脆弱的物質文明外殼；我們在第二章曾指出，古埃及文明像是寄居蟹那樣生活在一個人造的內環境之中，這個內環境主要是指灌溉系統（見圖2.3）。中國傳統社會也建立了龐大的灌溉系統。但是社會生存和發展對灌溉系統的依賴遠沒有達到像古埃及那種程度。二·一表明，在古埃及，只要尼羅河河谷灌溉系統被破壞，那麼無論這個社會結構內部多麼和諧，統一王朝都將無法維持下去。在古埃及社會中，整個社會結構和內環境的互相和諧是社會結構能夠穩定存在的必要條件。但是，任何一種互相調節都必然會導致無組織力量的增長。埃及人年復一年汲水灌溉也是一種維持內環境穩定的調節措施。它肯定會造成某種無組織力量的增長。如果沒有一種機制來克服這種無

第四章

又是一個超穩定系統嗎

組織力量，古埃及社會結構能夠保持三千年之久，那是不可思議的。

最近，一些學者開始注意到那些被稱爲「水利文明」的古代社會的滅亡和內環境的被破壞有關。我們認爲破壞內環境的正是這種不斷增長的無組織力量，其重要表現形式就是灌溉導致的鹽鹼化。美索不達米亞文明的衰亡就是很典型的例子。兩河流域也和古埃及一樣，是人類最早的文明，同樣生活在一個人造的灌溉系統之中。乾旱的氣候，以及美索不達米亞平原的地形和水文條件必然要求人類控制洪水，建立灌溉系統，才能創造長期居住地，並生產一個龐大的社會所需要的足夠的糧食。但對內環境年復一年的調節不可避免地造成無組織力量的增加。這就是灌溉帶來的土地鹽鹼化。長期汲水灌溉，特別是水渠滲出的水和過份灌溉會造成地下水位的升高和土壤中鹽分的積累。這種效應在數十年中是難以覺察到的，但經過幾百年，上千年的積累，卻會造成悲劇性的後果。早在公元前一八〇〇年，史詩阿特臘希斯中就這樣寫道：「黑色的田地變得白茫茫」，「平原鋪墊上密密麻麻的鹽層」。⑧阿瑟斑尼頗爾（公元前六六八—六二六年）曾說他已經「把鹽撒布在他的敵人的田地上。」可見鹽鹼化對一個由灌溉系統組成的內環境的威脅。

美索不達米亞平原的鹽鹼化很早就成爲一個普遍的社會問題。大約在公元前三五〇〇年左右，美索不達米亞南部小麥和大麥種植面積大致相等。但到了公元前二五〇〇年，一千年無組織力量的積累使土壤鹽分大大增加了，對鹽靈敏的小麥減少到百分之十五左右。到了公元前二〇〇〇年，小麥只剩下百分之二。鹽鹼化使小麥不能種植，大麥平均畝產也不斷減少。表4.1是兩河流域大麥產量，它們是逐年下降的。⑨為了對付鹽鹼化的威脅，古代兩河流域農民不得不採用休耕輪作，以及改種耐鹽作物等辦法，而這只能減慢鹽鹼化速度而不能克服它。整個兩河流域的文明，不得不隨著鹽鹼化向北移動，去佔領那些未開墾的土地。未開墾的土地是有限的，遲早整個灌溉的土地要被密密麻麻的鹽層所布滿。兩河流域這塊哺育了古代文明，曾被譽為神話中伊甸園的地方，今天百分之八十的耕地已鹽鹼化，其中三分之一已無法耕作，成為一片不毛之地。雖然，我們還沒法判定土壤鹽鹼化對兩河流域古代文明的衰落起了多大作用，但有一點是肯定的，建立在這樣一個內環境中的古代文明遲早是要消失的。即使社會結構內部不斷增長的無組織力量不吞沒它，內環境的無組織力量也會使社會結構不能生存下去。

第四章

又是一個超穩定系統嗎

表4.1　兩河流域的大麥產量

時間	大麥產量
公元前二四〇〇年	兩千六百公斤／公頃
公元前二一〇〇年	一千五百公斤／公頃
公元前一七〇〇年	一千公斤／公頃

那麼，爲什麼三千多年的灌溉沒有導致古埃及內環境中無組織力量的增長？難道古埃及人的灌溉系統對環境沒有任何副作用？這似乎是不大可能的。那又是什麼原因使古埃及內環境保持數千年穩定呢？這個問題直到本世紀修建阿斯旺水壩後才引起人們的重視。阿斯旺水壩修建後，人們雖然可以控制尼羅河水的氾濫，但埃及的整個水文體系遭到了巨大的破壞，過去數十世紀沒有鹽鹼化的土地居然開始鹽鹼化了！原來，尼羅河每次氾濫對埃及的土地都是一次沖洗。正如一位美國科學家所說：所有這些古代文明都由於同樣原因而衰退了，即土地發生鹽漬化以致作物不能再生長。當水從地面蒸發和通過作物葉面蒸發時，從地勢高處土壤淋溶出來的鹽分聚集在灌溉農田之中。雖然洪水、病蟲害和戰爭給農作物帶來損失，但最終是建立在灌溉基礎上的文明由於土壤鹽漬化而消

失。在這個共同性的結局中有一個值得注意的例外，即尼羅河河谷。這裏直到近代並未「真正實行過灌溉」（指兩河流域的那種灌溉）。每年尼羅河洪水淹沒了一大片遼闊的土地，年年淤積起一層新的肥沃土壤，使河谷逐漸延伸。洪水控制了鹽分的積累，因爲當水滲入土壤時，它溶解了土壤中的鹽分並把它帶入地下水中，而地下水最終又排入河道中，結果是土壤中的鹽分多少自動地達到平衡。鹽分一世紀又一世紀地被送入地中海中，在農業開始以前這種情況已存在數萬年。⑩也就是說，古埃及利用尼羅河的氾濫保持土地的肥沃，同時也消除了灌溉積累起來的鹽分。水文學家發現，在埃及，水通過土壤滲透保證了全部淋濾作用。尼羅河的每次氾濫似乎都在消除灌溉系統中積累起來的無組織力量。埃及社會能在三千年中保持不變，一個不可忽視的原因是內環境的無組織力量得到定期清除。

將尼羅河的氾濫和底格里斯河與幼發拉底河的洪水對比是很有趣的。底格里斯河和幼發拉底河雖然也有周期性氾濫，但它們發生在「錯誤的時機」。它出現於四月到六月，這對夏季作物來說太晚，而對冬季作物則過早。而且沖擊平原斜度很小，水不易排除，土壤很容易浸滿水造成鹽鹼化。因而在兩河流域，氾濫並不能起到沖刷鹽分的作用。氾濫的後果是破壞性的，只有人工控制洪水才能建立文明。但是通過控制洪水人類

所取得的成功只是短期的，因爲在建立對抗大自然的灌溉系統的同時，人類必然也在慢慢地破壞著內環境。這些古代文明的興盛是以它滅亡的命運作爲代價的。

在這裏，我們再一次發現了一個令人深思的事實：只要有調節，就必定有無組織力量的增長，即使對於環境也不例外。一旦內環境成爲整個社會結構不可忽視的部分，人對內環境的依賴和控制變得相當重要時，這種調節也會導致無組織力量的增長。它也只有形成超穩定系統才能保持幾千年不變。當社會所寄居的物質文明外殼的脆性不那麼明顯時，瓦解社會結構的無組織力量主要來自社會組織內部。這時，要在歷史前進的洪流中長期保持這種結構，只有依靠社會結構一次次崩潰和修復來清除無組織力量。對於古埃及這種寄居在脆弱內環境中的超穩定系統，則需要多重振盪機制來保持它的存在。第一種振盪是社會結構中政治、經濟等子系統互相維繫的破壞帶來的動亂，它打擊各種腐朽因素，使社會結構可以重新修復。我們在第三章談到的改朝換代和兩個中間期古埃及社會由盛到衰再在動亂後重新興起就相當於第一種振盪。第二種振盪機制是尼羅河周期性氾濫，定期沖刷土壤中積累起的鹽分，執行著保護內環境長期不變的功能。

四・三 湼傑斯、湼木虎和阿吞教

超穩定系統的另一個重要特點是：各種新生的潛組織要素不能互相結合。儘管在這個文明成長的千百年中，不斷有各種新的經濟、文化和政治方面的創造，但這些新因素不能形成新的社會結構，它隨著每一次的舊結構的振盪、瓦解而遭到打擊、變型，以致於消失。於是，在這個超穩定系統中，我們除了看到舊結構的不斷瓦解、修復和對生產力發展的周期性殺傷外；還可以看到各種新因素、新社會思潮雖然會如花朵般在舊結構中開放，但最終隨著舊結構的瓦解而凋謝。

商品經濟是不同於國家諾姆經濟的一種新因素。我們已經講過，無論是古王國、中王國還是新王國的後期，商品經濟都有了相當的發展。商品經濟的萌發，不僅表現在城市人口的增加，貨幣和高利貸的出現上，還表現在一批中小非官僚奴隸主的崛起。在古王國、中王國末年，土地兼併十分厲害。我們在第三章指出，兼併者大多數屬於官僚奴隸主集團，它們是破壞整個舊社會結構穩定的無組織力量。由於商品經濟的發展，土地買賣也部分出現，這時就必然會出現由於個人經營有方或開荒等原因的致富者。一部分自耕農和城市的商人、自由民也有可能買到一些土地和奴隸成爲奴隸主，他們不是舊官

僚，但也擁有一定的經濟實力。他們在社會上形成一個非官僚中小奴隸主階層。對於古埃及社會來說，這是一種新的經濟因素。

古希臘羅馬文明中，正是這種力量成爲社會組織的中堅。羅馬帝國經濟有兩大支柱：一個是城市繁榮；第二個就是存在著大量中小自由民奴隸主。古埃及社會古王國、中王國後期，雖然城市很發達，也出現了一批中小自由民奴隸主，但是他們卻不能成爲新經濟結構的組織力量。首先，古埃及的城市是政治統治的中心，它們更類似於中國的郡縣城市，並不能從舊社會結構中脫離下來獨立存在。而且這些新經濟因素在政治上、文化上沒有代表，他們不可能形成一個政治、經濟、文化上互相結合的新的潛組織。隨著古王國、中王國的滅亡，大動亂的出現，大城市消失了，商品經濟瓦解，這些中小奴隸主階層也隨之變型，最後在歷史上消聲匿跡。

在這裏，我們提出在古埃及社會二千年的歷史中，曾多次出現過一些新組織成份和經濟因素；只是他們不能形成新社會結構的組織因素而不得不一次次地被動亂所消滅或變型。這有沒有事實根據呢？有！在古王國末年涅傑斯階層的產生和變型就是例子。涅傑斯的原意是小人，和貴族相對立。⑪但是他們往往也佔有一定數量的土地和奴隸，史學界公認他們是一個新的奴隸主階層。在古埃及，由於大多數官僚，甚至祭司和書吏都是父傳子襲的，因而，整個官僚階層基本上也是一個世襲的貴族階層。古王國末年，涅傑斯和貴族對立，可以斷言，他們一定來自非官僚中小奴隸主。這個階層的來源可能很複雜，有人認爲，他們是從農村公社分化出來的富裕農民，靠開荒獲得一定的土地；有人認爲是發財致富的手工業者。不管他們的來源如何，有一點是明顯的，只有當土地兼併和商品經濟發展到一定程度，才會出現這樣一個階層，整個古埃及社會的耕地是處於國家嚴密控制之中的，靠自由開荒獲得土地也好，靠土地買賣成爲奴隸主也好，都需要國家控制的放鬆和失靈，都需要相應的商品經濟的繁榮爲前提。這只有古王國末期才做得到。而大量史料正好表明，涅傑斯確實是古王國末才成爲一支社會力量的。

古王國末期的涅傑斯雖然是一種新的經濟因素，但它卻是夾雜在無組織力量之中的，無論在政治上和文化上都找不到自己的代表。他們只能隨著舊社會結構的崩潰而發生變型。古王國滅亡後，涅傑斯地位戲劇性變化形像地說明了潛組織要素在一個超穩定系統中的命運。第六王朝覆滅時，爆發全國性奴隸貧民大起義。大起義打擊的矛頭主要對準官僚奴隸主階級，非官僚中小奴隸主階層受到打擊相對小一些。他們雖然沒有在大動亂中被消滅，但是他們生存和發展所依賴的大城市和商品經濟的土壤卻消失了。涅傑斯們成了無皮之毛，無本之木，他們不得不依附於各州長，大多數人投靠各州割據勢

力，成爲諾姆軍隊的主要成分。在上百年的社會動亂中，他們完全脫離了商品經濟的土壤。中王國統一後，他們中很多人就投靠法老，成爲中王國時期官僚的來源之一。

在目前得到的關於涅傑斯的文獻中，有很多涅傑斯成爲國家官吏的記錄。比如那個著名的聶非爾列胡就是涅傑斯。聶非爾列胡預言中還提到一些當官的涅傑斯。⑫一個名提伊的自稱自己成了國家的棟樑。很多涅傑斯成爲國家的官吏，但地位低於貴族。⑬一個名涅蘇圖蒙的人，自稱是涅傑斯，後法老賜給他獎賞和榮譽，貴族在他前面彎腰。這些文獻表明涅傑斯已成爲一種普遍的政治勢力。這似乎和我們前面講涅傑斯在政治上找不到自己的代表相矛盾。實際上，必須看到，涅傑斯成爲一種政治勢力，成爲法老用以維持國家統一的社會基礎這是中王國的事情。中王國的涅傑斯和古王國末年的涅傑斯是不同的。古王國末期，涅傑斯階層隨著商品經濟的發展出現了，他們作爲新經濟勢力，當然不能普遍地被吸收到國家官僚機構中去。但是到了中王國初，商品經濟衰退，這些人雖然由於歷史上的習慣，還叫做涅傑斯，但性質已經完全變了。當他們被組織進官僚機構時，在經濟上已不代表奴隸制商品經濟。只是簡單地作爲王朝修復時法老利用的一種統一力量。第十一王朝時期，一個名叫提伊的涅傑斯，曾直言不諱地說自己是「底比斯的棟樑。」⑭隨著商品經濟的退化，他們已經蛻化爲舊官僚機構的組織力量。除了血統外，他們和官僚奴隸主集團已毫無差別。隨著他們一天天被織進神權官僚政治的大網中，他們必然也慢慢演變成世襲貴族。古埃及官吏的世襲制度是一架巨大的機器，只要有足夠的時間，這些古王國的貧民同樣可以成爲一種有高貴血統的官員。果然，在中王國末期，我們幾乎再也看不到涅傑斯和貴族的對抗。他們完全被官僚機構消化了。涅傑斯的命運非常典型地反映了古埃及經濟結構中新的潛組織要素不能形成新社會結構潛組織的悲劇。

如果某一種現象是歷史法則的表現，那麼它會反反覆覆地出現。在古埃及任何一個王朝，只要隨著商品經濟的發展，就必然出現一個非官僚的中小奴隸主階層。他們在王朝末期出現，代表著新經濟因素。但隨著大動亂的來臨，商品經濟的衰退，他們也必然變型，最後蛻化爲舊結構的組成部分。無疑對於中王國、新王國這一機制仍然是存在的，那麼我們應該看到古王國末年到中王國中期相類似的歷史現象。果然我們看到了，這就是新王國的涅木虎階層。涅木虎的原意是指孤兒、貧民、地位低下的人。這個詞（Nmh）後來演變爲貧窮的、體力衰弱的、成了孤兒的、喪偶的涵義。涅木虎階層的地位和涅傑斯十分相像。所不同的只是他們出現在中王國後期，而涅傑斯出現在古王國後期。涅木虎的命運和涅傑斯也如出一轍。在中王國後期，他們成爲一種經濟勢力，但沒

有進入官僚機構。到了新王國時，卻成了法老用於平衡貴族的力量。

周啓迪先生在他的古代埃及史講座上曾介紹過：十八王朝的一首讚揚阿吞神的頌詞中講：「是造就貴族的神，造成了涅木虎的神……。」涅木虎有財產、奴隸，但和舊官僚貴族有一個差別，這就是他們沒有高貴的血統。二十王朝的一個銘文中講到：一個涅木虎叫涅菲爾，她與她的丈夫有四個奴隸，她的一個女奴與她丈夫同居而生下了三個孩子，她連同孩子的母親一起將其收爲自己的養子養女。」這表明，涅木虎比起世襲貴族來講，不那麼注重身分和血統。還有一些材料反映，許多涅木虎是經營王宮土地的。這些關於涅木虎來源的文獻幾乎都證明，他們和涅傑斯一樣，是商品經濟發展的產物，但在王朝崩潰時期，脫離了商品經濟，投靠各諾姆。當某一個州長統一全國成爲法老後，他們又成爲和貴族對抗的力量，成爲法老的官吏來源。在埃赫那吞改革時期，涅木虎和貴族神廟相對立，支持法老進行改革。改革失敗後；霍連姆赫布在阿蒙神廟祭司的支持下完全恢復了舊秩序，他一繼位，就下令保護涅木虎。這說明了涅木虎階層是王權依靠的力量，它與權貴、祭司們相對立。埃赫那吞改革失敗後，權貴、祭司勢力捲土重來，他們排擠扼殺涅木虎，而國王則爲了集權的需要，一定要保護涅木虎，並免去涅木虎因種種原因欠的稅，以便他們能繼續爲國王服務。《哈列姆黑布（即霍連姆赫布）敕令》

的第一條就是保護涅木虎，⑮使之不受貴族權貴的欺凌，違者分別處於劓刑、苦刑或流放。《馬伊大巨墓銘》中記錄了一個涅木虎的自述：「讓我把君主對我做的好事告訴你們，你們將會說，啊，給這位涅木虎做的事多麼偉大啊！我，按父母雙方都是一個涅木虎。君王把我樹立起來……」。⑯在新王國時期，法老需要涅木虎的支持，涅木虎則需要君王的保護，這說明了他們和貴族相對立的力量。新王國的歷史同樣證明：涅木虎只要一旦被織進神權官僚機構的大網中去，他必然慢慢演變爲世襲貴族。所以，新王國後期，就再也看不到涅木虎和貴族的對抗了。

以上分析表明，涅木虎和涅傑斯除了出現的時間相差五、六百年外；其主要差別就是他們的名稱不同。在這裏，名稱只反映了事物最初的來源。名稱是世代凝固的，而事物卻是變化的。涅傑斯、涅木虎的產生、消亡難道不是正好反映了超穩定系統中那些新的潛組織要素不能形成新的社會結構，必然被淘汰、變型的鐵的規律嗎?

在古埃及，不僅經濟結構中出現過一些新的潛組織要素，在意識形態結構中，也出現過一些新的潮流。十八王朝的法老埃赫那吞所提倡的阿吞教，大約是一個著名的例子。當代一些歐美學者，對埃赫那吞所進行的宗教改革，評價非常之高。一些學者認爲，這是人類最早的一神教。有人甚至把它和基督教相提並論，認爲「埃及人早在基督

第四章

又是一個超穩定系統嗎

誕生前一五〇〇年，已經提出了上帝三位一體的概念。其中最著名的就是奧西里斯、愛西斯和荷魯斯三神的合一。」⑰這些評價可能不盡妥當，但埃赫那吞在和神廟的鬥爭中，確實提出了「一神崇拜」的思想。這無疑是一次意識形態領域內的重大變革。美國的埃及學者萊昂內爾・卡森認爲：「縱使埃赫那吞建立他的阿吞崇拜，或者說清除別的神的努力尚未成功，他的嘗試也標誌著埃及宗教史上一個轉折點。也許是因爲要反對埃赫那吞新信條定於一尊的本質，也許是因爲人民正向希伯萊人不久就要到達的方向摸索前進，埃赫那吞時代以後的宗教崇拜和從前比較，個人的成份（如表達個人願望）多了許多。……一支從公元前十二世紀拉美西斯四世當政時期傳下來的頌歌，有一部分是這樣唱的：『你應給我健康、生命與老年，使我長久當政、四肢有力……你應給我吃的……你應給我喝的……』。此時認爲諸神不僅塑造宇宙，不僅反覆無常地製造麻煩，也有責任關心他們創造人的福利，同情人類並答應人類的請求」。⑱

目前，我們並不能肯定十八王朝時，整個社會宗教信仰、價值觀念是否發生了巨大的振盪，也不知道當時是不是出現了一股全社會性的新思潮。正如周啓迪先生所指出的，一神教在當時是沒有社會基礎的，「在經濟上，一直到新王國時期，埃及的商品貨幣關係發展得還很不充分，自然經濟仍佔主導地位，各地的經濟聯繫還很有限……。不僅鑄幣沒有出現，……當然不可能形成全埃及統一市場。」在政治上，每個諾姆文化上仍有很大的獨立性，不能做到羅馬帝國時那種「一切民族差別都消失了，地方和民族的自主性的最後殘餘被摧毀了。」在這種局面下，因此埃赫那吞的一神教不可能像基督教那樣獲得廣泛傳播並深入人心的社會條件。[19]我們可以斷定，阿吞教至多只是一種意識形態結構中新因素的萌芽，它不能成爲一種新社會結構的意識形態（**當時還沒有與其相應的經濟、政治結構中的潛組織要素**）。這朵早開的一神崇拜之花是不可能結下果實的。埃赫那吞之後，古埃及傳統宗教很快復辟。在以後的十幾個世紀中，特別是當埃及文明開始走下坡路時，古老的動物崇拜又重新抬頭，整個古埃及宗教如江河日下，從此一蹶不振了。到公元二世紀以後，基督教在整個地中海地區傳播，並一天天征服人心。而在埃及，一小撮古代宗教的忠實繼承者——那些人數一天比一天少的祭司們——躲在神廟中，悲哀地嘆息著這曾經如太陽一樣照耀了三千年的古代思想的死亡。他們是否想到，早在一千多年以前，埃及似乎也出現過一神教的種子。他們或許根本記不起埃赫那吞那可貴的嘗試，那企圖使古埃及宗教向更新的境界升華的勇敢舉動。然而歷史規律有著自己鐵的意志，如果一個民族不去接受那曾經給予他的機會；不去用新的創造去對抗那必然要來臨的死亡；那麼，舊事物的消逝只是時間問題，無邊的虛無將把他們吞沒。

四·四　社會演化四種模式

現在，我們對前面幾章的內容作一簡單的概括。第一章用自組織機制探討了古埃及文明的起源。第二章分析古埃及社會結構，指出經濟、政治、文化和內環境這四個子系統怎樣在互相調節中保持社會結構的穩定。第三章指出，無組織力量增長在古埃及社會同樣是不可抗拒的，它必然破壞社會結構的穩定性，我們剖析了古埃及無組織力量的形式，研究了它怎樣吞沒一個王朝，並指出只有打擊各種無組織力量，並具備一定的修復機制，新的王朝才能建立。而在本章我們證明了古埃及社會也是一個超穩定系統，指出古埃及社會王朝周期性崩潰不斷破壞生產力的積累，潛組織要素不能互相結合形成潛結構，使得古埃及王朝二千年中只能是舊結構不斷崩潰後修復，它造成古埃及社會的停滯性。我們從古埃及社會的一系列撲朔迷離的歷史現象中理出了一條線索。讀過《在歷史表象的背後》和其姊妹著《西方社會結構的演變》這兩本書的讀者也許已經發現，雖然就社會結構而言，古希臘羅馬社會，古埃及社會，中世紀的西歐，中國封建社會是不同的，但是關於它們的演化，似乎都遵循著一些最爲基本的原理。這就是組織系統演化的模式。

系統演化機制表明，在沒有外來衝擊條件下，社會演化的首要前提是：原有社會結構各部分互相維繫關係性慢慢被破壞；而舊社會結構穩定性的破壞都是因爲功能異化和無組織力量增長。對於不同的社會結構，由於維繫它存在的內部調節方式不同，功能異化的方式不同，無組織力量的型態及其增長速度也不同。當社會組織規模很小（如原始部落），功能異化和無組織力量增長往往表現爲這些社會組織和環境之間不適應，有時還包括這些社會組織形態和人口之間的不適應。對於那些生活在灌溉系統和其他脆弱的人造環境（比如瑪雅人在原始森林中建立文明社會，他們在密林中開出一些梯田和臺地，這也是一種人造環境）中的文明社會，內環境中無組織力量的增長也是一種破壞舊結構適應性的重要因素。我們認爲，可以從功能異化和無組織力量增長來概括形形色色社會結構內部適應被破壞的原因。理論根據是：無論社會結構怎樣千姿百態，它都是一個組織系統，組織系統的維繫必然離不開互相調節，但任何一種調節都有副作用，都會帶來功能異化和無組織力量的增加。這樣，對於任何社會結構，當沒有受到外來衝擊時，它的演化將取決於四種因素：

（1）內部無組織力量的大小和增長速度，它決定原有結構能否穩定地保持下去；

（2）是否形成潛結構，它是新結構取代舊結構的中間環節；

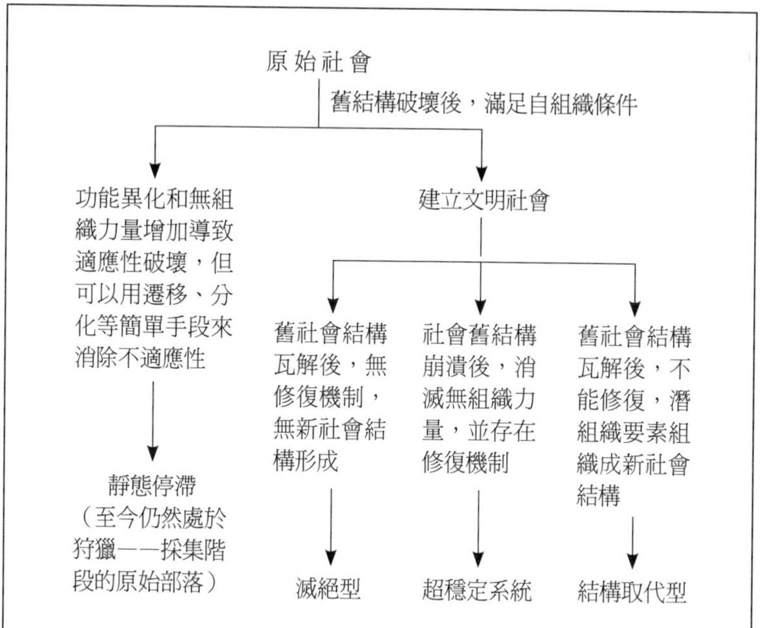

圖 4.1　社會結構演化的四種模式

（3）無組織力量在社會結構瓦解後能否清除；

（4）舊結構有無修復機制。

條件（3）和（4）決定舊結構能否修復。根據這四個制約條件，從邏輯上可以推出，當一個社會沒有受到外來衝擊，處於獨立演化時，必定存在著四種最基本的模式（圖4.1）。

第一種模式稱爲靜態停滯型。當一個社會內部無組織力量增長極慢，或舊結構適應會很難破壞時，演化就呈靜態停滯。一般說來只有那些組織現模很小，極爲簡單的社會才會出現這種情況。它專門是針對至今仍處於狩獵採集階段的原始部落而言的。第一章討論了尼羅河河谷地區的特殊條件怎樣有利於打破各個原始部落的保守性，從而引發自組織機制。作爲一個反面對比，我們考察了那些至今仍處於狩獵採集階段的原始部落。在這些原始小社會中，很可能存著一種簡單的方法來克服自己和環塞、部落組織之間不斷增長的不適應性。比如用遷移、控制人口等辦法克服無組織力量的積累，使得這些小社會結構從整體上不被無組織力量破壞，這樣原始的社會結構就長期保持穩定。人們不會也沒有必要去創造新的社會結構——文明的大廈，這些部落長期靜態停滯在狩獵採集階段。

另外幾種類型指文明社會的演化模式，第二種就是超穩定系統。舊社會結構瓦解後，存在著修復機制，但沒有潛結構可以取代它。停滯性和社會結構周期性崩潰和修復同時出現。中國封建社會和古埃及社會都是例子。

第三種模式是取代型。它是指當舊社會結構瓦解後不能修復，但存在著潛組織，潛結構能不斷壯大最後取代舊結構。在邏輯上看，這三種模式並非窮盡一切可能，還有一種模式在理論上也是成立的，這就是舊結構既不能修復，但又沒有新結構可以取代它。我們將其稱爲滅絕型演化模式。

第四章

又是一個超穩定系統嗎

在前面幾章的分析中，我們已經潛含著關於滅絕型文明可能存在的分析。我們在討論古埃及社會修復機制時談到過兩個重要特點，一個是尼羅河定期氾濫周期性地清除內環境中不斷增長的無組織力量，從而保持內環境的穩定。美索不達米亞的古代文明就不存在這種機制。那麼我們自然可以問，如果一個古代文明，它是生存在一個脆弱的人造環境之中，當人造環境中無組織力量不可抗拒地增長時，會出現什麼情況呢？在古代灌溉系統鹽鹼化一旦出現，要消除它是十分困難的。因而從邏輯上就可以導出，它必然帶來這個地區古文明的毀滅。對於社會結構內部（**主要指經濟、政治、意識形態結構**）所積累起來的無組織力量的增長，也完全可能存在著類似的情況。

我們討論過古埃及的開放性多神教對王朝修復的作用。當舊王朝崩潰，大城市被動亂摧毀，由於祭司的腐化，使得對某一種神的信仰已處於危機狀態之時，原有的宗教信仰很可能與這個社會同歸於盡。在古埃及，王朝能夠修復，關鍵之一在於開放性多神教。它的主神是可以輪換的，當祭奉某一個主神的神廟已經腐朽時，那些地方性的尙未腐化的神可以取而代之，即使存在著這種奇妙的修復機制，在兩個中間期，更換主神的修復過程也走過漫長的道路。那麼當這種修復機制不存在時，即使不出現環境問題，古代文明也常常面臨滅亡的命運。

四・五 「滅絕型」文明的證據

這些理論分析能得到證實嗎？二十世紀以來，隨著考古學的發展，歷史學家發現，有很多文明我們至今可能連它們的名字都不知道。它們在古代十分繁榮，由於尚不了解的原因滅亡了。文明似乎和生物一樣，滅絕的比生存下來的要多得多。埃伯拉城的發現是一個有代表性的例子。一九五五年，一個農民在敘利亞沙漠裏挖出一件用灰色玄武岩雕刻成的獅子。根據這一線索，考古學家進行了挖掘，找到了一個公元前三千年的青銅器時代農業定據點。現在人們已經認出了這些意義隱晦的碑上所寫的成千的人名、地名、條例和指令，稅款和紡織品貿易的帳目以及買賣契約。有一塊碑上開列了七十種動物的名稱，另一塊上寫著兩百六十座古代城市的名字，這些城市，歷史學家迄今還未聽說過。據這些文獻判斷，埃伯拉城市在公元前二三〇〇年發展到頂峰。它統治了一個龐大的商業網，大商業城市裏聚集了大約三萬個商人、農民、官吏、工匠，還有一座學生人數很多的大學。埃伯拉還控制了三十萬人口的地區。有一塊石碑記載了一座能貯藏足夠一、八〇〇萬人吃一餐的大麥倉庫。但是一個世紀後，這個文明衰落了，來自南方的敵人掠奪了它的財富，毀滅了城市。⑳

第四章

又是一個超穩定系統嗎

許多輝煌的古代文明滅絕了，這一點在學術界並沒有多少爭議。問題在於這些文明滅絕的機制。大多數學者談到這些文明滅絕原因時，僅僅將其歸爲環境的破壞和外部入侵這兩種比較單純的因素。根據我們關於文明滅絕的模式，滅絕的因素可以來自文明內部。對於那些滅絕型文明，由於社會結構的缺陷，即使沒有外部軍事入侵，它也會滅亡的。人造環境的破壞無疑是古代文明衰落的一個重要因素。但是我們在談環境問題時，是把它納入對環境調節造成無組織力量增長這一機制之中的。它只是整個社會結構不斷增長的多種無組織力量之中的一種。即使沒有環境問題，只要經濟、政治、文化結構被無組織力量一一瓦解；既沒有新結構可以取代它，又沒有修復機制，那麼文明滅絕也是不可避免的。

近年來，一些考古新發現似乎爲這種觀點提供了證明。例如原來人們一直公認邁錫尼文明衰落的原因是因爲多里安人的入侵。對古文明遺址的考古挖掘發現，這種說法很可能是錯誤的。多里安人入侵說的一個重要根據就是邁錫尼文明似乎是被火燒毀的。然而當時被認爲是火燒毀的地點不過是八個，其中真正被焚毀的永久廢棄者僅四個，而它們又處於其他安然無恙的遺址之間。看來，多里安入侵說是不能成立的。[21]實際上，當時希臘大陸文化中心正處於向外分散狀態；外地的邁錫尼文化居住地有所增加（如在羅多斯島，邁錫尼文化居住地由廿一個增加到了卅六個）。而本土居住地減少（據一九七〇年所知，由三二八個減為一三七個）。大陸人口減少，中心力量削弱，引起四鄰山居部落乘虛而入。㉒所以，把邁錫尼文明衰落歸爲蠻族入侵似乎混淆了因果。很可能由於文明的衰落才導致蠻族的入侵，而不是野蠻部落的入侵毀滅了古代文明。

一位歷史學家曾這樣寫道：「世界上幾個文明古國，看起來頗像幾個小島。在這些小島周圍，盡是蠻族形成的海。文明代表財富和舒適，野蠻代表飢餓和嫉妒。飢餓和嫉妒像海浪不斷沖向小島，小島雖築有堤防，但一旦堤防破裂，小島即告淹沒。」㉓這也許是一個形象的比喻。我們認爲，僅僅把古代文明看作一種抵抗野蠻的堤壩大約不太恰當。古代文明是一種跨地域組織，當它強盛之時，力量比處於原始狀態的部落大得多，只有當它衰落時，才有可能被蠻族摧敗。真正促使古代文明由年輕強大到衰老的是不斷增長的無組織力量。

當然，我們並不否認很多古代文明確實是被另一些進攻性很強的文明毀滅的。我們僅僅是強調社會結構也和生命一樣，有一種不可抗拒的老化機制。在人類文明的森林之中，那些猶如虎狼一般掠奪成性的社會爲數不少。在虎狼成群的森林中，我們似乎是看不到一隻老死的兔子的。因爲兔子只要體力稍微衰弱，在老死病死之前已被吃掉了。雖

第四章

又是一個超穩定系統嗎

然從表面上看來，很多文明是被其他文明軍事力量所摧毀，但我們切不可忽略文明內部老化的機制。

這一點對於那些處於特殊地理環境中的文明，就很突出了。當一個古代文明處於與世隔絕的地理環境中，它是一個超穩定系統型還是滅絕型的文明就表現出來了。這時已排除了外來衝擊，社會結構主要受其內部張力而變遷。一個比較典型的例子是瑪雅文明。瑪雅文明大約在二〇〇〇年前就出現了，在一種難以置信的環境中生存了很長時間。瑪雅文明是在美洲原始密林中誕生的。它曾經有過龐大的城市，眾多的人口，發達的古代技術。它的繁榮期是公元二五〇至九〇〇年。此後，它放棄了宏偉的廟宇和宮殿而轉入密林。關於瑪雅文明滅亡一直是一個謎。因爲我們對瑪雅社會結構至今還未搞清楚。

一九五〇年代，人們普遍認爲瑪雅的經濟結構極爲簡單。它和今天中美洲盛行的「密爾帕」休耕制類似。由於在密林中開墾土地，爲了保持土壤的肥力，一塊土地耕作過後，一般要棄置十年，讓叢林重新遮覆以恢復地力。根據「密爾帕」休耕制可以算出每個農民都要擁有六至十倍於每年耕作的土地。而農民又需要住在自己土地的近旁。因此，這樣的經濟組織必定是地廣人稀，社會組織也一定不複雜。於是一些學者認爲，瑪雅社會僅由兩個階級——祭司和農民組成。這種社會人口很少，剩餘產品不多，因而貴族階級人數也不多。根據這種分析，很難理解瑪雅人爲何有能力建築宏偉的宮殿。由於社會組織簡單，它似乎應該是靜態停滯式的。而瑪雅文明爲什麼會經歷興盛、衰落、最後滅絕，就不可理解了。

一九七〇年代初，考古學家終於發現，用今天中美洲近於原始部落中盛行的經濟結構來想像瑪雅文明是錯誤的。這種「密爾帕」經濟很可能是古代文明崩潰後的遺物。因爲在瑪雅低地發現了人工臺地。它證明；「這裏有一年幾熟的聚約農業這種生產方式。花粉分析表明，這裏曾種植過玉米和棉花。」㉔接著，又發現了低地中部的山坡梯田。這些土地曾長期精耕細作，曾經有很大一部分勞動力用於這些梯田的維修。這些田地足以維持城市的存在。據考證，當時較大的城市提卡爾也許超過十萬人，社會結構也十分複雜。即使對瑪雅人的宗教，最近也有了很多新的看法，「原先認爲泛神的、溫雅的瑪雅宗教，現在證明是獸性的，邪蕩的，血腥的。宗教和藝術用於鞏固貴族在政治上的地位，爲他們控制經濟提供神的辯護。」㉕

關於瑪雅文明衰亡的原因，據歷史學家猜測很可能是人口過剩和開發主要資源的經濟結構過分龐大而引起的各種社會危機。雖然對於文明滅絕的原因尚未最後搞清；但有

第四章

又是一個超穩定系統嗎

一點很明顯，它來自於社會結構內部，它同樣是各種調節引起的無組織力量的增長。對無組織力量增長的具體機制，只有等搞清瑪雅社會結構以後才能理解。

我們證明社會演化存在著這四種最基本的模式，絕不是說某一個社會從一開始就注定了它屬於某一個模式而永不可改變了。我們僅僅是認爲，從功能異化和無組織力量增長方式以及潛結構取代來看，這些演化模式是四種最典型的極端狀態。某一個社會結構真實的演化過程可以是複雜的混合形態。比如古埃及社會從一個個諾姆城市國家演化到統一王朝，就是一種結構取代。只是到古王國建立時，它才變成超穩定系統。而且，這四種典型模式是以一個社會沒有受到外來衝擊爲前提而推導出的。當各個文明之間開始互相影響、互相交融時，無論是舊結構內部無組織力量增長的方式、速度、潛結構的形成和取代都將呈現一系列新的變化。原來是超穩定系統也可能打破，變到別的演化模式。古埃及在新王國以後，隨著近東和地中海地區相繼興起一系列古代文明，文明的接觸和融合不可避免，這個超穩定系統受到了一系列嚴峻的挑戰。它日益脫離自古以來就形成的那種與世隔絕的孤立狀態，成爲開放的古代近東文明和西方文明的一個部分。

對於古代埃及社會來說，和外來文明的接觸是痛苦的，它伴隨著近五百年的動盪和不安。埃及從後期王朝開始一直到成爲羅馬帝國的殖民地，這一段歷史十分混亂。古代埃及失去了它那偉大和莊嚴的形象，但卻作爲人類社會不同文明第一次融合的例子，爲後人提供了教益。

注釋：

①戴禮進：《圖坦卡芒之謎》（現一般譯為圖坦阿蒙），載《西亞非洲》一九八〇年第五期。

②希羅多德：《歷史》，商務印書館一九五九年版，第三〇九頁。

③孟德斯鳩：《羅馬盛衰原因論》，商務印書館一九六二年版，第二頁。

④馮祚民編著：《西洋全史》第二卷，台北燕京文化事業公司一九七九年出版，第一九八頁。

⑤一九八四年五月十八日《參考消息》。

⑥阿·尼·格拉德舍夫斯基：《古代東方史》，高等教育出版社一九五九年版，第二九頁。

⑦參見金觀濤、唐若昕：《西方的躍起》，四川人民出版社一九八五年，台灣風雲時代出版公司一九八九年版

⑧Gunthero Garbrecht:《古代水利工作——歷史的經驗》，載《科學對社會的影響》一九八三年第一期，第七頁。

⑨同右，第四—七頁。

⑩Arthur F.Pillsbury：《河流的含鹽量》，載《科學》一九八一年十一期。

⑪《世界上古史綱》編寫組：《世界上古史綱》上冊，人民出版社一九七九年版，第二九二頁。

⑫《聶菲爾列胡預言》，載《世界古代史史料選輯》上冊，北京師範大學一九五九年版，第三七頁。

⑬參見劉家和主編：《世界上古史》，吉林人民出版社一九八四年版，第五六—五九頁。

⑭同右。

⑮《世界上古史綱》編寫組：《世界上古史綱》上冊，人民出版社一九七九年版，第三〇六頁。

⑯同右。

⑰埃及教育部文化局主編：《埃及簡史》，三聯書店一九五八年版。

⑱萊昂內爾．卡森：《古代埃及》，紐約時代公司一九七九年中文版，第八〇頁。

⑲周啟迪：《關於埃赫那吞改革的若干問題》，載《北京師範大學學報》一九八四

年第四期，第二五—三四頁。

⑳《埃伯拉——引起轟動的古代城市》，載《環球》一九八二年第四期第三八—三九頁。美國《時代周刊》一九八一年九月二十一日。

㉑日知、際陶：《關於雅典國家產生的年代問題》，載《社會科學戰線》一九八〇年第四期。

㉒同右。

㉓杜蘭：《世界文明史》，台北幼獅文化事業公司一九七八年版，第六二頁。

㉔哈蒙德：《瑪雅文化概述》，載《史學集刊》一九八二年第三期。

㉕同右。

第五章

文明的衝突

第五章　文明的衝突

不同文明的衝突好像陸地和海洋的接觸。海水浸蝕著大地，大陸則給海洋注入新的成份。人們總是注視著那來自大陸的河水和海洋交融的地方，期待著滾滾的濁流沉澱下來，形成肥沃的三角洲。

——作者

那威勢赫赫的古代文明，以其壘壘巨石，似悔恨，似內疚，壓在今日人類的心頭。……往昔黎民百姓的那位首領，也許並不憐恤民間的疾苦，但他卻無限憐惜他們的死亡。他並不憐惜他們逐個地死去，而是憐惜整個人類將湮沒於茫茫沙海之中。於是，他便率領他的百姓至少壘起那沙漠掩埋不了的塊塊巨石。

——〔法〕聖埃克絮佩里

五·一　從與世隔絕到開放

一九八三年十月的一天，一支由十九人組成的美國——埃及遠征探險隊，從埃及的開羅出發，向西北進入了茫茫的撒哈拉沙漠。他們想要尋找兩千五百年以前被暴風沙吞沒了的波斯帝國的一支軍隊。據歷史記載，居魯士大帝的兒子岡比西於西元前五百二十五年，爲了徹底征服古埃及帝國，曾派遣一支五萬人的大軍，企圖穿越沙漠到西瓦綠洲去焚毀古埃及人心中最偉大的神——阿蒙的神廟。他們在沙漠中整整跋涉了七天，來到了一個被後人稱爲幸福島的地方。這天清晨，正當這支軍隊吃早飯的時候，突然，一陣極爲強烈的南風，卷起了漫天的黃沙，鋪天蓋地。頃刻之間，這支軍隊就被這湧起的沙浪埋沒了。從此，他們就永遠地失蹤了。①美國波士頓小說家加里·查菲茨認爲，這支部隊很可能是被兇惡的風沙埋在一個蜿蜒曲折的、高達一百米的沙丘組成的迷宮之中。一九八三年，考察隊準備根據這位作家的推想，去尋找波斯遠征軍的葬身之地。因每年的四、五月間，撒哈拉大沙漠中都要刮五十餘天的乾熱的南向季風，狂風捲起漫天的黃沙，直到六月中旬方能停止；他們在沙漠中只能停留五個月，翌年三月中旬必須返回。否則，他們估計自己也將遭到波斯軍隊的下場。②第二年，據報導，他們終

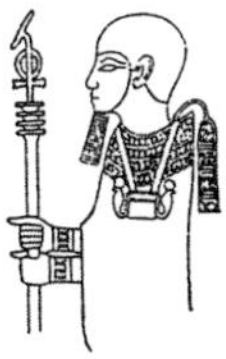

第五章

文明的衝突

於發現了一個墓葬群和若干人骨。如果確實證明這是公元前五百年的遺物，那麼這二千多年以來的歷史之謎就算有了答案。③

這個事件非常形象地反映了其他文明若要征服和影響埃及是多麼困難。古埃及社會的特殊地理環境，可以使她完全處於一種與世隔絕的相對孤立狀態。我們在第一章中曾敍述過埃及的地理位置。只有進一步瞭解古埃及周圍的天然屏障，才能使我們對古埃及社會這個超穩定系統在新王國滅亡之後的一千年中受到的各種衝擊以至最後滅亡的過程理出一條清晰的線索。

埃及的西部是無法逾越的撒哈拉大沙漠。直到今天，它仍然是一個巨大的天然屏障，任何一種力量從這個方向都難以對埃及構成威脅。埃及的東面是阿拉伯沙漠高原。整個東部沙漠的平均高度爲八百米。④與西部沙漠一樣，它也是古埃及的有力屏障。據《聖經·出埃及記》記載，摩西率領著以色列人向東逃離埃及，在經過這片東部沙漠去西奈半島的途中，幾乎遇到與波斯軍隊同樣的厄運。據學者們考證，以色列人在逃離埃及時，真遇到了「奇蹟」。許多巧合使他們九死一生地穿越了沙漠到達了西奈半島。

埃及的南部，是尼羅河上游。溯尼羅河而上至厄勒蕃丁處（今阿斯旺處）河道寬窄不一。到此爲止河床坡度較小，平日水流平緩，很便於船隻航行。這裏就是古代埃及古王國時期的南部邊界。再向南，尼羅河上有六個瀑布，河流湍急，河道窄狹。河道中遍佈堅硬的基岩。有的裸露於河面之上，有的則匿身於河水之中。河床坡降不規則，船隻無法航行。兩岸則是難以通行的山地。古代埃及的法老，爲獲得南部努比亞的黃金，多次派兵溯河而上，侵伐努比亞。每當大軍到達厄勒蕃丁以後，隊伍就要棄船登岸，把船隻拖上岸邊，在陸地上拖拉前進。這時，道路有時爲無窮無盡的荒沙切斷，有時則爲泥濘的池沼所隔阻。經過一段相當艱難的路程，繞過這六個瀑布，船隻才能放進水中。⑤

埃及的北部瀕臨地中海，這裏的海岸傾斜平緩，淺灘密布，暗礁羅列，船很難靠岸。海洋對於遠古的人類是一道難以逾越的障礙。而且尼羅河三角洲上沼澤密布，實際上通向海洋的出口幾乎是封閉著的。在埃及古王國、中王國時期，海岸確實非常平靜。世界上沒有任何一支海軍能夠威脅埃及。沙漠、高原、瀑布、大海成了古埃及的忠實衛士，他們駐守在埃及的四周，終年累月，不知疲倦地承擔著保衛古埃及的任務。

一位國外的學者說：「凡能阻止外族或別部落之干涉者，即得稱爲一種保護；如人所不易越過之特殊地勢，將成爲特殊之防衛，人之逾越愈難或逾越之時須費極大之能力，則其保護之作用必愈大。許多地理之特點，常被利用作爲特殊之防衛，若川流、若湖泊、若重山、若峻嶺、若沼澤，皆有保護小規模社會之能力。……若欲安然度越，必

第五章

文明的衝突

欲文明先有極大進步。」⑥一位美國的埃及學家認爲：「埃及之風俗、宗教、美術及文字之奇特，實因其在尼羅河流域之內發達，她好像處於孤舟之中，借海、沙漠及險灘與其餘人類相隔絕。我們盡可承認此類防備可以使埃及不受外國之侵略。從各方面侵入埃及之路既有限而又狹隘，自然不利各民族及軍隊之往來。如果入侵者由沙漠而來，則他們在經過大沙漠之時，必然會遇到絕糧斷水的危險；若由地中海而來，也很容易失敗而與後源斷絕聯繫。亞述人多次由海上的進攻，大都遭到這種命運。」⑦

是的，正如人們所說：「大自然對埃及特殊照顧，美索不達米亞人的早期文明建立在空曠的原野，他們把大半力量都放在自衛上了。美索不達米亞西面的巴勒斯坦，沒有什麼地理屏障，常常遭到侵擾。埃及就不是這樣……，因此人民生活比較安定。」⑧古埃及人充分利用了地理條件上的優勢，他們依險而守，修築了關卡。在古埃及和外界有限的通道上都置有重兵，以保護自己的安定和繁榮。據考證，大約在第四王朝時（西元前八百五十年），古代埃及在西部設置防區，叫「西方之門」。爲了防止南方的威脅，在第三王朝時，法老喬賽爾即決心於第一瀑布厄勒蕃丁至希拉康玻里設置邊卡。第五王朝末年，又在厄勒蕃丁處修建了「南方之門」。它是長約十二公里的磚牆，截斷了由南方入侵的道路。⑨也是在這一時期，據帕勒摩石碑上銘文記載，第四王朝斯涅弗魯任法老期間，「建築了南境和北境的城牆，號爲斯涅弗魯堡。」⑩

這表明，古埃及社會是位於近東和西歐的交接點上。它在距離上雖和兩河流域的古代文明近在咫呎，但是，由於這特殊的天然屏障，即使近東和地中海興起了偉大的古代文明，但只要這些文明還不具備克服這些屏障的技術力量，只要古埃及王朝和其他社會力量的對比不是十分懸殊，古埃及社會都能成爲一個相對孤立的系統。正因爲如此，古埃及社會才能作爲一個超穩定系統，從古王國到新王國存在了近兩千年之久。然而，西元前一千年前後，形勢發生了變化，這時新王國已老態龍鍾，行將就木。如果說人類最初的文明，像黎明時刻那空中的寥寥的晨星，孤零零地閃爍著那迷人的光芒。那麼現在，地中海地區興起了許多偉大的文明，並進入了鐵器時代。隨著這些文明國家的發展，人類改造自然的力量增大了。特別是當一個個新興的國家稠密地排列在相鄰不遠的地區時，它們之間的地理屏障必然要消除，互相接觸和經濟文化交流必然日益頻繁（參**見地圖二**）。那掛在晨空中幾顆古老文明的孤星，終於進入了令人目眩的世界文明融合的陽光之中了。

從古埃及晚期王朝開始到托勒密王朝這一千年的時間中，古埃及這個超穩定系統不斷受到外來文明的衝擊。一開始她還能有效地保護自己，但外來文明一天比一天強大，

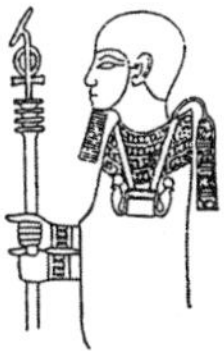

第五章

文明的衝突

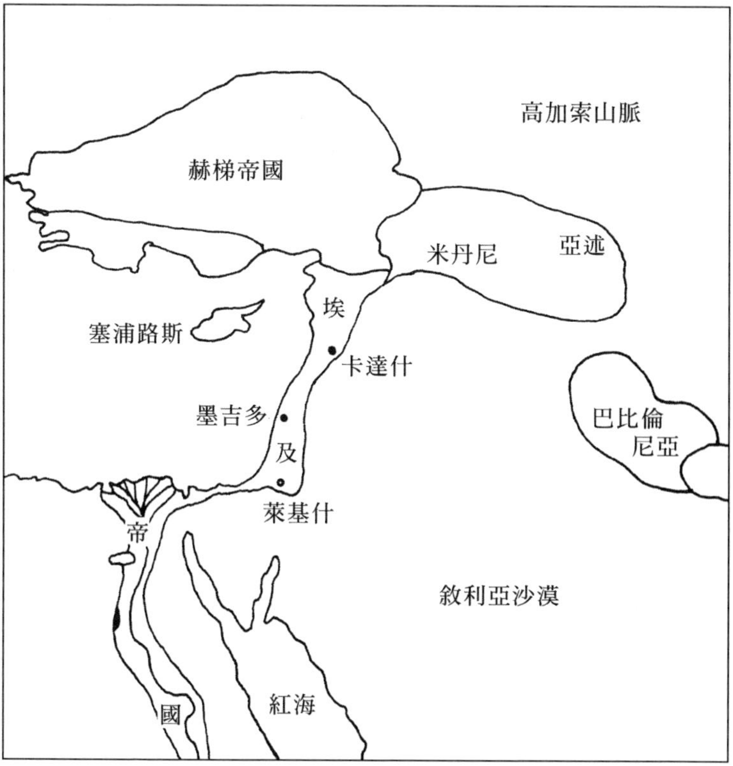

地圖二

超穩定系統不得不打破。特別是西元前五世紀後，古希臘羅馬文明興起，世界上第一次偉大的文明融合過程，在地中海的東南沿岸區域拉開了帷幕。

五・二　干擾與衝擊

人類早期文明交往和融合的過程，往往以刀劍爲手段，以鮮血爲代價。但在這刀光劍影之中，仍可以摸索出古代超穩定系統怎樣打破並與外來文明融合的規律。超穩定系統一般都是在某種與世隔絕的條件（包括地理上的相對孤立位置和時間上遠遠早於其他文明）下形成的。它和其他文明的交往可以分爲兩種情況加以考察，一種是外部文明比它落後，另一種是處於比它更爲先進的文明的包圍之中。前一種出現在超穩定系統形成後的鼎盛期，後者發生在超穩定系統的後期。

古埃及和外來文明的交往，從新王國時已經開始。最初無論在技術上還是從文化上埃及都處於領先地位。一般說來，當外來文明在科學技術和社會組織上比古埃及社會落後時，它對超穩定系統至多只能構成一種干擾。爲什麼它只是干擾呢？因爲超穩定系統具有強大的調節能力。當古埃及王朝處於強盛狀態，即使外來文明克服了地理上的屏

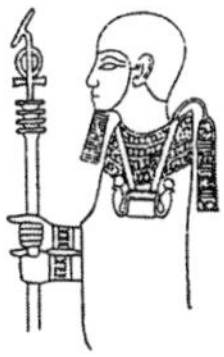

第五章

文明的衝突

障，也很難影響它。這時外部文明反而常常處於古埃及王朝勢力的控制之下。但超穩定系統又具有周期性振盪的特點，當外來文明的衝擊剛好出現在王朝衰落、社會動盪期，那麼它可能對超穩定系統發生作用，影響其修復機制，甚至建立外族人的統治。但是一旦當一個新的王朝重新強盛，這種局面就會結束。因此外來干擾常常在古埃及王朝本身衰落時影響埃及社會，又隨著新王朝的修復而被排除。古埃及社會在第二個中間期受到希克索斯人的干擾就是例子。

中王國末期，埃及社會發生了強烈的振盪。貧民奴隸大起義後，王朝瓦解，神廟被摧毀。我們在第三章中講到，在中間期新王朝的修復要經過相當長時間。正是趁這個混亂時期，亞洲的希克索斯人入主埃及，建立了十五、十六王朝。在埃及人的心目中，希克索斯人是蠻族，他們的文明程度也的確低於古埃及人。希克索斯人絲毫不去考慮這延續了幾千年的埃及社會狀況，他們殘暴地燒毀了城市，徹底搗毀了神廟，向上下埃及徵收貢賦，迫使埃及全國用產品和塔·米里（埃及）一切好的東西向他們納貢。⑪他們也不崇拜埃及的神，因爲他們信仰的是亞洲的神。⑫希克索斯統治者甚至派人到底比斯去，命令停止崇拜阿蒙神以及其他的埃及神。⑬也許由於他們的入侵，使埃及第二個中間期的動亂比第一個中間期更爲激烈，時間也更長。

然而希克索斯人的入侵並不能打破埃及這個超穩定系統。他們比埃及落後，那年輕而野蠻的生命力會很快被時間吞沒。隨著他們的衰落，埃及王朝可以重新修復。歷史正是這樣展開的。希克索斯人有點像中國元朝的蒙古統治者，他們建立的王朝很快被無組織力量腐化了，最後被逐出了埃及。希克索斯人在埃及顯得來去匆匆，但它卻給埃及留下了戰馬、馬車和複合式的弓箭兵器、⑭埃及渡過混亂階段，進入了新的穩定階段——新王國時期。

我們知道，超穩定系統一旦克服了外來干擾，重新建立起來，外來的各種新的要素被注射到古老的社會中去，雖然社會結構變化甚微，但新建的王朝往往表現出巨大的活力。新王國的早期，埃及正是以一個龐大的有世界影響的帝國登上了歷史舞台。埃及人從希克索斯人那裏學來了新的作戰技術，而且在驅趕外族政權時，造就了一支精銳部隊，形成了新的職業軍人階層。

因此，新王國早期與中期的埃及在與其他文明的接觸中，與其說是文明的交融，還不如說是她的強力輸出。古埃及在驅逐希克索斯人的過程中，在東北方向實際上佔據了埃及至小亞細亞的沿著地中海東岸的狹長地帶（**現在的巴勒斯坦、敍利亞的西部沿海地區**），這是當時歐亞非三大陸的咽喉要地。埃及的法老們幾十次地出征這個地帶。圖特

摩斯一世率部隊一直打到了幼發拉底河。圖特摩斯三世時，在東北方向越過了幼發拉底河，在南部則深入努比亞，直到尼羅河第四瀑布處，他建立了一個橫跨西亞、北非，規模空前的大帝國。這是世界上第一個地域寬廣、包容多種類型文明的龐大帝國。但是埃及對新佔領國土的管理只是派駐軍隊，行政事務則由當地的王公掌握，法老實際控制的區域仍然不過是尼羅河流域本身。⑮但是各個公國都臣服於古埃及。他們與法老有定期的信件往來，每封信都有一定的格式。公國的王公在給法老的信中一般都稱：「吾皇陛下，吾神、吾之太陽；某城太守某，陛下之臣僕，陛下足下之塵土……王之命令，備受尊崇，按時對埃及納貢。」⑯而法老回信則說：「注意，不得有所疏忽，預備多量之糧食、酒類及一切物品以供王師之用。須知王猶天上之太陽，其士卒之戰馬無不神駿。」⑰古埃及帝國向周圍的國家強行征斂財富，每次戰爭都掠獲大量的財物及人口，古埃及的首都成了「當時爲人所知的全世界的首都」⑱，源源不斷的財富（黃金、木材、香料等等）和俘虜進入埃及。當時，埃及帝國幾乎是地中海世界的中心，圍繞著尼羅河河谷的是一個個進貢的藩屬。

然而，這種局面不會永遠繼續下去。在超穩定系統一盛一衰的周期中，生產力和科學技術發展趨於飽和後就會停滯。而其他地區的文明卻在迅猛地發展。新王國後期，古埃及憑著她老資格的歷史履歷，因襲幾千年古老文明的遺風，依靠富足的土地，仍然保持著世界霸主的寶座。但這時在歐洲，米諾斯、邁錫尼的文明也已達到了頂峰，他們與埃及建立密切的貿易往來，⑲並從中吸取營養。在埃及的西部利比亞興起，南部努比亞人也不時進入埃及。在西亞先後出現了赫梯、亞述、波斯帝國，在他們與埃及之間的巴勒斯坦的狹長地域上也建立起敍利亞等許許多多國家。這些新興民族，或遲或早將擁有比埃及人更爲先進的技術。他們將憑著自己年輕的生命力，騎著埃及人未曾見過的快馬和駱駝，駕著戰車，手持鐵製兵器兇猛地敲打古埃及的門戶。

五・三　超穩定系統是怎樣打破的？

當外部文明在技術上和組織上超過古埃及社會時，外來的影響就不再是一種干擾。它將有力地衝擊超穩定系統周期性復甦的機制，王朝修復也就越來越困難。隨著古埃及王朝在實力對比上一天天趨於劣勢，它不斷失去自己的藩國，最後不得不龜縮回狹窄的尼羅河河谷地帶，依靠地理上的與世隔絕，奉行閉關政策。但是古埃及的大門遲早要被外來文明打開。這正是古埃及後期王朝所經歷的痛苦過程。歷史表明，與強大的新興文明接觸、抗衡，最後導致超穩定系統打破不僅表現在外來文明不客氣地破門而入之上，更重要的是對外征戰和開放將導致國內無組織力量的增長，使社會結構各部分由適應變爲不適應的過程大大加快。這種情況在新王國後期就十分明顯。

我們在第三章分析過古埃及王朝無組織力量增長的五種形態。其中每一種都在古埃及和外來文明的對抗中加速增長。就拿土地兼併來講，新王國後期，兼併速度比以前的王朝更爲迅速，這和對外交往密切相關。古王國、中王國的兼併者主要是神廟和國家官吏，而新王國則出現了一個新的土地佔有階層。這就是軍士階層。他們每打一次勝仗都會得到法老恩賜的土地、奴隸及其他財富。古埃及十八王朝圖特

摩斯一世麾下的一名橈夫長亞赫摩斯，他的父親在一次戰爭中陣亡，他於是從軍作戰。由於作戰有功，他「曾得到七次黃金獎賞和奴隸」，僅在赫查一處就得到六十斯塔特（即阿魯爾）土地，他在一次戰鬥後曾獲得五頭奴隸及五斯塔特（即阿魯爾）的土地。⑳這類事情很多。表面上看，每個軍士得到的土地並不很多，但維持世界霸主的地位需要擁有大量軍隊。新王國時，埃及的雇傭兵和職業軍人與書吏一樣是一支龐大的隊伍。兼併者數目比以前翻了一番，而且軍費開支成爲國家財政支出的重頭。對農民的稅收必然增加。這樣，土地兼併勢必加劇。新王國時戰爭頻繁，而且多爲勝仗，每次戰役後都要論功行賞。軍士們就這樣不斷獲得恩賜的土地，而這些土地往往成了他們進一步兼併的基礎。再者，篤信宗教的埃及人，將每個軍團都用一個埃及主要神靈的名字命名，㉑每次戰爭都要向神祈禱，而戰爭一旦勝利，法老都要向神廟奉獻大筆財產（土地、黃金、奴隸、牲畜），爲神添蓋新的宏偉的廟宇，以表明阿蒙一直在護佑著埃及的軍隊。於是祭司勢力隨著每次戰爭的勝利也迅速膨脹。

總之，對外戰爭造成了埃及新王國的世界霸主地位，霸主地位越顯赫，社會結構內部的無組織力量增加的越快，到了新王國的末期，古埃及面臨的社會危機比古王國、中王國更爲嚴峻。它表現爲中央集權統治的衰微，地方勢力—州長的權力膨脹，土地兼併

以及祭司專權等；其外部症候是帝國管轄下的藩國紛紛背叛了埃及。這一時期埃及與其他國家往來的信件表明，他開始在亞洲喪失威信。㉒畢布勒的公爵寫信給法老，聲稱「國土已處於撒比利人的統治之下了」。㉓一些國家起初還苦苦求諸埃及法老，讓埃及派兵來保護自己免受他人的蹂躪，圖尼普城的王公說自己「在流淚，沒有援助，二十年以來，我們寄信給我們的統治者，國王、埃及王，但沒有得到一個字」。㉔但到後來，他們看到埃及根本無意也無力派兵時，即致書法老，揚言「現在我們不再屬於我們的統治者埃及王了」。㉕一些在敍利亞的王國甚至在喜特國的支持下結成了反對埃及的公侯聯盟。㉖隨著埃及衰落，利比亞部落及海上部落（所謂「海上民族」，其中包括呂底亞人、昔烈尼人、西西里人、撒丁尼亞人以及部分希臘人）不斷從西面、北面侵擾埃及。雖然埃及也曾多次打敗過他們，但終歸是處於守勢狀態。到新王國末期，內部終於發生了大動亂。那些饑寒交迫的人們揭竿而起，整個社會土崩瓦解。

如果這時仍像古王國和中王國末期的外部環境，超穩定系統可以通過動盪消除無組織力量，進而修復原有結構，再次經歷由衰到盛的痛苦的恢復過程。但是，正如上面指出的，西元前一千年左右，正是歐亞非三大洲的文明交融時期，埃及的封閉的外環境，在其他偉大文明的眼中已不再是什麼無法逾越的屏障了，對富庶的尼羅河流域的佔有欲望足以支撐他們跨越這些障礙。

特別要指出的是，這時西亞一帶興起的赫梯國家和亞述國家以及地中海文明，日益顯示出他們在組織能力特別是在科學技術上的先進性。他們代表了人類一個新的時代——鐵器時代。而古埃及仍然處於青銅時代。這種技術上的差異很快就在軍事力量對比上明顯地表現出來。

古埃及第一個保護性反應就是實行閉關政策，企圖依靠地理上與世隔絕的天然屏障保持自己的穩定。史料表明，當埃及處於強盛之時，它倒是相對對外開放的。比如在中王國時期，埃及東北方國境是完全開放的，整個埃及境內有過大量貝督因人。㉗但是，一旦在對外交往上處於劣勢，北方之門立即關閉。然而，在擁有強大活力的新文明面前，天險再也不能起到歷史上行之有效的保護作用了。

在古埃及東南西北的自然屏障中，最容易突破的是東北部。它通過蘇伊士地峽與小亞細亞相通。這條狹長的地帶歷來是埃及通向亞洲的橋樑。歷史上這個古埃及的門戶是有重兵把守的。但是，在西元前一千年左右，這個門戶被打通了。歷來地理上的與世隔絕都是相對於一定的技術條件而言的。因而只要外來文明強大到一定程度，交往就必然發生。西元前八世紀以後，外來的文明如漲潮一般一次又一次衝擊著古埃及社會。一開始使古埃及真正感到膽戰心驚的是亞述人，亞述帝國的士兵，手持鐵製的銳利兵器，駕馭著輕便的戰車，勢如破竹地進入埃及。埃及人手中的青銅兵器幾乎成了一堆無用的廢物。亞述人曾經辛辣地譏諷過那些依靠埃及的支持和他們分庭抗禮的以色列人：「看哪，你們所信任的東西不過是破蘆葦罷了！」㉘西元前十七世紀，埃及的孟斐斯遭到了亞述人的旋風般的洗劫。接踵而來的是波斯帝國的大軍。波斯帝國在埃及統治了兩個世紀之久。這表明，由於文明的進步特別是人類進入鐵器時代，古埃及社會已經不可能重新與地中海地區其他文明孤立起來。埃及超穩定系統必然被打破。

超穩定系統打破後該怎麼辦？很可能，無論是亞述人、波斯人還是當時的埃及人都沒有很好地思考過這個問題。埃及人醉心於修復

他們世世代代習慣的社會結構。而外來者則想把自己的社會結構強加於它。然而這兩點都不能完全做到。在開放的地中海世界中，古埃及的傳統修復機制正在慢慢失靈，而外來制度又很難在這個已經生存了三千年之久的古代文明中生根。其結果是大家都沒有料到的，尼羅河畔「城頭變幻大王旗」，整個古埃及社會陷於無止境的動盪。入主埃及的外來文明，無論是亞述，還是波斯以及其他人，一開始他們都帶著勝利者的微笑，但很快就發現治理這個文明古國的困難。他們大多數迅速衰落，退出歷史舞台，讓位給其他新的入侵者。

在古埃及超穩定結構被打破，不得不和外來文明融合的歷史中，最值得一提的是希臘人。他們曾經認真地進行過嘗試，企圖使古埃及文明和希臘羅馬文明融合起來，進行一種新的創造。這就是馬其頓亞歷山大入主埃及後出現的托勒密王朝。它統治埃及近三百年。這三百年結下的豐碩的歷史之果，以及留給我們的教訓都是值得人們認真回味的。

五．四　舊瓶裝新酒：托勒密王朝統治下的埃及

西元前五世紀，希羅多德踏上了古埃及的土地。他吃驚地發現，古埃及和古希臘社會竟是那樣的不同。他用驚奇的口吻記述道：「他們上市場買賣的都是婦女，男子則坐在家裏紡織。世界上其他地方的人織布時把緯線推到上面去，但埃及人則拉到下面。埃及的婦女用肩擔東西，但男人則用頭頂著東西。婦女小便時站著，男子則蹲著。他們吃東西的時候是在外面街上，但是大小便卻在自己家裏。……兒子除非是出於自願，他們沒有撫養雙親的義務，但是女兒不管她們願意不願意，她們是必須撫養雙親的。……所有其他人一生是和畜類分開過活的，但埃及人卻總和畜類居住在一起。他們用腳來和麵，用手和泥土拿糞便。……在寫算時，埃及則是從右向左。儘管如此，他們說自己是向右，而希臘人是向左。」[29]希羅多德的這種驚詫幾乎和十八世紀那些第一次登上東方古老帝國的歐洲人一樣。希羅多德對古埃及社會的陌生和好奇是不足爲怪的。因爲他可能屬於最早登上古埃及帝國的歐洲學者之一。當時，這個古老的文明已經有三千年的歷史，而古希臘文明卻興起時間不長。埃及受古希臘文明的影響還非常之少。但繼希羅多德之後，古希臘羅馬文明如旭日東昇，歷史上古老文明與一個新興文明的第一次融合開

始了。

西元前三三二年，亞歷山大吞併了埃及，建立了馬其頓帝國。埃及這個古老文明的特殊性一下子引起了亞歷山大的注意。亞歷山大到達埃及後，他便「把埃及政府分派給許多軍官掌握，因爲這個國家的特點和實力使他吃驚」。㉚亞歷山大知道埃及人對自己古代神祇的崇敬，也知道埃及人對波斯人因不尊重他們的信仰所表現的憎恨。他決定去朝拜廟宇，和神廟的祭司們結盟，用傳統的方法統治埃及。據說有一次，「亞歷山大在他的內殿裏對神作了一次特殊的私人的謁拜。從那時起，他完全相信了神諭的真實性」。㉛他給母親的信中說：「他得到了很偉大的指示」，以至於他臨終時，唯一的願望就是能埋在阿蒙神的旁邊。亞歷山大死後，他的大將托勒密在埃及建立了統治三百年之久的托勒密王朝。可能是因爲亞歷山大意識到在埃及只有恢復傳統的社會結構，統治才能長久。他的繼承者建立的托勒密王朝時期社會結構幾乎是古埃及王朝的翻版。不同的是：軍事力量以及政府官員是由希臘人掌握著的，社會結構是由希臘人修復的。

歷史學家公認，托勒密王朝的經濟結構和新王國時期是類似的。「不僅是稅收制度、而且是農業組織以及主持這種組織的行政機關，上至托勒密王朝時期埃及的財務大臣職位都差不多完全同不久前所公佈的維爾布林紙草上的材料相類似。」㉜甚至在政治

第五章

文明的衝突

體制和國家管理上，托勒密王朝也全盤保留了古埃及的國家機構。全埃及分爲上下兩個部分，由一個個諾姆組成，諾姆以下設縣，縣以下設村社。托勒密王朝同樣把尼羅河河谷所有耕地置於官僚機構的監督之下，建立了一個龐大的財政稅收系統。爲了維繫神權官僚政治的穩定，從托勒密一世開始就和神廟結盟。托勒密一世一到埃及，就向神廟捐獻了五十塔蘭特，作爲一隻阿庇斯聖牛的葬儀費用。而托勒密二世則一次贈與埃及各神廟七十五萬德本的白銀。以後各代國王如同各王朝法老一樣，不斷給神廟以許多特權、贈品以保持神廟對全埃及的精神控制。㉝而神廟則把國王說成是「救主」，托勒密一世死後，馬上被尊爲神，在全國舉行崇拜。㉞一句話，在托勒密王朝，除了埃及人降爲二等公民外，社會結構幾乎是舊王朝的恢復。

不管亞歷山大和他的部將托勒密出於什麼考慮，他們的做法比波斯人要明智。無論對於文明融合還是維持統治，首先要在埃及建立穩定的社會秩序。在當時，這只有恢復傳統社會結構才能做到。新社會結構的創造一般要通過很長的時間。亞歷山大或許已經感覺到，只有先修復舊結構，才有可能舊瓶裝新酒，才能最後消化古埃及文明，將其吸收爲古希臘社會的有機組成部分。托勒密王朝的歷史證明，它確實造就了古埃及與古希臘互相交流和融合的歷史機會。

托勒密王朝帶來的一個重大結果是：超穩定系統被納入一個開放體系中。在托勒密王朝之前，外來文明的衝擊主要表現爲旋風般的武裝入侵。超穩定系統和外部交往是脈衝式的。而托勒密王朝的地位卻很特殊，它既保持了埃及的傳統結構，但同時又是一個由希臘人掌握最高權力的政府。這樣，埃及與希臘人之間的聯繫必然不可分割，特別是經濟和文化上的交往。希臘人源源不斷地來到埃及這個有三千年悠久歷史的文明古國。這種文化和經濟上的連續穩定的大規模交流在埃及歷史上也許是第一次。托勒密王朝爲人類歷史上提供了一個罕見的例外，它向後人展示了兩種不同文明之間的穩定接觸會產生什麼樣的結果。在人類歷史上，一個文明的毀滅，一個文明征服另一個文明屢見不鮮，但是像托勒密王朝那樣一方面保持了古埃及傳統的社會結構，另一方面將它和希臘社會融爲一個開放的體系，這在世界歷史上確實少有。這一段時間中，希臘人、敍利亞人、猶太人紛至沓來，大量遷居到埃及，使埃及成爲各種文明文化上的開放地帶。眾所周知，那些對古希臘羅馬文化作出重大貢獻的古代哲學家、文學家大多數都到過埃及。

托勒密王朝也有意識地實行了一系列改革，盡可能把古希臘城邦社會中各種先進的經驗在埃及推廣。據說托勒密王朝曾從希臘調來大批人幫助埃及治理國家。又把希臘士兵安置在埃及各地，平時維持治安，戰時出動打仗。甚至聘請希臘專家以發展農業生產，招募希臘公務人員管理行政。㉟這一段時間，整個社會商品經濟達到了古埃及史上前所未有的水平。農業產量、耕作技術出現了巨大的進步。海赫爾海姆把維勒布爾紙草書的內容同托勒密王朝時期的各種制度作了一個有趣的比較。他認爲托勒密王朝時期埃及生產行政組織上和以前的主要差別在於它有很多合理化的地方。他甚至把這種差別說成是「半封建的農業計劃化」同「合理的資本主義」之間的不同。㊱這種估計肯定不妥當，實際上托勒密王朝的農業結構基本上沿襲了古埃及的制度。但因爲希臘城邦社會的商品經濟十分發達，商品經濟結構對於古埃及社會是比較陌生的，可以肯定，在托勒密王朝期間，希臘的商品經濟的活躍因素已經深深地嵌入了古埃及傳統的經濟結構之中。

托勒密王朝時期，商品經濟達到了埃及歷史上從未有過的繁榮。城市中交易量和銀錢兌換數目極爲巨大。被後人譽爲古代世界七大奇蹟之一的亞歷山大燈塔就是那時修建的。㊲亞歷山大港的出現標誌著埃及已成爲當時國際貿易的中心。本來，埃及所處的地理位置很容易成爲貿易基地（**埃及處在幾大洲通商的交通要道上**），但由於古埃及的社會結構，商品經濟受到了束縛。到托勒密王朝時期，它被解放了。

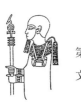

由於埃及經濟力量雄厚和統一，「埃及的商業勢力擴展到非洲北岸、整個愛琴海、小亞西亞沿岸、黑海以及敍利亞、東非等地」。㊳西元前二七九年，托勒密二世爲了炫

耀自己的富足，曾舉行過一個盛大的活動。據記載，在隊伍的「行列中有一大車銀器，其中有一個攙水酒缸，能容六百邁特利提斯（約等於四十一升）。它的工藝水平很高，外面鑲有寶石。兩張食器桌、七個大洗盤、十六個攙酒杯，一張十二腕尺（Cubit約零點五米）大小的桌子、三十張六腕尺大小的桌子，八十個得爾斐城阿波羅神廟的祭壇，和無數別樣物品，都是用上好白銀製的。……最後有二十輛車載著金子、四百輛車載著銀子，八百輛車載著香料。此外還有兒童和其他人的服裝，十萬步兵和兩萬騎兵的裝備，與一個珍奇的或是外國的動物的行列，其中有拉車或騎著人的象、駱駝、駝鳥等等」。㊴這些使人眼花撩亂的珍寶顯示了埃及的繁榮富裕。

說明埃及商品經濟發達的另一個例子，是埃及的貿易收入。當時世界上最值錢的貨物來自印度和衣索比亞這兩個國家，而這些商品必須先運到埃及，再轉售到世界其他地區。埃及從中得到入口稅和出口稅。而且，「這種入口稅和出口稅並不是經過埃及的貨物的唯一負擔。它們要取得在道路和運河上運輸的權利還要納一種費用，旅客也要納一種類似的稅。在埃及，貨物從入口港到出口港，或從生產地到消費地，所經過的道路的每一個階段，都有稅收人員來奪取貨價的一部分。」㊵因此埃及從國際貿易中獲得的收入足以使世界各國嫉妒。

兩種社會結構之間的接觸和交往還表現在另一個重要方面，這就是在埃及出現了少量「希臘式」城市。古埃及的大城市基本上是郡縣城市，而古希臘社會的城市卻是商品經濟的中心，城市具有一定自治權。在托勒密王朝時，出現了兩者混合形態的城市。亞歷山大城就是最典型的這類城市。這些希臘式城市享有一定的自治權。比如瑙克拉梯斯選舉自己的市議會和市政長官。有一時期還發行過自鑄的錢幣。據希臘歷史學家波里比阿所記載：亞歷山大城的居民（除奴隸以外），一般分三部分，埃及土人、雇傭兵和城市居民（希臘移民）。這三部分人口只有希臘移民享有政治權利。㊶

這些城市成爲古埃及文化與希臘文化融合的搖籃。它們確實在歷史上作出了驚人的創造。亞歷山大城市不僅是商品經濟最爲繁榮的地方，而且是薈萃古代世界各國學者的聖地。據記載，它有四千座宮殿，四千個澡塘，一萬兩千名花匠，四萬名納貢的猶太人，四百座劇場。它還有一所第一流的大學和一座龐大的圖書館。㊷圖書館藏書達七十萬卷。或許，古埃及文明和希臘文明融合對人類最重要的結果就是誕生了「科學」！

五・五　兩種文明初戀的結果

人們一談起古希臘文明的偉大，總是列舉古希臘的科學作爲例子。如果沒有歐幾里得幾何學，沒有古希臘科學的原始規範奠定，文藝復興以後西方近代科學的興起是不可能的。歷史學家們常常感到困惑的是，古希臘城邦非常之小，人口不過幾萬，但爲什麼正是在這些城邦之中出現了對當代西方文明極爲重要的科學種子。人們經常忽略這樣一個事實，今天流傳下來是古希臘科學中的主體部分，大多是在埃及的亞歷山大城完成的，並保有在古希臘本土。

歐幾里得正是在亞歷山大城寫出了著名的《幾何原本》；托勒密也是在這裏完成了著名的光學實驗；埃拉托色尼在這裏第一次測量了地球半徑；希拉菲斯醫生則在這裏開創了解剖學。甚至連阿基米德都是亞歷山大城中的那些科學大師的學生。亞歷山大城是兩種文明交融的產物。這似乎像自然界中的雜交原理，雜交產生優勢，兩種文明在雜交中產生了雙方各自本土上都無法生長出來的果實。

沒有古埃及的文明，古希臘人是不可能有這樣偉大的創造的。即使作出創造，也不可能通過宮廷和官方科學機構的支持匯編成可以傳承之著作。這一切正是亞歷山大城的

貢獻。更爲重要的大約還是古埃及造紙的發明。埃及人早就用尼羅河畔的紙莎草來製作書寫方便的草紙。雖然這還不是真正意義上的造紙術，但今天英文中的paper（紙）即源自於古埃及「紙草」一詞。在中國發明紙以前，它是最實用、最便宜的書寫材料。亞歷山大城是世界的知識寶庫，擁有古代藏書最多的圖書館。或許僅僅把科學誕生的機制歸結到古埃及文明外表上可以看到的幾項貢獻是淺薄的。托勒密王朝時期，近三百年埃及文明與希臘文明的交融中，希臘人終於摘到了新的文明之樹的果子。但他們所以能成功，正是由於他們紮根在一個更爲宏大、更爲悠久的存在了三千年的文明古國的土壤之中，英國著名語言學家、古代史學家塞斯說得好：「我們是古代文明的繼承者，而古代文明則奠基於古埃及。」㊸

然而希臘人不可能長期地享受古埃及的文明之果實。托勒密王朝時期由於形成了古埃及文明與古希臘文明融合的特殊條件，古希臘人在文化上作出了光輝的創造，但這種創造只是黑暗中瞬息即逝的閃電。它只是兩種文明在早期結合後的產物。不同文明接觸帶來的創造性很快被社會危機的洪水吞沒了。

托勒密王朝的悲劇在於：它一直沒有創造出新的社會結構。新社會結構的形成之所以不可能，關鍵在於古希臘文化不能和埃及宗教融合。故在托勒密王朝的初期，只是恢復了埃及原有的社會結構，然後再把古希臘文明中的各種要素如商品經濟、土地私有制、希臘文化等引進了埃及。但因爲不存在真正的文明融合要求社會結構的創新，超穩定系統的開放遲早會衝垮原有的社會結構，帶來不可克服的社會危機。歷史證明，不同類型的社會生活可以像流水一樣混合起來，而社會結構卻不能捏合。商品經濟是古希臘羅馬社會的有機組成部分，但和古埃及國家的諾姆經濟卻格格不入。商品經濟和古埃及傳統社會結構發生激烈的衝突，最後把社會結構腐蝕了。

在托勒密王朝的初期，國家擁有大量的土地和稅源，不斷增長的商品經濟給這個僵死的文明似乎帶來了某種活力，但商品經濟一旦發展到某一程度，就會動搖整個社會結構。目前保存下來的芝諾紙草書，是埃及地主阿波羅尼奧斯與他的莊園管理人芝諾的通信，它形象地反映了托勒密二世時，埃及處於太平盛世的經濟狀況。從這些書信中得知，希臘人阿波羅尼奧斯是政府一名重要官吏，他因戰功得到國王賜給的領地，一共有三萬阿魯爾（約一千公頃）。其中一部分租給佃農，一部分按埃及歷史傳統方法由國家配給的奴隸、農民耕種。從這些文獻中還可以看出一點，這就是土地中出租部分比重大大增加了。㊹托勒密王朝既然大力發展商品經濟，那麼必然加速自耕農的破產，使得大地產開始出現。它造成的後果是：王朝稅收不斷減少，農民逃亡或陷於赤貧狀態。這些

問題是古王國、中王國和新王國末期經常碰到的。

托勒密王朝由於把希臘社會的某些經濟模式移到埃及，對私人佔有土地的控制放鬆了，所以托勒密王朝僅統治了一百年以後，就出現了中王國、新王國統治了二百多年後才會出現的危機局面，埃及很快形成了一個商業奴隸主階層。據法尤姆綠洲一個鄉的材料判斷，由於農民逃亡，土地荒蕪，國王土地收入在五十年間減少了一半。㊺一方面是國家控制力量的衰微，另一方面是廣大農民失去土地陷於赤貧狀態，這一切導致貧民—奴隸起義不斷發生。歷史上有記載的一次大規模起義發生在西元前一六五到前一六四年的亞歷山大城。領導人是一個埃及貴族。西元前一百四十年至西元前一百二十年，南部埃及和亞歷山大城連續出現幾次起義。㊻總之，在托勒密王朝統治最後的一百多年中，全國性的農民起義不斷出現。雖然這些起義被鎮壓下去了，但托勒密王朝的統治也就在起義、鎮壓、再起義的頻繁震盪中瓦解了。

托勒密王朝後期碰到層出不窮的社會危機。這些危機的根源是托勒密王朝沒有進行社會結構的創造。托勒密王朝統治者在保存古埃及社會結構的前提下作了若干改革，使超穩定系統變爲開放性的，使得兩種文明在結合的早期階段能夠產生很明顯的進步和成果。但這種結合從一開始就有一個潛在的威脅，這就是文明融合沒有觸及社會結構的變革，而只是一些依附於結構的社會生活的交融。所以它沒有創造出一種真正能夠容納兩種文明融合的果實的社會組織。當原有社會框架尚穩固時，這些果實顯得光彩奪目，但在超穩定系統實現開放過程中，原有社會結構很快被腐蝕。隨著這一結構的瓦解，文明結合產生的種種碩果也將毀於一旦。這一切很像在一座不透氣的房子裏打孔開窗，當超穩定系統那密不透風的牆上開了一個洞時，新鮮空氣湧了進來，開始確實給這個古老的社會帶來活力，但接著打開了第二個孔、第三個……最後整個牆都倒塌了，大廈崩潰，文明進一步融合也就不可能了！西元前三十年，托勒密王朝第七代法老，美麗的克列奥帕特拉女王，看到自己的情人和保護傘羅馬帝國三巨頭之一的安東尼自殺，害怕被當作戰俘押赴羅馬，就用一條毒蛇噬胸而死。㊼她的死宣告了氣息奄奄、日薄西山的托勒密王朝的最後滅亡。三百年來，一次企圖將古埃及社會結構和古希臘文明融合起來形成新的社會結構的嘗試（**這種嘗試或許是不自覺的**）遂宣告失敗。古埃及淪爲羅馬帝國的殖民地。

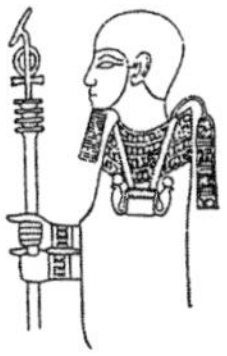

五·六　古埃及文明給人類的遺產

如果說托勒密王朝統治埃及時，歷史曾恩賜給古埃及一次機會，使其得以利用傳統的社會結構來建立新的秩序；但到了羅馬人統治埃及時，則根本沒有這種可能了。埃及社會結構內部無組織力量之大，使得羅馬人只能借助武力建立軍事政權才能進行控制。歷史學家公認，在羅馬統治時期，埃及的土地制度，無論是它的名稱還是它的性質，都逐漸地改變得和從古埃及一直到托勒密王朝的國家諾姆經濟完全不同了。按照羅馬法律，公有土地是可以轉變爲公民私有的。㊽這樣，大奴隸制莊園在埃及迅速興起。商品經濟的畸型發展甚至把神廟的土地也完全吞沒了。羅馬帝國名義上保留了神廟的所有權，但用攤派方式佔據了這些土地的收益。實際上，羅馬皇帝奧古斯都完全剝奪了神廟和祭司對居民的經濟支配權，而對他們的宗教活動則不加干擾。他們的土地和全部收入都成爲埃及財政中的一個項目，和其他項目同樣地受國家的管理控制。而維持公眾祭祀的祭司生活所需要的費用，如果不是萬不得已，就由國家來供給了。㊾這樣在埃及出現了一種歷史上從未有過的現象，這就是神廟消失，古埃及文化連同祭司一起滅亡了。是的，在羅馬帝國將埃及作爲自己的領地的時候，神廟是必然滅亡的。因爲它已經失去自古以來的組織功能，它已經不可能佔有托勒密王朝時所佔據的地位，它已不是社會結構的組成部分，而是某種歷史上有過的社會結構的殘餘碎片，那些新興的大奴隸主如狼似虎地把它們吞下肚去。羅馬把自己的結構強加給埃及，把埃及變成帝國的穀倉，這就造成了兩個歷史性的後果。

第一，大量財富由這個文明古國源源不斷地流向羅馬。孟德斯鳩曾把這一點類比作十七世紀西方資本主義對東方的殖民地掠奪，認爲埃及刺激了羅馬奴隸制商品經濟的繁榮。他說：「當奧古斯都征服埃及的時候，他就把托勒密的財庫帶到羅馬來，這一點所引起的革命幾乎等於後來印度（實際上是美洲—譯者注）的發現在歐洲引起的革命和某些制度在今天引起的革命。金錢的價格在羅馬下跌了一半；既然羅馬不斷把亞歷山大城（亞歷山大城本身的財富又是從非洲和東方來的）的財富吸收到自己這裏來，因而金銀在歐洲成了最常見的東西；從而這種情況使得各族人民能夠用硬幣來繳納巨量的稅款。」[50]羅馬帝國奴隸制商品經濟明顯是建立在古埃及這樣巨大的商品糧基地之上的。因而歷代羅馬皇帝對古埃及都極爲重視。《亞歷山大遠征記》中曾指出：「後來羅馬人從亞歷山大學到了經驗，對埃及防範很嚴，從來沒有從元老院派任何人去埃及當總督，只有他們中間評爲騎士的人才能去進行統治。」[51]塔西佗在《編年史》一書也這樣寫

第五章

文明的衝突

道：「作爲保持專制統治的秘密手法之一，奧古斯都曾禁止任何元老或高級騎士進入埃及，除非是得到了他的許可。他通過這種做法封鎖了埃及，以便不使任何人企圖通過控制這一行省以及海上和陸上的樞紐地點而陷義大利於饑餓之地。」[52]

埃及淪爲羅馬殖民地帶來的第二個歷史性結果是人們常常忽略的，這就是它加速了羅馬帝國的滅亡。歷史學家常常用亞歷山大城的焚毀來比喻古羅馬文明的瓦解。科學史家也喜歡用下面的例子來表示古希臘科學的衰落。西元四一五年，亞歷山大城內一位以美麗和學問著稱的女數學家赫帕提亞被一群土著的基督徒們撕成了碎片，此後，狂熱的宗教信仰一天天地吞沒了古希臘羅馬時代的理性，整個古希臘羅馬時期的科學就被世人遺忘了。這兩個例子確有某種代表性。那些殺死赫帕提亞的基督徒大多是目不識丁的土著埃及人。古埃及社會從托勒密王朝後期一直到羅馬帝國滅亡時期，一直是地中海地區最爲動盪的地方。這裏思想混亂，叛亂、貧民和奴隸起義此起彼伏。

眾所周知，羅馬帝國的繁榮是被兩股兇猛的洪流吞沒的，一股是基督教的興起，它動搖了羅馬帝國的精神基礎；另一股是大地產，它瓦解了羅馬的城市經濟。這兩股暗流的形成和迅猛發展都與古代埃及有關。在羅馬帝國表面上尚十分強大之時，這些瓦解帝國的力量最先在埃及聚集，並從那裏一點點蔓延到羅馬帝國的腹地。基督教首先征服埃及，這和埃及淪爲羅馬帝國殖民地密切相關。任何一個社會要能穩定，繁榮昌盛，它的經濟、政治、意識形態結構必須組成一個互相適應互相調節的系統。羅馬把自己的統治網強加給埃及。埃及自身的社會結構瓦解了，對於政治和經濟這兩個子系統，古埃及社會還能納入羅馬組織系統中去，然而那保存了三千年的古代文化卻不得不瓦解了。一個個埃及諾姆在文化上幾乎又退回到原始狀態。諾姆之間的宗教信仰變得互相敵對，甚至失去了統一的語言。在羅馬時代，經常可以看到這樣的記載：一個信仰魚神的州同鄰近的州作戰，因爲這個州的統治者曾在信仰魚神的領土上吃了這種神魚。爲了停止流血，甚至需要羅馬軍隊出面干涉。[53]這種情況在古埃及歷史上是少見的，因爲當時存在著全國統一的神，以一神爲主的地方性多神教保持了各個諾姆信仰的協調。然而羅馬統治期間，古埃及原有的統一的意識形態結構已經崩潰，很多諾姆不得不倒退到一種原始的封閉性圖騰崇拜的境地。

人民的苦難，長達幾百年文化上的真空，都迫使古埃及人尋找一種新的宗教。所以當基督教一旦在巴勒斯坦誕生，埃及人馬上接受了這種新興的宗教，並以全部的熱忱來宣傳它。埃及人不僅最早接受基督教，而且埃及還成爲基督教由東方傳到羅馬帝國本土的第一個中轉站，對基督教在羅馬帝國廣泛傳播起了極大作用。埃及的文化中心亞歷

山大城曾出現過一批基督教思想家。其中有希臘出生的克萊門特、埃及人奧雷根與聖阿塔納修斯，他們幫助建立了基督教最早的理論體系，被認爲是早期基督教最有影響的領袖。[54]

羅馬帝國滅亡的原因也可以歸結爲社會結構調節功能的異化。[55]它在意識形態上的表現之一就是基督教的興起。功能異化在經濟上的表現是大地產的出現，西元二世紀以後奴隸制大莊園慢慢呑沒了羅馬帝國的商品經濟。[56]埃及的存在大大加快了羅馬帝國各種調節功能的異化。在大地產的發展方面也是如此。埃及本來就有官僚奴隸主階層兼併土地建立大莊園的傳統，因而埃及最先形成了世襲的奴隸主大田莊。埃及特殊身分的奴隸演化爲農奴十分方便。西元三世紀，埃及大多數農民已經淪爲「奴隸」或「農奴」的地位。埃及的「奴隸」和「農奴」制給羅馬本土造成越來越強的衝擊。這一切說明，古埃及雖然淪爲羅馬帝國的殖民地，但埃及只是被羅馬文明所呑食，而並沒有被消化，因而當古羅馬文明日趨衰落的時候，古埃及成爲瓦解古羅馬文明的各種因素迅速繁殖和增長的基地。西元五世紀，無論是古埃及傳統社會結構的碎片，還是古羅馬社會都在各種社會衝突中滅亡了，它們一起去迎接那人類歷史上第一次出現的地中海地區各民族共同創建新社會結構的狂風暴雨。

西元八世紀後，尼羅河河谷終於升起了新月旗。從此，埃及—這個人類古代文明最早的發源地終於隸屬於伊斯蘭社會。這數千年的歷史變遷常常促使人們深思！古埃及社會究竟留給了人類哪些遺產？科學家會談到幾何學；工程師會想起那些不朽的建築，那高超的測量技術；社會學家則把法律起源，宮廷文明的政體歸之於埃及；甚至一個管理學研究者也會把管理科學的起源追溯到古代埃及時代……。古埃及人許許多多偉大的創造發明已溶化到今天人類文明之中，在生活的每一個角落裏都可以看到它的作用。但是對於一個歷史學家，更值得珍惜的是那些無形的遺產。

古埃及社會和古希臘羅馬文明的碰撞向人類展現了不同文化融合所遵循的規律。當一個古老的文明和新興文明相接觸而不得不融合時，會開放出燦爛的花朵，結下豐碩的文化和科學之果。但是如果兩種文化不能融合，是不可能形成一種能包容兩個文明的新社會結構的，那麼舊社會結構一定不能勝任容納文明融合中出現的新的創造，這時社會結構甚至於兩種文明就有可能同歸於盡，要不，是一種文明吞沒另一種文明。無論出現哪一種結局，對於文明衝突中的勝利者還是失敗者這都是不幸的。歷史只得在一次又一次痛苦的選擇中尋找新的社會結構。

今天，歷史學家一定還記得一七八九年拿破侖在金字塔下做的著名演說。他說，

第五章

文明的衝突

「士兵們，四千年的歷史今天從這些金字塔的上面看著你們。」當時拿破侖的軍隊正和敵兵相遇，即將爆發一場對每個人生死攸關的戰鬥。拿破侖的士兵或許正是從五千多年埃及歷史中得到鼓舞而勇敢地迎接那未來的挑戰。今天看來，拿破侖似乎誇大其詞，他所指揮的那次戰鬥或許對人類命運並不那麼重要。但是有一件事情我們卻不應該忘記，那聳立在尼羅河畔的金字塔是文明生和死的見證，它至今還在注視著人類！它也會記錄人類二十世紀那波瀾壯闊的社會變革和日益強烈的東西方文明的衝突和融合！

注釋：

①希羅多德：《歷史》，商務印書館一九五九年版，第三七〇—三七一頁。
②《參考消息》一九八三年十月十七日。
③《人民日報》一九八四年四月十七日。
④侯賽因·凱法菲等著：《埃及》，黃威烈、朱運發等編譯，陝西人民出版社一九八四年版，第一—四頁。
⑤司德盧威編：《古代的東方》，人民教育出版社一九五五年版，第三三頁。
⑥斐格萊：《地理與世界霸權》上冊，商務印書館一九三六年版，第二二頁。
⑦摩勒：《近東古代史》中冊，商務印書館一九三六年版，第一七二頁。
⑧萊昂內爾·卡森：《古代埃及》，紐約時代公司一九七九年中文版。
⑨摩勒：《近東古代史》中冊，商務印書館一九三六年版，第二四二頁。
⑩《世界古代史史料選輯》上冊，北京師範大學出版社一九五九年版，第八頁。
⑪《世界上古史綱》編寫組：《世界上古史綱》上冊，人民出版社一九七九年版，第二九七—二九九頁。

⑫、⑬、⑭A·費克里：《埃及古代》，科學出版社一九五九年版，第四二頁。

⑮萊昂內爾·卡森：《古代埃及》，紐約時代公司一九七九年中文版，第五七頁。

⑯、⑰摩勒：《近東古代史》下冊，商務印書館一九三六年版，第三九四—三九五頁。

⑱A·費克里：《埃及古代史》，科學出版社一九五六年版，第五三頁。

⑲參見茲拉特科夫斯卡雅：《歐洲文化的起源》，三聯書店一九八四年版。

⑳《橈夫長亞赫摩斯傳》，載《世界古代史史料選輯》上冊，北京師範大學出版社一九五九年版，第四七—五十頁。

㉑阿甫基耶夫：《古代東方史》，三聯書店一九五六年版，第二八九頁。

㉒、㉓、㉔、㉕、㉖阿甫基耶夫：《古代東方史》，三聯書店一九五六年版，第二七七—二七八頁。

㉗塞特爾斯：《「訓誡」的年代在第二中間期》，載《世界歷史譯叢》一九八〇年第二期，第四五頁。

㉘萊昂內爾·卡森：《古代埃及》，紐約時代公司一九七九年中文版，第一六〇頁。

㉙希羅多德：《歷史》，商務印書館一九五九年版，第二九一—二九二頁。

㉚阿里安：《亞歷山大遠征記》，商務印書館一九七九年版，第八八頁。

㉛A·費克里：《埃及古代史》，科學出版社一九五六年版，第一一二頁。

㉜久梅涅夫：《近東和古典社會》，載《史學譯叢》一九五八年第三期，第一一一頁。

㉝、㉞周一良、吳于廑：《世界通史》上古部分，人民出版社一九七三年版，第二五一—二五三頁。

㉟萊昂內爾·卡森：《古代埃及》，紐約時代公司一九七九年中文版，第一六一頁。

㊱久梅涅夫：《近東和古典社會》（續），載《史學譯叢》一九五八年第三期。

㊲、㊳周一良、吳于廑：《世界通史》上古部分，人民出版社一九七三年版，第二五六頁。

㊴杜丹：《古代世界經濟生活》，商務印書館一九六三年版，第一二六—一二七頁。

㊵杜丹：《古代世界經濟生活》，商務印書館一九六三年版，第一五四—一五五頁。

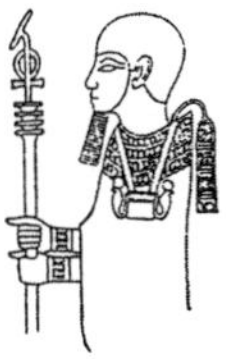

頁。

㊶蘇聯科學院主編：《世界通史》第二卷，三聯書店一九六〇年版，第三一八—三三四頁。

㊷喬治·伽莫夫：《物理學發展史》，商務印書館一九八一年版，第三—二八頁。

㊸馮祚民編著：《西洋全史》第二卷，台北燕京文化事業公司一九七九年版，第一一一頁。

㊹塞爾格耶夫：《古希臘史》，高等教育出版社一九五五年版，第四四一—四四三頁。

㊺、㊻周一良、吳于廑：《世界通史》上古部分，人民出版社一九七三年版，第二五九、二六〇頁。

㊼朱庭光主編：《外國歷史名人傳》上冊古代部分，中國社會科學出版社、重慶出版社一九八二年版，第二十—二四頁。

㊽周一良、吳于廑：《世界通史》上古部分，人民出版社一九七三年版，第三五七頁。

㊾M·羅斯托夫采夫：《羅馬帝國社會經濟史》下冊，商務印書館一九八五年版，

第四〇九—四一〇頁。

(50)孟德斯鳩：《羅馬盛衰原因論》，商務印書館一九六二年版，第九七頁。

(51)阿里安：《亞歷山大遠征記》，商務印書館一九七九年版，第八八頁。

(52)塔西佗：《編年史》上冊第二卷，商務印書館一九八一年版，第五九頁。

(53)阿·尼·格拉德舍夫斯基：《古代東方史》，高等教育出版社一九五九年版，第一一四頁。

(54)萊昂內爾·卡森：《古代埃及》，紐約時代公司一九七九年中文版，第一六四頁。

(55)、(56)見金觀濤、唐若昕：《西方社會結構的演變》，四川人民出版社一九八五年版。